結構性變遷背景下
中國潛在經濟增長趨勢研究

齊子豪,李標 著

財經錢線

內容摘要

　　1978年以來，中國的經濟處於不間斷的結構性調整過程中，結構性紅利不斷湧流，國民經濟也因此向世界呈現了中國式的「增長奇蹟」———改革開放40餘年的經濟平均增速在10%左右。受最近（2008年）一次金融危機和全球經濟危機以及中國多年高速增長累積的結構性痼疾影響，2010年以後中國經濟進入新常態，經濟增速連年下降。大量文獻研究表明，此次經濟下降是結構性的，是潛在經濟增速的持續下降拉低了實際的經濟增速。那麼，哪些結構性因素對潛在經濟增速有顯著影響？當納入結構性因素的作用以後，中國改革開放以來的潛在經濟增速又是多少？既有的潛在經濟增長趨勢能否支撐「兩個一百年」目標的實現？本書就主要圍繞解決這三個核心問題開展理論與實證研究，以期為中國尋找提升潛在經濟增長能力的政策著力點提供支撐。

　　基於對潛在經濟增長率的基本概念、計算方法、影響因素以及長期預測等研究的梳理和馬克思主義經濟增長理論、新古典主義經濟增長理論、內生經濟增長理論以及新結構經濟理論的思想內容，本書首先建立用於分析潛在經濟增長趨勢的理論模型，具體有三個：潛在經濟增長率影響因素甄別模型、計算潛在經濟增長率的生產函數擴展模型和預測未來潛在經濟增長率的邏輯斯諦克模型（Logisitic Model）。這三個模型分別用於遴選影響潛在經濟增長的結構性因素、納入結構性變量再估計潛在經濟增長率、預估考慮結構性紅利衍生「躍升效應」後的未來潛在經濟增長率，並用於判斷中國是否能順利跨越「中等收入陷阱」。

　　基於中國改革開放以來的時序經濟數據，利用潛在經濟增長結構性因素甄別模型，本書從制度變革、科技創新、人力資本、人口結構、就業結構和資本結構六個結構性變量中識別出對中國潛在經濟增長率有重要影響的因素，分別是制度變革、科技創新和人力資本變量。鑒於這三個結構性因素對全要素生產率均有顯著的積極作用，本書借助全要素生產率的傳導機制將其納入生產函數模型，重新估計改革開放以來的潛在經濟增長率。研究發現，制度變革、科技

創新和人力資本變量的滯後效應顯著，滯後一期和滯後二期對經濟產出都有明顯的促進作用，說明這三種因素的作用方式偏向於影響經濟產出的長期趨勢。納入結構性因素的潛在經濟增長率結果顯示，1981—2016年潛在經濟增長率的平均值是9.76%，最大值是2005年的10.40%，最小值是2016年的7.71%；潛在經濟增長率自2005年後逐年下滑，且早於實際經濟增速下滑6年，這也說明本輪的中國經濟增長下滑是結構性的，是潛在經濟增速走低導致的。為評估中國是否能夠順利跨越「中等收入陷阱」，成功躋身高收入國家行列，本書採用邏輯斯諦克模型預測了2017—2050年的潛在經濟增長率。結果顯示，2021—2035年的平均增速是6.54%，2036—2050年的平均增速是4.47%；在幾種不同情景下，中國最早跨越「中等收入陷阱」的年份是2025年，最晚是2045年，概率最高的年份區間是2030—2035年。總而言之，依據本書的預測，中國有能力在2050年前跨越「中等收入陷阱」。

　　從制度分析視角出發，尋找發展路徑與政策著力點，加快促進中國潛在經濟增長能力提升，實現高質量的經濟增長，也是本書關注的重要問題之一。根據理論分析與實證分析的主要結論，本書認為中國潛在經濟增長率的改善路徑有三條，分別是：優化制度設計，破除制度約束；變投資拉動為創新驅動；走質量優先，數量與質量兼顧的人力資本培育之路。而可以確保沿著以上路徑順利提升潛在經濟增長能力的政策建議主要有三個方面：加速體制結構改革，釋放制度變革的紅利；加強科技創新的投入，建設創新型國家；加快完善教育制度，提高全民衛生健康水準。

目　錄

1　導論／1
   1.1　研究背景與意義／1
      1.1.1　研究的背景／1
      1.1.2　研究的意義／3
   1.2　研究內容與方法／4
      1.2.1　研究的內容／4
      1.2.2　研究方法／5
   1.3　研究創新與不足／6
      1.3.1　研究創新點／6
      1.3.2　研究的不足／8

2　文獻綜述／9
   2.1　概念界定綜述／9
      2.1.1　傳統定義方式／9
      2.1.2　凱恩斯主義定義方式／11
      2.1.3　新古典主義定義方式／12
   2.2　計算方法綜述／13
      2.2.1　波峰相連法／13
      2.2.2　奧肯定律與菲利普斯曲線法／15

2.2.3　生產函數法／17

　　　2.2.4　趨勢分析法／24

　　　2.2.5　經濟模型法／35

　　　2.2.6　比較分析法／43

　2.3　影響因素綜述／45

　　　2.3.1　制度變革／45

　　　2.3.2　產業結構調整／45

　　　2.3.3　人口結構變化／46

　　　2.3.4　人力資本累積／46

　　　2.3.5　城市化水準／47

　　　2.3.6　科技創新投入／48

3　潛在經濟增長趨勢的理論分析：模型設計／49

　3.1　經濟增長相關基礎理論／49

　　　3.1.1　馬克思主義經濟增長理論／49

　　　3.1.2　新古典主義經濟增長理論／54

　　　3.1.3　內生增長理論／57

　　　3.1.4　新結構經濟理論／61

　3.2　潛在經濟增長率概念與算法選擇／63

　　　3.2.1　潛在經濟增長率概念選擇／63

　　　3.2.2　潛在經濟增長率算法選擇／65

　3.3　經典生產函數理論模型／66

　　　3.3.1　經典生產函數理論模型的作用／66

　　　3.3.2　經典生產函數理論模型的構建／66

　3.4　潛在經濟增長率影響因素甄別／67

　　　3.4.1　經典生產函數法的局限性／67

　　　3.4.2　潛在經濟增長率影響因素甄別模型／68

3.5 拓展生產函數模型 / 69

    3.5.1 拓展生產函數模型的構建 / 69

    3.5.2 使用拓展生產函數模型計算潛在經濟增長率 / 69

3.6 LOGISTIC 預測模型 / 70

    3.6.1 Logistic 模型簡介 / 70

    3.6.2 選擇 Logistic 模型進行預測的原因 / 72

    3.6.3 構建 Logistic 模型預測中國未來經濟增速 / 73

4 中國潛在經濟增長率的影響因素：計量識別 / 74

4.1 制度變革 / 74

    4.1.1 制度變革對潛在經濟增長率發生影響的機制 / 74

    4.1.2 制度變革的測量 / 76

4.2 科技創新 / 79

    4.2.1 科技創新對潛在經濟增長率發生影響的機制 / 79

    4.2.2 科技創新的測量 / 82

4.3 人力資本 / 83

    4.3.1 人力資本對潛在經濟增長率發生影響的機制 / 83

    4.3.2 人力資本的測量 / 86

4.4 人口結構 / 87

    4.4.1 人口結構對潛在經濟增長率發生影響的機制 / 87

    4.4.2 人口結構的測量 / 92

4.5 就業結構 / 92

    4.5.1 就業結構對潛在經濟增長率發生影響的機制 / 92

    4.5.2 就業結構的測量 / 96

4.6 資本結構 / 99

    4.6.1 資本結構對潛在經濟增長率發生影響的機制 / 99

    4.6.2 資本結構的測量 / 101

4.7 影響因素的計量識別 / 103

    4.7.1 初步估計 / 103

    4.7.2 因素識別 / 105

5 中國潛在經濟增長率的再估計：結構拓展 / 110

5.1 拓展生產函數模型迴歸結果 / 110

    5.1.1 拓展生產函數模型的估計過程 / 110

    5.1.2 拓展生產函數模型迴歸結果討論 / 112

5.2 中國潛在經濟增長率再估計 / 117

    5.2.1 用拓展生產函數模型估計潛在經濟增長率 / 117

    5.2.2 潛在經濟增長率估計結果討論 / 119

5.3 與其他算法對比分析 / 122

    5.3.1 與傳統生產函數模型對比 / 122

    5.3.2 與趨勢分析法對比 / 127

6 中國未來潛在經濟增長趨勢分析：預測評估 / 129

6.1 用生產函數法預測潛在經濟增長率 / 129

    6.1.1 預測的結果 / 129

    6.1.2 診斷性評價 / 132

6.2 用 Logistic 模型預測潛在經濟增長率 / 132

    6.2.1 適用性判別 / 132

    6.2.2 預測的結果 / 133

    6.2.3 診斷性評價 / 136

6.3 中國跨越「中等收入陷阱」的診斷 / 138

    6.3.1 預測 2017—2050 年的名義產出 / 138

    6.3.2 預測以美元計價的人均 GDP / 139

    6.3.3 預測未來高收入國家的門檻值 / 141

　　　　6.3.4　跨越「中等收入陷阱」的時間 / 142

7　中國潛在經濟增長能力的提高：路徑與建議 / 144
7.1　路徑選擇 / 144
　　　　7.1.1　優化制度設計，破除制度約束 / 144
　　　　7.1.2　轉變投資拉動，實現創新驅動 / 149
　　　　7.1.3　保障勞動投入，提升人力資本 / 152
7.2　政策建議 / 156
　　　　7.2.1　加速體制結構改革，釋放制度變革紅利 / 156
　　　　7.2.2　加強科技創新投入，建設創新型國家 / 159
　　　　7.2.3　加快教育制度創新，提高全民衛生健康水準 / 164

參考文獻 / 169

後記 / 185

1　導論

1.1　研究背景與意義

1.1.1　研究的背景

中國作為「四大文明古國」之一，地大物博、人口眾多，在經濟總量、國家實力、文化繁榮等方面都處於領先水準。1840 年一聲炮響，中國墮入「半殖民地半封建社會」深淵。在中國共產黨的領導下，中國人民經歷艱苦探索和浴血奮鬥之後，迎來了新中國，中華民族從此站起來了。1978 年的改革開放使得中國人民走上小康之路，逐步富起來。2012 年之後，中國特色社會主義進入新時代，中國處於「強起來」的歷史階段。以習近平同志為核心的黨中央領導集體提出「兩個一百年」奮鬥目標──要在中國共產黨成立一百週年之際全面建成小康社會，國民經濟更加發展，各項制度更加完善；要在新中國成立一百週年之際基本實現現代化，建成富強、民主、文明、和諧的社會主義現代化國家，最終實現中華民族偉大復興「中國夢」，使中華民族重新屹立於世界民族之林。

實現中華民族偉大復興「中國夢」是一項龐大的系統工程，具體到經濟領域，就是要提升國家的經濟實力、人民的物質生活水準，簡言之，就是要「富國裕民」。而實現這一切的重要保障就是經濟增長速度必須保持在較高的、合理的水準上。因此，從經濟學的視角來看，如何保持較高的、合理的經濟增長速度就成了實現中華民族偉大復興「中國夢」的核心問題，由此就不難理解為何中國全社會都對於經濟增速有一種特殊的「情懷」。在《2017 年政府工作報告》中，「增長」一詞被提及了 42 次；在《2018 年政府工作報告》中，「增長」一詞被提及了 39 次；在《中國共產黨第十九次全國代表大會報告》中，「增長」一詞被提及了 17 次。可見黨中央、國務院對經濟增長問題的重視。

從經濟運行的現實來看，成果也是令人鼓舞的。自改革開放以來，中國經濟保持了多年的高速增長，1978—2007年，中國國內生產總值（GDP）的年均增速高達10%以上。能在如此長的時期內保持如此高的增長速度，無怪乎被世界廣泛讚譽為「中國奇跡」。但自2008年在世界範圍內爆發了金融經濟危機以來，受到外部因素的衝擊加上多年高速增長累積下來的結構性痼疾的影響，中國經濟的增速呈現連年下降的走勢。圖1-1給出了1978—2016年中國經濟增長速度的走勢圖。

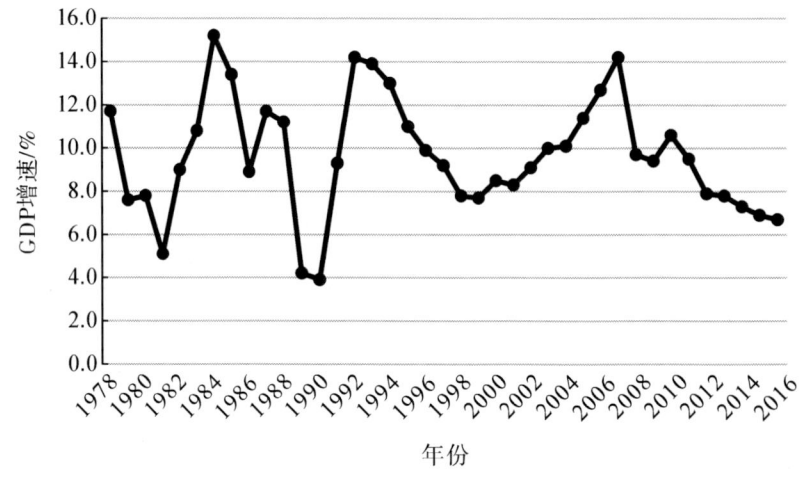

圖1-1　1978—2016年中國經濟增長速度走勢圖

面對經濟增速連年下降的現實，我們不禁要問，經濟增速會保持當前的趨勢持續下降嗎？中國的經濟增速究竟應該是多少？當前的增速是高了還是低了？中國未來的增速會是多少？中國會不會像拉美等國家一樣跌入「中等收入陷阱」？以及最終的問題：「兩個一百年」奮鬥目標、中華民族的偉大復興「中國夢」能不能實現？作為經濟學領域的研究人員，這一系列問題都是我們無法迴避且必須予以正面回答的重大理論與現實問題。

在經濟學領域內，研究經濟增長的趨勢、探討經濟是過冷還是過熱，以及預測經濟未來的增長速度方面，最常用的理論工具是「潛在經濟增長率」。按照筆者個人的理解，「潛在經濟增長率」並非孤立的概念，而是與「潛在產出」「產出缺口」一起構成了一整套概念系統，是全方位解答前面提到的經濟增長相關問題的工具集合。因此，為了解決中國經濟增長的一系列關鍵問題，要為「兩個一百年」奮鬥目標、中華民族偉大復興「中國夢」的順利實現提供理論支撐，就必須牢牢把握住「潛在經濟增長率」這一工具系統。

本書從潛在經濟增長率相關的基礎理論出發，研究潛在經濟增長率的影響因素，重新計算中國自改革開放以來的潛在經濟增長率，並對中國未來的經濟增長情況進行預測，對中國潛在經濟增長率問題進行了全方位的研究，提出了提升中國潛在經濟增長率的路徑選擇和政策建議。

1.1.2 研究的意義

1.1.2.1 理論意義

第一，完善了潛在經濟增長率的理論。目前理論界常見的潛在經濟增長率定義方式有兩種，分別是凱恩斯主義定義方式和新古典主義定義方式。在前人的基礎上，本書提出了第三種定義方式——傳統定義方式，並對此種定義方式存在的意義及其局限性進行了分析；對潛在經濟增長率的幾十種算法重新進行了歸類研究，將其分為六大類，與以往學術界的分類方式有很大不同；還澄清了潛在經濟增長率的不同定義方式與算法集合的匹配問題，解決了這一長期困擾潛在經濟增長率理論領域的痼疾。

第二，提出了新的潛在經濟增長率計算模型。本書在對中國潛在經濟增長率的影響因素進行了詳細甄別之後，將篩選出的關鍵影響因素納入計算模型之中，拓展了傳統的生產函數法，提出了新的計算潛在經濟增長率的模型。

第三，提出了新的潛在經濟增長率預測方法。目前學術界在使用潛在經濟增長率工具來對未來經濟增長趨勢進行預測時所採用的方法主要是生產函數預測法。而生產函數預測法是一種有明顯局限性的預測方法，應該被逐漸淘汰。因此本書嘗試使用 Logistic 模型對未來經濟增長趨勢進行預測，並取得了一定的成果，拓展了潛在經濟增長率的預測算法。

1.1.2.2 現實意義

第一，測算了 1978—2016 年的潛在經濟增長率，對改革開放 40 多年來的中國經濟增長歷程進行瞭解釋。本書通過對改革開放以來的潛在經濟增長率、潛在產出以及產出缺口的計算，回答了哪些年份經濟增長過熱、哪些年份經濟增長過冷、中國經濟增速的趨勢值是多少等關鍵問題。明確這些問題的答案，有助於加深我們對中國改革開放 40 多年來的經濟增長現實的理解，並對解釋、解決當前以及未來的經濟增長問題有很強的歷史借鑒意義。

第二，預測了 2017—2050 年的經濟潛在增速，並回答了中國能否跨越「中等收入陷阱」，進入高收入國家行列的問題。本書通過對 2017—2050 年中國經濟潛在增長率的預測，使我們對未來中國的經濟增長情況有了一個大致的瞭解；回答中國能否跨越「中等收入陷阱」問題，則是間接地回答了中國能

否以及何時進入高收入國家行列，「兩個一百年」奮鬥目標能否以及何時能夠實現的重大現實問題。

1.2 研究內容與方法

1.2.1 研究的內容

本書研究內容主要包括：研究背景、潛在經濟增長率理論、潛在經濟增長率的影響因素甄別、潛在經濟增長率的計算、中國未來潛在經濟增長率的預測，以及提升中國潛在經濟增長率的路徑選擇和政策建議六個方面，構成了一套完整而全面的中國潛在經濟增長率研究問題集合。

第1章是導論，主要介紹和說明本研究的選題意義和價值、內容、方法以及研究的創新與不足，對全書的關鍵點進行了總結和概括，使讀者對全書有一個總體把握。

第2章是文獻綜述。本章從潛在經濟增長率的基礎理論及概念界定、潛在經濟增長率的計算方法、潛在經濟增長率的影響因素以及潛在經濟增長率的預測這四個方面對潛在經濟增長率的研究現狀進行了詳細的介紹。

第3章是潛在經濟增長趨勢的理論分析：模型設計。本章首先介紹潛在經濟增長率的基礎理論，回答潛在經濟增長率的定義方式以及算法集合選擇。然後開始進行潛在經濟增長率計算模型的構建，包括對影響潛在經濟增長率的因素識別模型的構建和拓展的生產函數模型的構建。最後對未來中國的潛在經濟增長率進行預測，構建 Logistic 模型進行預測。

第4章是中國潛在經濟增長率的影響因素：計量識別。本章分析影響潛在經濟增長率的因素系統，這些影響因素包括制度變革（亦稱制度變遷）、科技創新、人力資本、人口結構、就業結構以及資本結構。進一步，本章從這些結構性因素中識別出對潛在經濟增長率有顯著影響的因素。

第5章是中國潛在經濟增長率的再估計：結構拓展。本章將第4章中甄別出來的影響因素納入傳統的生產函數模型之中，再次估計中國的潛在經濟增長率，並將該計算結果與其他方法得出的結果進行比較。

第6章是中國未來潛在經濟增長趨勢分析：預測診斷。本章採用兩種方法進行未來潛在經濟增長率的預測，分別是生產函數預測法和 Logistic 模型預測方法。進一步，本章從潛在經濟增長率的角度對中國能否跨越「中等收入陷阱」的問題進行診斷性評估。

第 7 章是中國潛在經濟增長能力的提高：路徑與建議。本章主要給出了提升中國潛在經濟增長能力，夯實高質量經濟發展的路徑選擇及與其相關的三大方面的政策建議。

1.2.2　研究方法

本書主要採用定性分析與定量計算相結合、經濟理論與經濟實踐相結合兩種方法進行潛在經濟增長率的研究。

1.2.2.1　定性分析與定量計算相結合的方法

定性分析是指通過邏輯推理、理論思辨、揭示歷史規律等方式，從質的角度分析和研究某一事物的屬性。本書在第四章研究中國潛在經濟增長率的影響因素識別分析時，使用定性分析的研究方法分析了制度變革等六種影響因素對潛在經濟增長率的影響機制；在第六章研究中國潛在經濟增長率預測與跨越「中等收入陷阱」問題時，設定了許多重要的經濟指標；在第七章研究提升中國潛在經濟增長率的路徑與政策建議部分，指出了提升中國潛在經濟增長能力的必由之路以及對應的政策保障。

定量計算是指對經濟現象的數量特徵、數量關係與數量變化進行計算的研究方法。本書在第四章中使用了各種經濟指標對各種影響因素進行了數值模擬，然後採用最小二乘法（OLS）以及廣義最小二乘法（GLS）等計算方法對各影響因素的影響效果進行了計算；在第五章中使用了拓展的生產函數法對中國的潛在經濟增長率進行了計算；在第六章中又分別採用了生產函數法和 Logistic 模型與定性分析相結合，對中國未來的潛在經濟增長率進行了預測。

1.2.2.2　經濟理論與經濟實踐相結合的方法

根據馬克思辯證唯物主義的基本原理，在科學研究的過程中必須堅持理論與實踐相結合。要研究經濟問題、揭示經濟規律，必須首先掌握相關的經濟理論。在提出研究問題、設計研究模型、選擇研究變量、解釋數據結果的過程中，本書都應用到了大量的經濟理論。主要應用了馬克思主義經濟增長理論、新古典主義經濟增長理論、近年來興起的內生增長理論，以及頗具中國特色的新結構經濟理論。

單純依靠理論容易犯「本本主義」的錯誤，因此在本書的研究過程中，我們牢牢結合經濟實踐。從選題來看，經濟增長問題是近年來中國經濟社會的熱點問題，受到包括黨中央在內的社會各界廣泛關注。從潛在經濟增長率影響因素篩選來看，篩選過程始終保持與經濟現實相結合，並未完全照搬書本的結論。從潛在經濟增長率的計算來看，保證計算的結果符合中國改革開放以來的

經濟增長現實情況，避免無效估計。從未來中國潛在經濟增長率的預測來看，參照對標國的情況，盡量保證預測結果有實際的現實意義。最後在提升潛在經濟增長率的路徑選擇和政策建議方面，本書也始終從中國的實際情況出發，既不妄自菲薄，更不盲目樂觀，盡量做到實事求是。

1.3　研究創新與不足

1.3.1　研究創新點

本書在以往學界對潛在經濟增長率的研究基礎之上，對潛在經濟增長率的概念、算法結合和概念算法匹配給出了新的看法；在眾多影響潛在經濟增長率的因素之中篩選出了真正有顯著影響的三種因素，並在這三種因素的基礎之上重新計算了中國的潛在經濟增長率；最後預測了中國未來至2050年的潛在經濟增長率，並對中國跨越「中等收入陷阱」問題做出了新的判斷。

1.3.1.1　明確潛在經濟增長率定義方式、算法集合以及概念算法匹配問題

以往學界對於潛在經濟增長率的研究大多有「輕理論、重計算」的痼疾，對於潛在經濟增長率的概念只是簡單地重複前人的論述。有鑒於此，本書首先厘清了潛在經濟增長率的定義。以往的研究大多採用Scacciavillani和Swagel在1999年的定義方式。Scacciavillani和Swagel根據凱恩斯主義的理論和新古典主義的理論分別給出了兩種潛在經濟增長率的定義方式。本書研究發現，除了Scacciavillani和Swagel提出的兩種定義方式之外，還存在潛在經濟增長率的第三種定義方式，即「傳統定義方式」。傳統定義方式在以往的研究中是較少被提及的，但是其實它豐富了對潛在經濟增長率概念的理解。此外，明確了新古典主義的定義方式——潛在產出是真實產出的趨勢值——是目前的主流定義方式，其他的定義方式由於種種原因均逐漸走向消亡。

由於對潛在經濟增長率概念的理解不清，而潛在經濟增長率的算法又十分多樣，因此以往研究人員採用的潛在經濟增長率的定義方式與所選擇的算法之間常常出現張冠李戴的錯配問題。因此，本書重新將潛在經濟增長率算法歸納為六大類，分別是：波峰相連法、奧肯定律和菲利普斯曲線法、生產函數法、趨勢分析法、經濟模型法、比較分析法。在詳細介紹每一大類算法的基礎上，又解決了六大類算法與三種定義方式的匹配問題。在匹配的方式上也與以往的研究有一些顯著的不同，比如認為波峰相連法是傳統定義方式的算法，而以往的研究中對此是有所忽視的；某些潛在經濟增長率的研究權威認為生產函數法

是凱恩斯主義定義下的算法，本研究則明確表示，生產函數法應該歸類於新古典主義的算法集合之中，等等。最後，明確提出當前計算潛在經濟增長率的可靠的、主流的良好算法應該是以生產函數法與趨勢分析法相結合為主、比較分析法為輔的算法系統。

1.3.1.2　潛在經濟增長率影響因素的篩選

在以往的研究中，研究人員大都根據自身的主觀判斷選擇將哪些因素納入計算潛在產出和潛在經濟增長率的模型之中。論證這些因素是否能夠真正影響潛在經濟增長率時，也往往是直接借鑑前人的研究成果。在將影響潛在經濟增長率的諸因素納入研究模型之前，缺少了驗證、篩選的步驟。

有鑒於此，本書在選擇納入模型的變量之前加入了影響因素的篩選步驟，歸納總結出以往研究中最常使用的六種影響因素：制度變革、科技創新、人力資本、人口結構、就業結構、資本結構，並認為制度變革、科技創新和人力資本這三種因素對潛在經濟增長率有顯著的正向影響，適合納入生產函數的模型之中。

1.3.1.3　重新估算中國的潛在經濟增長率

目前學界計算潛在經濟增長率時最常用的、最主流的算法就是生產函數法。本書將前面篩選出來的三種因素以全要素生產率的方式納入生產函數中，加上基礎的投入要素——資本存量和勞動力，構建拓展的生產函數模型。該模型計算結果較好地解釋了改革開放以來的中國經濟走勢，與經濟現實的擬合度較高。本書還將其與傳統的生產函數模型以及趨勢分析法進行了比較分析，認為拓展的生產函數模型包含的信息更加豐富、對經濟現實的解釋力更強，與其他算法相比有很大的優勢。

1.3.1.4　中國潛在經濟增長率的預測以及跨越「中等收入陷阱」分析

本書對未來至2050年的中國潛在經濟增長率進行了預測。從預測算法的角度來看，目前主流的預測算法——生產函數法和比較分析法的科學性不足，受到研究人員主觀干擾較強，是應該被逐步淘汰的落後算法。因此，本書嘗試使用Logistic模型進行預測。Logistic模型全然從數據出發，可以彌補以往預測算法主觀性太強的不足，且Logistic模型與中國的經濟數據擬合良好、模型效果顯著。從預測結果的角度來看，本研究預測未來到2050年的潛在經濟增長率為3.8%左右，高於用傳統生產函數法預測的2.95%，也高於許多以往的研究結果。

本書根據未來中國潛在經濟增長率的預測結果討論了中國能否跨越「中等收入陷阱」的問題，證明了中國能夠在2050年之前順利跨越「中等收入陷

阱」進入高收入國家的行列。但根據不同的情景，跨越「中等收入陷阱」的時間區間有所不同，在 2025—2030 年這一時間區間內進入高收入國家行列的可能性最大，最晚也不會晚於 2045 年。除了要保證合適的經濟增長速度之外，要重點防範人民幣與美元之間的匯率風險。

1.3.2　研究的不足

囿於筆者主觀上知識累積不夠深厚、研究水準還不夠高以及客觀上的數據可獲得性限制，本書存在以下兩點不足：

第一，潛在經濟增長率的算法搜集不全。潛在經濟增長率的算法相當豐富，應用較為廣泛的就有六大類幾十種，而隨著機器學習、人工智能等領域技術的不斷推進，潛在經濟增長率的算法還在逐步豐富和擴展。然而，筆者自身的學識、精力有限，不能窮盡所有的研究方法，導致本書在潛在經濟增長率的理論研究部分存在算法搜集不全的問題，在理論的全面性方面有所欠缺。

第二，數據搜集不足。由於中國改革開放前後的經濟情況發生了根本性變化，因此本書所採用的時間序列區間只能從 1978 年改革開放以後進行截取。雖然改革開放 40 多年的數據也可以被用來進行時間序列分析，但更長的時間區間可以增強研究的穩健性。此外，在制度變革、就業結構和人口結構的數據搜集方面也存在著一些不足。

2 文獻綜述

2.1 概念界定綜述

2.1.1 傳統定義方式

如果追溯潛在經濟增長率的思想萌芽，目前已知較早的有相關思想的經濟學家是 Harrod（1939），他在進行經濟動態分析的過程中提出了三種不同的增長率：第一種是傳統的經濟增長率，就是收入或者產出的增長率；第二種被 Harrod 命名為「合理增長率」（warranted rate of growth），這種增長率相當於經濟處於一種動態均衡時的產出增長率水準，是指產出既不多於也不少於合理水準值的增長率；還有一種增長率叫「自然增長率」（natural rate of growth），這種增長率是指在最大可能性的人口增長速度、資本累積速度以及技術進步速度和勞動偏好水準的條件下，經濟的最大增長速度。Harrod 認為這三種經濟增長速度只在偶然的情況下會相等，比如在充分就業的情況下，其餘大部分時間都是不等的。薩繆爾森和諾德豪斯沿著 Harrod 的思路，把「自然增長率」定義為「潛在的國民生產總值增長率」，其最大可能性就體現在各類要素和技術都能充分利用，而其增長的原因則在於各種投入的要素如土地、勞動、資本的量的增長，以及技術進步和生產效率的提升（薩繆爾森、諾德豪斯，1992）。

之所以將傳統的定義方式突出出來，有以下幾點原因：第一，傳統的定義方式符合潛在經濟增長率定義的思想萌芽，即符合「潛在」「潛力」的含義，「潛在」「潛力」這兩個詞都有「未發掘出來的能力」的意思。在理想的狀態下，即各類要素都能被充分利用的情況下所提供的產出，就是一個經濟體尚未被發掘出來的最大生產能力。第二，在某些特定的情況下，傳統定義方式有一定的現實意義。舉個極端的例子：在戰爭時期，一個國家軍工的潛在產出能力應該被理解為軍工體系的最大生產能力，而不必考慮是否大於需求量，更不應

該被理解為平時產量的趨勢值。第三，傳統的定義方式有其對應的計算方法。

與潛在經濟增長率高度相關的概念叫「潛在產出」（potential output）。Okun（1962）在研究自然失業率問題時提出了經濟潛在產出的概念，「一個經濟體在所有資源都被充分利用時的最大可能產出」。Levy 在 1963 年提出，潛在產出是指各類要素和技術都能被充分利用時所能提供的產出。根據 Okun 和 Levy 先後提出的潛在產出的概念，結合前文薩繆爾森的定義，不難理解，潛在經濟增長率就是潛在產出的增長率。因此，潛在產出是比潛在經濟增長率更基礎的概念，理解了潛在產出就理解了潛在經濟增長率。中國的學者在自己的研究中採用傳統的定義方式定義潛在經濟增長率或者潛在產出時，基本都是直接引用薩繆爾森、Okun 和 Levy 的定義。比如，郭慶旺和賈俊雪（2004）使用 Levy 的定義方式，郭紅兵和陳平（2010）使用 Okun 的定義方式，郭晗和任保平（2014）使用薩繆爾森的定義方式，等等。

與潛在產出和潛在經濟增長率高度相關的概念叫「產出缺口」。產出缺口有兩種定義方式，比較直觀的一種認為，產出缺口就是實際產出與潛在產出之差，實際產出大於潛在產出時，產出缺口為正，此時經濟有過熱的傾向；實際產出小於潛在產出時，產出缺口為負，此時經濟有過冷的傾向。還有一種定義方式認為，實際產出與潛在產出的差值占實際產出或潛在產出的比重是產出缺口（Taylor, 1993）。無論是哪一種定義方式，產出缺口都描繪了實際產出與潛在產出的差距，代表了經濟運行過程中的週期成分（陳亮 等，2012）。由於可以通過產出缺口的正負來判斷經濟體運行的狀態，即經濟體是否過熱或過冷，所以產出缺口這一概念在宏觀經濟中有廣泛的應用。產出缺口、實際產出和潛在產出三個概念的關係由公式（2-1）給出。

$$產出缺口 = 實際產出 - 潛在產出 \qquad (2-1)$$

在潛在產出理論研究中，Scacciavillani 和 Swagel（1999）兩位學者做出了突出的貢獻。他們在國際貨幣基金組織 1999 年的一篇工作論文中總結了以往對於潛在產出的研究，給出了潛在產出的兩種定義方式，並且指明了兩種定義方式背後的經濟學理論基礎，而後來的學者們基本上沿用了他們的分類方式。他們認為，寬泛而言，當前關於潛在經濟增長率的定義可以分為兩大類：第一類，根據凱恩斯的經典理論，潛在經濟增長率的增長主要來源於要素投入量的增加，在滿足需求約束的條件下，潛在經濟增長率是在各種要素被充分利用的條件下，經濟體所能達到的最大產出。第二類，基於新古典主義經濟學的傳統，認為從長期來看，外生的產出波動所導致的總供給的變化使得潛在產出發生變化。在新古典主義經濟學的框架下，產出的波動應該圍繞在潛在產出周

圍，潛在產出應該是真實產出的趨勢值（Scacciavillani、Swagel，1999）。下面具體分析這兩種定義方式。

2.1.2 凱恩斯主義定義方式

潛在經濟增長率研究的早期，從上文的介紹中可以看到，大約是在20世紀60年代，當時的經濟學家都深受凱恩斯主義的影響，所以傳統的定義方式與凱恩斯主義的思路相近，凱恩斯主義的定義方式與傳統的定義方式一脈相承。根據凱恩斯的經典理論，相比於相對穩定的總供給，經濟週期主要由相對變動劇烈的總需求決定。在經濟週期下行的區間，可以用於生產的要素並沒有被充分利用，失業率上升，工資的上漲趨勢以及通貨膨脹的水準都被遏制。此時，應當主要採取需求側管理的政策，包括貨幣政策和財政政策。潛在經濟增長率的增長主要源於要素投入量的增加，而產出缺口測量的是真實產出低於潛在產出的程度。與傳統的定義方式相比，基於凱恩斯主義的潛在產出定義方式還強調了需求端的作用，考慮到供求平衡，而不僅僅是強調供給端，這是其與傳統定義方式的重大區別。

在傳統的定義方式中，使各種要素和技術「被充分利用」是一個比較抽象和籠統的表述方式，經濟學家們一直想找到一種可以度量的方式來定義「被充分利用」。他們覺得，如果某些經濟指標達到一定的理想值，此時的經濟狀態就可以被認為是要素和技術得到充分利用的狀態，經濟體達到的產出就被認為是潛在產出。經濟學家們找到的經濟指標是失業率和通貨膨脹率。

Okun根據經驗數據分析認為，失業率應該控制在4%左右。失業率在4%左右時，社會的資源就可以得到充分利用，此時的產出就是潛在產出（Okun, 1962）。弗裡德曼在1968年提出了著名的自然失業率（Natural Rate of Unemployment）理論，認為即使在充分就業的情況下，勞動力市場處於供求穩定的狀態，社會也會存在不可避免的失業，這種情況下的失業率就是自然失業率。自然失業率也被稱為「非加速通貨膨脹失業率」（Non-Accelerating Inflation Rate, NAIRU），即自然失業率是一個不會造成通貨膨脹的失業率。因此，學者們也就進一步將潛在產出與自然失業率聯繫起來，認為在自然失業率情況下的產出水準就是潛在產出。

Phelps在1961年發表的文章中稱經濟潛在增長率就是在通貨膨脹率處於穩定狀態時的產出的增長率，將潛在經濟增長率與通貨膨脹水準聯繫起來。由於自然失業率同時滿足失業率的條件以及非加速通貨膨脹率的條件，在自然失業率的情況下，通貨膨脹水準會被充裕的勞動力供給限制，所以後來的學者們

常常定義在非加速通貨膨脹率水準下，各種經濟資源都被充分利用的產出水準是潛在產出水準，此時的增長率為潛在經濟增長率。

繼承了傳統凱恩斯主義的新凱恩斯主義改變了傳統凱恩斯主義的「價格剛性」理論，代之以價格和工資的黏性。以此為基礎，新凱恩斯主義定義潛在產出為不存在名義價格黏性時的產出水準（於洪菲，2013）。凱恩斯的價格剛性是指，在短期內，價格會保持不變；而新凱恩斯主義的價格黏性是指，價格會受到供求的影響而發生緩慢調整，並不是絕對不變的。名義價格黏性強調的是，在需求側發生改變的狀態下，供給側是否會受到影響以及受到多大程度的影響，取決於名義價格黏性是否存在以及其強度的大小。如果不存在名義價格黏性，也就是名義價格完全彈性，需求端的改變會馬上通過價格機制傳導到供給端，此時的產出水準就是在滿足需求的情況下，各種要素投入的最大產出水準，也就是新凱恩斯主義所定義的潛在產出水準。

以凱恩斯理論為基礎的定義方式，經濟增速要想達到潛在值，則經濟狀態必須提升至理想的狀態，這在現實中是很難達到的。此時的產出缺口測算的是真實值與潛在值的差距，產出缺口將基本為負，不能將產出缺口的正負作為調節經濟走勢的指標。而對於新凱恩斯主義提出的名義價格黏性，也很難進行度量。這使得這種定義方式只有理論意義，在現實中很少有算法可以與之相匹配。

但是將產出缺口與失業率和通貨膨脹率結合起來的思路可以通過使用菲利普斯曲線或奧肯定律來計算產出缺口、潛在產出，還是有部分學者採用，如趙昕東（2008）、呂越和盛斌（2011）以及石柱鮮等（2004）。使用失業率、通貨膨脹率等指標時，由於是利用奧肯定律和菲利普斯曲線進行計算，往往直接得到的是產出缺口，而不是潛在產出。要想得到潛在產出，需要再用真實產出減去產出缺口值才是潛在產出值。這種計算方式是根據凱恩斯主義的定義計算潛在產出的最常見的計算方式，下面的算法部分對此有更詳細的介紹。

2.1.3　新古典主義定義方式

新古典主義經濟學認為從長期來看，外生的產出波動所導致的總供給的變化使得潛在產出發生變化。如果從這個角度來認識潛在經濟增長率，則總需求的短期波動或影響總需求短期波動的一系列因素，如貨幣政策、財政政策等，都不會影響潛在經濟增長率的走勢。但是如果這些總需求方面的變化使得總供給方面不得不調整產出以適應新的經濟狀態的話，則這種總需求會影響潛在經濟增長率的波動。在新古典主義經濟學的框架下，產出的波動應該是圍繞在潛

在產出周圍的，並且波動應該很小，不會出現明顯的偏離或發散。所以在新古典主義經濟學的框架下，潛在產出應該被定義為：經濟體在未受到各種非市場行為的干預的情況下，總供需基本均衡的情況下，各種資源在正常的使用狀態下達到的趨勢產出。既然是趨勢產出，則實際產出是圍繞在潛在產出周圍上下波動的，而產出缺口則伴隨著波動時正時負。

因此，使用新古典主義經濟學來定義潛在經濟增長率，測量的關鍵問題就變為如何區分產出的趨勢部分和圍繞趨勢的波動部分，在實際的計算過程中比較容易使用各種數學方法，因此得到了更廣泛的應用。Orphanides（1999）認為，產出的變化包含由週期因素引起的暫時性變化以及由潛在產出的趨勢性變化引起的持久變化。Santometro（2005）指出，傳統的定義方式以及凱恩斯主義的定義方式導致潛在產出無法被直接觀測到，並且在實際的計算過程中基本上無法實現，因此目前普遍將潛在產出解釋為產出的趨勢水準（the Trend Level of Output）。

當前中國的學者對潛在經濟增長率的研究很多都採用了新古典主義經濟學的定義方式。袁富華（2010）指出，宏觀經濟學中通常都將潛在產出當成一種平滑的確定性趨勢來看待。郭紅兵和陳平（2010）認為實際的 GDP（國內生產總值）可以被分解為兩個成分，一個是長期的趨勢成分，另一個是暫時性的週期成分，趨勢成分被認為是用來測度潛在產出的，而週期成分則被認為是用來測度產出缺口的。

對於這個問題，在下一節計算方法的綜述中有更詳細的交代，而且也只有與算法相結合才可以看出潛在產出和潛在經濟增長率概念的真正含義。

2.2　計算方法綜述

2.2.1　波峰相連法

波峰相連法，又稱「峰-峰」相連法（Peak-to-Peak），也稱「沃頓學院指標」，這種方法由美國著名的經濟學家克萊因（Klein）提出，最早被用於觀察對某行業生產指數的變化進而推算該行業的設備利用率（沈利生，1999；趙昕東，2008）。該方法把一個時間序列，比如我們要研究的 GDP 增速的相鄰的兩個週期的波峰用直線直接相連，以這條直線作為「能力線」。由於兩個週期的波峰是在當時的要素供給條件下，經濟所能達到的最大增速，所以根據潛在經濟增長率的傳統定義方式，這條「能力線」就是這兩個週期之間的時間段的潛在經濟增長率的大小。波峰相連法的含義，如圖 2-1 所示。

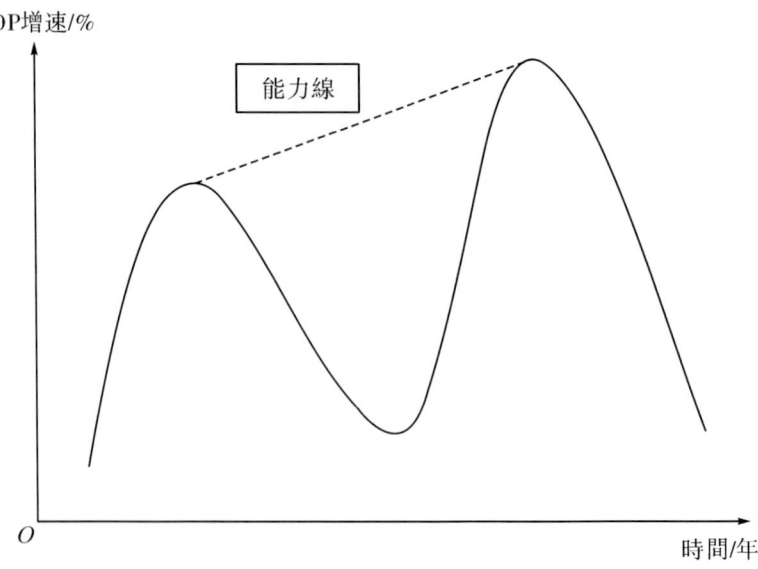

图 2-1　波峰相连法的含义

波峰相连法在实际的潜在经济增长率计算中使用得极少，中国的学者，只有赵昕东教授于 2000 年和 2008 年使用过两次，而且还并不是其研究时所采用的主要方法。究其原因，在于波峰相连法本身的局限性。首先，算法比较粗糙，只用两个峰值的数据直接连线，得到一个简单的估计，没有太高的技术含量；其次，在两个波峰之间的整个时间段，估计值是不变的；最后，这样得到的结果也并没有太多的实际意义。所以波峰相连法在研究潜在经济增长率方面基本属于无人问津的状态。

笔者在这里强调这种算法，是因为波峰相连法虽然在实际使用的过程中没有太大的意义，但是这种算法有很强的理论意义。这种算法可能是唯一一种根据潜在经济增长率的传统定义方式来理解潜在经济增长率、计算潜在经济增长率的算法。潜在经济增长率的传统定义方式由于强调理想状态下的「最大产出」，所以很少有算法与之匹配。而波峰相连法，正好强调了最大产出可能性、最大增速可能性，并且还没有考虑到需求因素、供求平衡因素，因此和传统的定义方式在理念上相吻合。

总而言之，由于传统的定义方式本身的缺陷，现在已逐渐被学术界抛弃；而波峰相连法自身又比较粗糙，估计得并不准确，又没有太高的技术含量，也就没有太高的价值。其背后的经济理论支撑不足，算法本身也有缺陷，当然难逃被遗忘的命运。

2.2.2 奧肯定律與菲利普斯曲線法

2.2.2.1 奧肯定律

美國經濟學家阿瑟·奧肯（Arthur M. Okun）於1962年提出了著名的奧肯定律，論證了失業率與經濟增長率之間的關係。他認為，根據美國的經驗數據，國民生產總值每增長2%，失業率大約下降1%（Okun, 1962）。奧肯定律的數學表達式見公式（2-2）。

$$\mu_t - \mu_{t-1} = -\beta(g_t - g_t^*) \tag{2-2}$$

上式中，μ_t 表示第 t 期的失業率，μ_{t-1} 表示第 t-1 期的失業率，g_t 表示經濟的實際增長率，g_t^* 表示潛在經濟增長率，β 表示增長率與失業率之間的轉換系數，$(g_t - g_t^*)$ 的經濟學含義是前文所說的產出缺口。從公式（2-2）中我們可以更清晰地看出奧肯定律的含義——經濟實際增長率與潛在經濟增長率的偏離程度可以改變失業率的大小。具體來說，當經濟的實際增長速度高於潛在增長速度時，產出缺口為正，經濟有擴張的傾向，此時正的產出缺口乘以一個負數（$-\beta$），則結果為負，即當期的失業率減上一期的失業率為負值，所以失業率下降；當經濟的實際增長速度低於潛在增長速度時，產出缺口為負，經濟有萎縮的傾向，此時負的產出缺口值再乘以一個負數（$-\beta$），則結果為正，即當期的失業率減上一期的失業率為正值，所以失業率上升。通過對歷史數據進行迴歸分析，我們可以估計出轉換系數 β 和潛在產出 g_t^*。

由於發現奧肯定律的是美國學者，為得到結論所使用的數據也是基於美國的數據，因此，在將奧肯定律應用於中國之前，必須要首先論證奧肯定律在中國是否成立。蔡昉（2007）使用奧肯定律計算中國的產出缺口，認為奧肯定律在中國並不適用，並且認為在中國的現實條件下，經濟增長並不會自發帶來就業的增長。那是不是奧肯定律就無法計算潛在產出或產出缺口了呢？並非如此。比較典型的是楊旭等（2007）的研究，他們發現美國的數據符合經典的奧肯定律，但是中國的數據並不符合經典的奧肯定律，即公式（2-2）所給出的定律。他們認為這是中國二元經濟結構造成的，因此他們構造了城鄉二元結構的奧肯定律公式，認為城鄉二元結構的奧肯定律可以很好地解釋中國的經濟增長與就業的關係，並以此計算了中國的潛在經濟增長率。

從總體來看，一方面，直接使用奧肯定律來計算產出缺口或潛在產出還是太過粗糙了，所用到的信息只有失業率和增長率兩個，估計的效果並不好；另一方面，奧肯定律在中國的適用問題一直是大家爭論的焦點。許多學者也證明了經典的奧肯定律在中國並不適用，關鍵在於中國是典型的城鄉二元結構，與

美國不同。美國的農業人口只占人口總數的 3% 左右，而中國的農業人口占人口總數的 50% 左右，是不可忽視的部分，且農村的失業率也不好評估。所以，直接使用奧肯定律計算中國的潛在產出或產出缺口的研究並不多。不過，有許多學者採用別的算法先計算出潛在產出，然後再利用奧肯定律去計算別的經濟指標，如王立勇和徐曉莉（2018）、黎德福（2005）、Belegri – Roboli 和 Michaelides（2007），等等。這不在本研究的研究範圍之內，只稍提一下，不多做介紹。

2.2.2.2 奧肯定律與菲利普斯曲線相結合

菲利普斯曲線是著名經濟學家 Phillips 於 1958 年首次提出的，經典的菲利普斯曲線表明的是通貨膨脹率與失業率之間的關係。菲利普斯曲線的含義如公式（2-3）所示，其中 π_t 表示第 t 期的通貨膨脹率，π_t^e 表示第 t 期的核心通貨膨脹率，μ_t 代表第 t 期的實際失業率，μ_n 代表自然失業率，α 是兩者的轉換系數。

$$\pi_t - \pi_t^e = -\alpha(\mu_t - \mu_n) \tag{2-3}$$

菲利普斯曲線法也是被經常用來計算潛在產出的一種重要理論。從公式（2-3）中可以看出，單獨的菲利普斯曲線無法直接計算潛在產出，但是和奧肯定律相結合就可以計算產出缺口和潛在產出了，即通過菲利普斯曲線計算通貨膨脹率與失業率之間的關係，再通過奧肯定律計算失業率與產出缺口之間的關係，從而計算出產出缺口和潛在產出，這其中的邏輯關係如圖 2-2 所示。

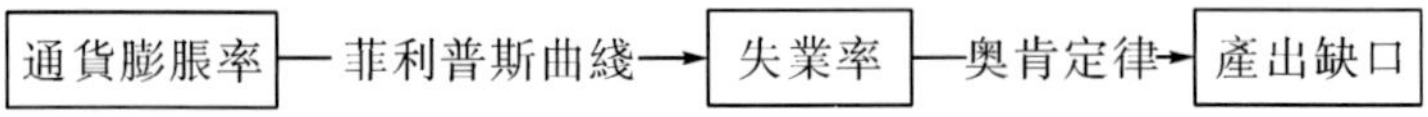

通貨膨脹率 —— 菲利普斯曲線 → 失業率 —— 奧肯定律 → 產出缺口

圖 2-2 菲利普斯曲線與奧肯定律的結合

石柱鮮等（2004）將菲利普斯曲線與奧肯定律相結合，構造了一個潛在產出的狀態空間模型，在估計出產出缺口之後得到了潛在產出值，並通過潛在產出值計算了中國的產出偏移率，認為中國的產出偏移率與通貨膨脹率具有十分穩定的正向相關關係。與石柱鮮等人的研究類似，劉金全等人（2006）也根據菲利普斯曲線的動態性，結合奧肯定律，構造了狀態空間模型，計算了中國的潛在產出值，並且認為中國的潛在產出和物價之間的關係從長期來看符合菲利普斯曲線的性質。張鴻武（2009）考慮了產出缺口和通貨膨脹率之間的波動性特徵以及它們的變異性替代特徵，所以採用了聯立方程的雙變量 GARCH 模型，估計了中國的產出缺口，認為產出缺口與通貨膨脹之間有顯著的替代關係，並且這種替代關係是非對稱的。許召元（2005）使用了附加預期的菲利普斯曲線，結合奧肯定律，構造了多變量的 Kalman 濾波法，估計了中國的產出缺口，驗證了中國的通貨膨脹率與潛在經濟增長率之間存在著顯著

的關係，並進一步解釋了社會對於通貨膨脹的預期對產出缺口的影響。

2.2.2.3 奧肯定律和菲利普斯曲線法評述

在計算潛在經濟增長率的研究中，使用這兩種算法的學者並不是很多，主要是因為對奧肯定律和菲利普斯曲線在中國的條件下是否適用的問題還沒有明確的答案。如果不驗證奧肯定律和菲利普斯曲線在中國是否適用，拿起來就直接進行計算，在邏輯上是不夠嚴謹的。然而現實中，這兩個定律確實不容易滿足相關條件。此外，還有數據獲取問題。由於中國二元經濟結構的問題，農村勞動力失業率很難統計，還有農民工進城就業等統計方面的難題也制約著這種算法的應用。

單獨使用奧肯定律的學者很少，大部分學者還是使用奧肯定律和菲利普斯曲線相結合的方式來計算潛在產出。所謂的「相結合」，在具體的模型構造上就是指將奧肯定律作為一個公式，將菲利普斯曲線作為另一個公式，再結合一些和失業率以及通貨膨脹率相關的公式，構成一個多方程系統進行估計。因為這樣可以同時使用到經濟增長率、失業率和通貨膨脹率這三個重要的宏觀指標，模型更加複雜和完善，工作的技術性也更強。另外，這樣的算法增加了研究的工作量，學者們在研究過程中就不用再費力地去論證這兩條定律在中國的適用問題（因為對於一般的期刊論文來講，這樣的工作量已經夠了），是一種「投機取巧」的方式。

2.2.2.4 奧肯定律和菲利普斯曲線法所依據的潛在經濟增長率定義方式

利用奧肯定律和菲利普斯曲線來計算產出缺口和潛在產出的方法背後依據的潛在產出概念是根據凱恩斯主義所定義的潛在產出的概念，強調在某些經濟指標達到理想值的條件下得到的產出和增長率就是潛在產出和潛在經濟增長率。當經濟過熱時，通貨膨脹率會上升，而當經濟遇冷時，失業率又會上升，所以當二者都處在合理的範圍內時，經濟的增長速度就處於一種相對合理的速度。

認為通貨膨脹率和失業率達到理想值時的經濟狀態就是經濟的理想狀態的想法，是將傳統定義方式中的「資源被充分利用」這一抽象的表述具體化了，使其具有了現實的可操作性，奧肯定律和菲利普斯曲線法也是現在為數不多的使用凱恩斯主義定義方式進行潛在經濟增長率計算的可行算法。

2.2.3 生產函數法

由於生產函數法是目前計算潛在經濟增長率及潛在產出的主流算法，被學者們和各大金融機構廣泛採用，因此在這裡著重進行介紹。下面從生產函數法

的定義、生產函數法的優點、生產函數法的局限性，以及生產函數法背後的潛在經濟增長率定義方式四個方面來介紹生產函數法。

2.2.3.1 生產函數法的定義

生產函數法是目前計算潛在產出及潛在經濟增長率的主流算法，許多大型的金融機構以及政府研究部門都採用生產函數法進行潛在產出的測算，如經濟合作與發展組織（OECD，2012）、美國國會預算辦公室（CBO，1995）、歐盟政策委員會（EC，2001）、普華永道（PwC，2017）以及中國人民銀行營業管理部課題組（2011），等等。生產函數法是指在一定的條件下，各種要素投入量與產出之間的函數對應關係。假設 X_i（$i=1, \cdots, n$）表示生產過程中投入的 n 種生產要素的投入數量，Y 代表產出水準，則生產函數可以寫成公式（2-4）的形式。

$$Y = f(X_1, X_2, \cdots, X_n) \qquad (2-4)$$

在計算潛在產出的時候，Y 就代表一國的總產出實際值，X_i（$i=1, \cdots, n$）則代表影響總產出的各種投入要素，如資本、勞動力等。構造生產函數之後，再通過各種算法，如最小二乘法（OLS）、極大似然法（MLE）、卡爾曼濾波（Kalman Filter）等，估計出要素投入量的彈性系數。最後，得到迴歸方程的擬合值，作為潛在產出值。也有一些算法是將要素的濾波值代回到迴歸方程中得到擬合值作為潛在產出值，這樣的算法突出了潛在產出的趨勢性，經濟合作與發展組織（OECD，2005）最先採用和推廣該法。

2.2.3.2 生產函數法的優點

之所以這麼多著名的機構都選擇使用生產函數法，是因為生產函數法有以下三個顯著的優點。

第一，生產函數法有明顯的理論依據。潛在產出強調「產出」，而生產函數計算的就是要素投入所能帶來的產出的大小，所以潛在產出很容易和生產函數法聯繫起來。西方宏觀經濟學最經典的增長模型，如 Solow 增長模型、Ramsey 模型，再到後來的新增長理論模型、內生增長模型，都離不開使用生產函數來刻畫經濟增長。由於可以全面考慮各種要素對經濟增長的影響，能夠充分體現潛在產出的供給側特徵，因此，從目前來看，這是從經濟學的理論視角測算潛在產出最常用的一種計算方法（Richards，2000；Proietti，2002）。

第二，生產函數法非常靈活，可以根據學者們研究的需要而進行調整。生產函數法的靈活體現在兩個方面，一個方面就是生產函數的形式非常多樣。下面給出 10 種最常用的生產函數的形式。

（1）AK 生產函數。其函數形式如公式（2-5）所示，其中 A 表示技術進

步，K 表示資本存量。在所有的生產函數中，第一個介紹 AK 生產函數是合適的，因為它的簡潔和直觀，適合於分析單一要素的增長模型。這裡假設函數形式是規模報酬不變的形式，並且生產的過程中只使用資本存量這一種要素。

$$Y = AK \tag{2-5}$$

（2）柯布-道格拉斯（Cobb-Douglas）生產函數。其函數形式如公式（2-6）所示，其中 A 表示技術進步，K 表示資本存量，L 表示勞動力供給量，α 表示資本產出彈性，β 表示勞動力產出彈性。

$$Y = A K^{\alpha} L^{\beta} \tag{2-6}$$

許多時候柯布-道格拉斯生產函數強調規模報酬不變，用數學符號表示就是 $\alpha + \beta = 1$，當資本存量 K 和勞動力供給量 L 的供給量增加 m 倍時，總產量 Y 也相應增長 m 倍，用公式（2-7）表示。但在許多時候，「規模報酬不變」是一個比較強的假設，也不宜輕易採用。

$$f(mK, mL) = A(mK)^{\alpha}(mL)^{\beta} = A m^{\alpha+\beta} K^{\alpha} L^{\beta} = mf(K, L) = mY \tag{2-7}$$

（3）「投入-產出」生產函數。其函數形式如公式（2-8）所示，其中 K 表示資本存量，L 表示勞動力供給量；p、q 為技術系數，表示單位產出中資本存量的投入和勞動力的投入。

$$Y = min\left(\frac{K}{p}, \frac{L}{q}\right) \tag{2-8}$$

（4）不變替代彈性（CES）生產函數。其函數形式如公式（2-9）所示，其中 K 表示資本存量，L 表示勞動力供給量，A 為反應技術進步的效率參數；δ_1、δ_2 為分配參數，取值在 0 到 1 之間，且 $\delta_1 + \delta_2 = 1$；β 為替代參數，$-1 \leq \beta \leq \infty$。當參數 $\beta = 0$ 時，CES 生產函數就轉化為科布-道格拉斯生產函數，即 $Y = A K^{\delta_1} L^{\delta_2}$；當參數 $\beta = \infty$ 時，CES 生產函數就轉化為「投入-產出」生產函數，即 $Y = min\left(\frac{K}{p}, \frac{L}{q}\right)$。

$$Y = A(\delta_1 K^{-\beta} + \delta_2 L^{-\beta})^{-\frac{1}{\beta}} \tag{2-9}$$

（5）超越生產函數（Halter et al., 1957）。其函數形式如公式（2-10）所示，其中 K 表示資本存量，L 表示勞動力供給量。γ 和 ρ 為兩個獨立的參數且 $\gamma、\rho \leq 0$，若這兩個參數取值為 0，則公式退化為柯布-道格拉斯生產函數。

$$Y = A K^{\alpha} L^{\beta} e^{\gamma K + \rho L} \tag{2-10}$$

（6）超越對數（Trans-Log）生產函數（王志平，2010）。其函數形式如公式（2-11）所示，其中 K 表示資本存量，L 表示勞動力供給量。該生產函數最大的特點在於加入了要素的二次項對數形式以及要素對數的乘積項。

$$\ln Y = a + \alpha \ln K + \beta \ln L + \lambda (\ln K)^2 + \mu (\ln L)^2 + \varepsilon \ln K * \ln L \quad (2-11)$$

（7）澤爾納-雷萬卡爾（Zellner-Revankar）生產函數（Zellner、Revankar，1969）。其函數形式如公式（2-12）所示，其中 K 表示資本存量，L 表示勞動力供給量，δ 和 θ 為兩個獨立的參數且 δ、θ ≥ 0。

$$Y e^{\delta \theta} = A K^\alpha L^\beta \quad (2-12)$$

（8）歐盟委員會生產函數（Morrow、Roeger，2001）。其函數形式如公式（2-13）所示，其中 K 表示資本存量，L 表示勞動力供給量，E_L、E_K 表示勞動力和資本存量的利用程度，U_L、U_K 表示勞動力和資本存量過剩的程度。

$$Y = (U_L L E_L)^\alpha (U_K K E_K)^{1-\alpha} \quad (2-13)$$

（9）內爾沃-林斯塔德（Nerlove-Ringstad）生產函數（Nerlove，1965；Ringstad，1967）。其函數形式如公式（2-14）所示，其中 K 表示資本存量，L 表示勞動力供給量，c 為獨立參數且 c ≥ 0。

$$Y^{1+c\ln y} = A L^\alpha K^\beta \quad (2-14)$$

（10）隨機前沿（Stochastic Frontier）生產函數（Kumbhakar，2000）。其函數形式如公式（2-15）所示，其中 Y_{it} 表示地區 i 在第 t 年的產出，Y_{it}^F 表示函數中的確定性前沿部分，x_{it} 表示要素的投入向量，t 是時間趨勢向量，表示技術進步，u_{it} 表示生產效率。

$$Y_{it} = Y_{it}^F TE_{it} = f(x_{it}, t) * e^{-u_{it}} \quad (2-15)$$

許多學者使用不同的生產函數形式計算了中國的潛在產出及潛在經濟增長率。最簡單的生產函數是只包含資本存量 K 一個變量的 AK 生產函數。安立仁和董聯黨（2011）認為中國的經濟增長是典型的資本驅動型增長，因此他們使用資本增長率直接計算潛在經濟增長率。他們得到的結論是：資本存量每增長 1 個百分點，GDP 的潛在增速就提高 0.77 個百分點。郭慶旺和賈俊雪（2004）運用傳統的柯布-道格拉斯生產函數，並且假設生產函數是規模報酬不變的，使用人均要素投入量計算了中國 1978—2002 年的潛在產出。Chow 和 Li（2002）在傳統的生產函數中加入了時間趨勢 t，以表示那些隨著時間的變化而勻速增長的變量，如勞動生產率、技術進步等。郭學能和盧盛榮（2018）在傳統生產函數的基礎上區分了三次產業的不同的生產函數形式，並在生產函數中考慮了要素的使用效率，使用有效勞動的人均要素量及有效勞動的人均產出值計算了中國的潛在產出及潛在經濟增長率。黃梅波和呂朝鳳（2010）根據中國科技進步水準、黨的十一屆三中全會的召開和 2000 年以後中國經濟政策的變化，將中國改革開放以來的經濟發展劃分為四個時間段，通過加入時間虛擬變量的生產函數計算了潛在產出及產出缺口。於洪菲和田依民（2013）

使用超越生產函數計算了中國的潛在產出，並對比了超越生產函數與傳統的柯布-道格拉斯生產函數的計算效果，認為超越生產函數的計算效果要優於柯布-道格拉斯生產函數。

生產函數法非常靈活的另一個方面體現在生產函數中可以包含的因素種類非常多，研究人員可以根據自己的研究需要加入自己感興趣的因素種類。Young（2003）在傳統的生產函數中加入了人力資本要素，並根據自己搜集的數據重新估計了中國的資本存量、勞動力投入量和人力資本存量。郭晗和任保平（2014）在柯布-道格拉斯生產函數的基礎上加入了人力資本要素和技術要素，計算了中國1997—2012年的潛在產出及潛在經濟增長率。袁富華（2010）為了研究低碳約束下中國的經濟潛在增長速度問題，在生產函數中加入了人均二氧化碳排放量數據，並認為按照國家設定的二氧化碳減排標準，中國的經濟潛在增長速度將受到減排壓力的擠壓。中國經濟增長與宏觀穩定課題組（2008）為了研究中國可持續增長的機制，將政府的支持、技術創新、城市化水準因素納入了生產函數，認為僅僅依靠政府的福利轉移和刺激發展是困難的，政府行為的轉變才是可持續增長的關鍵。邱曉華等（2006）為了進行中國經濟增長的動力分析，在生產函數中加入了產業結構變量、人力資本和制度變量，並得出了不同要素對經濟增長的影響力的大小，認為資本存量對經濟增長的推動作用最大，在其他因素中，產業結構調整對經濟增長的促進作用最為明顯。

第三，生產函數法適合做預測。測算潛在經濟增長率和潛在產出很重要的實踐意義是預測未來一段時間的經濟走勢，而由於生產函數法中包含各種要素的投入量，以及要素投入量與產出之間的函數關係，所以可以通過預測各種要素未來的投入量，再通過已經估計出來的函數關係，預測出未來的潛在產出值，如袁富華（2010）、郭學能、盧盛榮（2018）、易信、郭春麗（2018）等人的研究。

2.2.3.3 生產函數法的局限性

沒有任何一種算法是完美的，生產函數法也不例外。雖然生產函數法的應用廣泛、優點很多，但許多學者也談到了生產函數法的一些局限性，主要有兩點。

第一，生產函數法對數據的要求非常高，許多要素的值不好估計（中國人民銀行營業管理部課題組，2011）。比如，許召元（2005）談到勞動力投入量是非常重要的一個要素投入指標，但是中國的失業率統計數據很難反應真實的就業情況。郭慶旺和賈俊雪（2004）也指出，中國的勞動參與率數據缺乏，

中國的失業率數據不準確，並且由於中國勞動者的工資在很長時間裡變化不大，也不能用埃利默斯科夫法來計算潛在勞動力供給量。

對於資本存量方面，由於沒有國家機構公布的權威數據，資本存量數據需要學者自行計算，也容易導致計算的結果出現偏差。雖然學者們普遍使用永續盤存法計算資本存量，但不同的學者採用的計算公式不同，表2-1給出了不同學者的資本存量的計算公式，其中K_t是第t年的資本存量，I_t是第t年的投資量，δ_t是第t年的折舊率，g_t是第t年的經濟增長率，p_t是定基價格指數。不同的學者對折舊率、價格指數的選擇也不同。初始資本存量的數據來源也不同（張軍、章元，2003）。

表2-1　計算資本存量的不同算法

代表學者	計算資本存量的公式
Goldsmith（1951）	$K_t = I_t + (1 - \delta_t) K_{t-1}$
賀菊煌（1992）	$K_t = $ 第$t-1$年的累積 $+ K_{t-1}$
Chow（1993）	$K_t = $ 第$t-1$年實際淨投資 $+ K_{t-1}$
宋海岩 等（2003）	$K_t = I_t + (1 - \delta_t - g_t) K_{t-1}$
王維 等（2017）	$K_t = I_t / p_t + (1 - \delta_t) K_{t-1}$

第二，除了投入要素的估計容易出現問題外，生產函數法還有一個特別強的假定，就是隨著時間的變化生產函數保持不變。許召元（2005）就指出，隨著時間的變化，生產函數保持穩定是一個很強的假定，尤其是對於像中國這樣的轉型國家來說，體制改革和經濟轉型將導致經濟運行劇烈變化，因此，生產函數的形式在轉型期內可能有較大的改變。生產函數保持穩定的局限性是生產函數法難以克服的缺陷，即使是使用時變的要素彈性估計方式，如多變量Kalman濾波等，也只是要素彈性時變，不能做到生產函數形式的時變。而且筆者自己曾經使用多變量Kalman濾波的方式進行過潛在產出的測算，計算結果也並不理想。

2.2.3.4　生產函數法所依據的潛在經濟增長率定義方式

Scacciavillani和Swagel認為，在測算方法方面，如果使用的是生產函數法，或者以總量生產函數為主的宏觀經濟模型，都是根據凱恩斯主義定義的潛在經濟增長率。在生產函數法下，潛在經濟增長率的增長主要源於要素的投入量的增加（Scacciavillani、Swagel，1999）。在生產函數法下，生產函數計算出來的產出值被視為是生產可能性邊界，這一邊界在一定的條件下有可能被突

破，但是突破生產可能性邊界的產量不能夠長久保持。由於 Scacciavillani 和 Swagel 在潛在經濟增長率理論方面做出過重要的貢獻，並且他們在潛在產出方面的科研成果也特別豐富，所以後來的學者們大都遵從他們二人的說法。

但筆者對此有不同的看法。首先，生產函數法確實突出了要素投入量對潛在產出的決定性作用，卻沒有表達出要素「被充分利用」或「被最優利用」的含義，這與凱恩斯主義的理解方式不同。許多學者認為將要素投入量的真實值代入生產函數中，就代表要素被充分利用了。這顯然是錯誤的看法，真實值並不等於被充分利用值。其次，在計算潛在產出的過程中，是將迴歸後的擬合值作為潛在產出的。根據計量經濟學的基礎理論，擬合值其實是趨勢值，而不是最優值。所以，生產函數法以及以總量生產函數為主的宏觀經濟模型其實是依據新古典主義經濟學的定義方式構造的。

前文提到，凱恩斯主義的定義方式由於強調要素被充分利用，所以許多時候並不實用，而生產函數法又是計算潛在產出的重要方法。為了解決這一矛盾，後來的學者進一步將生產函數法向新古典主義經濟學靠攏。首先，在生產函數中納入要素使用效率的因素。郭學能和盧盛榮（2018）在構造三次產業的生產函數時，將考慮了產能利用率的資本存量要素代入了第二產業的生產函數中。而一旦在生產函數中考慮了要素的使用效率，那要素的投入就更不是最優投入了，要素也更不是被充分利用的理想狀態了，這就與經濟現實更加貼近，帶有更強的趨勢性意味。其次，就是在計算潛在產出時，不將要素真實值代入，而將要素的潛在值代入。所謂的要素潛在值就是要素的趨勢值，採用最多的方法就是後文將要提到的 HP 濾波法。簡而言之，將經 HP 濾波之後的要素趨勢值代回生產函數之中，再計算潛在產出。自從 OECD 採用這種算法之後，這種算法就被廣泛採用。比如，邱曉華等（2008）在計算潛在值時，將勞動力和全要素生產率的 HP 濾波值代回原來的生產函數中計算潛在值，而資本存量數據卻不採用 HP 濾波值代入，並說這是依據 OECD 的習慣。事實上，OECD 的學者們（2005）在自己的研究中給出過說明，他們認為代入資本存量的原始值代表資本存量要素是被充分利用的。但對這種觀點筆者在前面已經駁斥過了，真實值並不等於最優值，所以 OECD 的學者們的看法並不成立。對於勞動力投入方面，許多學者認為，將勞動力的 HP 濾波值代入生產函數，是因為勞動力的濾波值可以代表充分就業值或者潛在值（劉雪燕、曾錚，2015），基於與資本存量同樣的原因，筆者認為這當然也是不對的。

經過分析可知，生產函數法並非基於凱恩斯主義的定義方式定義的。它的初衷可能是想參考凱恩斯主義的一些思路，比如潛在值就是供給的最大值，但

是由於凱恩斯主義的定義方式本身存在缺陷，後來的學者就在實踐中將其淡化了。為了接近於經濟現實本身，學者們通過各種技術手段使生產函數法越來越靠攏新古典主義經濟學的定義方式，將其他要素的 HP 濾波值代回，而獨認為將資本存量的真實值代回已完全沒有必要。但是，既然是為了計算趨勢值，不如將所有要素都進行濾波後代回生產函數中，這樣的趨勢性將更為明顯，也更符合新古典主義經濟學定義的精神。

2.2.4 趨勢分析法

趨勢分析法是計算潛在產出和潛在經濟增長率的又一主流算法，應用得十分廣泛。總的來看，趨勢分析法指的是將經濟的真實走勢分解為趨勢部分和波動部分。對應到經濟學的理論之中，趨勢部分就稱為潛在值，比如潛在產出或潛在經濟增長率，而波動部分則稱為週期值。使用趨勢分析法計算潛在產出或潛在經濟增長率，就是使用各種統計學算法將經濟的真實走勢中的趨勢部分、長期成分分解出來作為潛在值。根據統計學自身的發展過程，趨勢分析法根據出現的時間先後大致可以分為時域分析、頻域分析和小波分析三個階段。下面分別具體進行梳理。

2.2.4.1 時域分析

所謂時域分析（Time Domain），就是指直接分析時間序列數據隨時間變化的結構特徵。這是趨勢分析法的早期應用方式。時域分析假設模型中包含的各種經濟變量都是有穩定趨勢的，這是一個比較強的假定。時域分析最常用的計算方法是線性趨勢法，以及其各種拓展形式。

線性趨勢法假設在真實產出中存在一種不隨時間變化的趨勢產出，由於所用的描述產出與時間關係的函數形式常常使用指數形式，對數變換之後便轉換成對數模型，而這樣的對數模型是線性模型，見公式（2-16），所以名為「線性趨勢法」。在公式（2-16）中，Y_t 代表實際產出，t 是指時間趨勢，$\varphi(L)$ 表示以 L 為滯後算子的多項式，ω_t 是殘差項，μ 為常數項，β 是時間趨勢項的迴歸係數。

$$\ln(Y_t) = \mu + \beta t + \varphi(L)\omega_t \qquad (2\text{-}16)$$

通過公式可以更加清楚地看出，線性趨勢法假定產出與時間趨勢 t 是穩定不變的函數關係，就是前面提到的時間趨勢穩定假定，這是一個比較強的假定，在經濟現實中不容易實現。Taylor（1993）使用線性趨勢法從實際產出中分離出潛在產出，認為美國的潛在 GDP 增速為 2.2%，並以此為基礎計算了美國聯邦基金利率與美國的產出缺口之間的關係。他的研究成果被稱為「泰勒規則」。

為了解決線性趨勢法的缺陷，許多學者對其進行了拓展。有的學者採用了分段線性趨勢法，就是找出經濟指標時間序列的結構變化特徵，找到結構突變點，比如斜率和截距明顯變化的時間點，對時間進程進行分段後再進行迴歸（於洪菲，2013）。還有的學者在分析中發現，時間序列數據的結構有週期性特點，於是在原來公式（2-16）的基礎上加入了週期虛擬變量。謝平和羅雄（2003）發現中國經濟表現出很強的季度波動特點，於是在線性趨勢的方程中加入了季度虛擬變量。另外，早期的學者在研究時間序列數據的時候沒有考慮到時間序列平穩性的問題，因此，後來的學者在運用線性趨勢法的時候，都進行了單位根檢驗，對不平穩的數據進行了差分處理（陸軍、鐘丹，2003；郭慶旺、賈俊雪，2004）。

2.2.4.2 頻域分析

前面提到時域分析強調經濟運行有穩定的趨勢，這是一個比較強的假定。後來的學者們根據對各種宏觀變量的研究，對此假定提出了質疑，其中比較有代表性的是 Nelson 和 Plosser。他們詳細研究了美國的宏觀經濟變量，發現美國 14 個常用的宏觀經濟時間序列變量中有 13 個無法拒絕非平穩假定，表現為單位根過程（Nelson、Plosser，1982）。韓青（2015）研究了中國的宏觀經濟指標，發現中國的宏觀經濟時間序列數據大部分也呈現出非平穩狀態。由於時域分析的不足之處日益明顯，後來的經濟學家借鑑工程學中控制系統的頻域分析法，將經濟系統中時間序列變量的波動看成許多不同波動的疊加，通過瞭解不同波動的變化分析主要的波動特徵。頻域分析法克服了時域分析法的不足，因此獲得了廣泛的應用，成為趨勢分析法中的主流算法。頻域分析來源於功率譜的研究，因此也被稱為「譜分析」。

進行頻域分析的最重要一點是要將原先的時域信息轉換成頻域信息，進行轉換所用到的數學工具是傅立葉變換（Fourier Transform），通過傅立葉變換將時域序列映射到頻域。傅立葉變換公式見下面的公式（2-17），其中，c 表示頻率，$P(t)$ 表示原始的時間序列數據。傅立葉變換的思路是將 $y(t)$ 的波動部分分解為許多正弦波和餘弦波的疊加，計算函數 $e^{-i2\pi kt}$ 和 $y(t)$ 相關係數後，通過研究 $Y(c)$ 來反推回 $P(t)$，從而得到初始的時間序列形式。

$$Y(c) = \int_{-\infty}^{+\infty} P(t)\, e^{-i2\pi kt} dt \qquad (2\text{-}17)$$

頻域分析法包含許多算法，而且由於計量軟件的不斷成熟，使得頻域分析的各種算法使用起來十分簡便，因此，在使用趨勢分析法計算經濟潛在產出或潛在經濟增長率中是很常用的一種算法。如果計算潛在產出只是研究人員龐大

研究工作的一小部分，或者只想粗略地估計一下潛在產出或者趨勢產出，研究人員往往喜歡使用屬於頻域分析的幾種算法，使用得最多的是 HP 濾波法。按照算法出現的時間順序依次為：BN 分解法、卡爾曼濾波法、HP 濾波法、BK 濾波法和 CF 濾波法。下面依次進行詳細介紹。

1. BN 分解法

BN 分解法是由 Beveridge 和 Nelson 在 1981 年提出的一種頻域分析算法，其思想來源於當時興起的 ARIMA 模型，主要針對 ARIMA 模型中的 I（1）過程，只有很少的研究涉及更高階的單整過程（Oh et al., 2008）。通過將趨勢部分理解為一個隨機遊走過程，將觀測到的真實值分解為趨勢值和週期值。Beveridge 和 Nelson 原文中所使用的公式如公式（2-18）、公式（2-19）、公式（2-20）所示。其中，公式（2-18）定義了滯後算子，μ 是 $\hat{w}_t(i)$ 的長期趨勢值，λ_i 和 ε_t 是構造出來的零均值、無自相關、同方差的隨機分佈序列；公式（2-19）中的 z_t 是觀測到的真實值，$\bar{z}_t$ 是長期趨勢值，公式（2-19）表示長期趨勢值等於真實值加上一個超過平均值的預期波動值；公式（2-20）定義了時間序列的週期性（Beveridge、Nelson, 1981）。

$$\hat{w}_t(i) = \mu + \lambda_i \varepsilon_t + \lambda_{i-1} \varepsilon_{t-1} \cdots = \mu + \sum_{j=0}^{\infty} \lambda_j \varepsilon_{t-1-j} \qquad (2-18)$$

$$\bar{z}_t = z_t + \lim_{k \to \infty} \{ [\hat{w}_t(1) + \hat{w}_t(2) + \cdots + \hat{w}_t(k)] + k\mu \} \qquad (2-19)$$

$$c_t = \lim_{k \to \infty} \{ [\hat{w}_t(1) + \hat{w}_t(2) + \cdots + \hat{w}_t(k)] + k\mu \}$$

$$= \left(\sum_{1}^{\infty} \lambda_i \right) \varepsilon_t + \left(\sum_{2}^{\infty} \lambda_i \right) \varepsilon_{t-1} + \cdots \qquad (2-20)$$

除了前面提到的 Beveridge 和 Nelson 以及 Oh 等，比較典型的使用 BN 分解法的還有以下一些學者：王少平和胡進（2009）運用 BN 分解法對 1992—2008 年的季度 GDP 總量數據進行分解，他們認為中國的 GDP 數據存在穩健的確定性趨勢，週期因素造成的衝擊對經濟增長產生了負面的效應，並計算出在 1992—2008 年這一時間週期內中國共經歷了 8 輪週期。葉光（2011）比較了 UC 模型、BN 分解算法和 HP 濾波算法，說明了三種算法的內在關係，並使用三種算法基於 1992—2010 年的中國 GDP 季度數據對產出趨勢和週期部分進行了分解。張成思（2009）使用 BN 分解法結合貝葉斯 Gibbs 抽樣法，基於季度數據，估算了中國 1985—2008 年的產出缺口，並認為多變量的估計方法所含有的信息更加豐富，從而可以獲得更準確的估計結果。

總體來說，使用 BN 分解法計算經濟潛在產出的學者不是很多，即使使用

也很少是單獨使用，往往是結合後面要介紹的幾種頻域分析法共同使用，並進行比較分析和穩健性檢驗。

2. 卡爾曼濾波法

在具體介紹卡爾曼濾波法之前，有必要將幾個容易混淆的概念界定清楚，這幾個概念是：狀態空間、卡爾曼濾波和不可觀測模型（UC）。這三個概念常常被學者們混用，它們確實也相關度比較高，但還是稍有差別。簡單說來，狀態空間模型（State Space Model）可以用來估計不可觀測的因素（比如趨勢要素和循環要素）；用狀態空間模型來估計不可觀測因素的模型叫不可觀測模型（UC）；估計的算法是卡爾曼濾波（Kalman Filter）算法（高鐵梅，2009）。

卡爾曼濾波法最初來源於工程學，比如用於計算火箭或者炮彈的即時位置等。卡爾曼濾波法的含義是，在 t 時刻，基於所有可得到的信息來計算狀態向量的遞推過程。卡爾曼濾波法的計算過程，如公式（2-21）、公式（2-22）、公式（2-23）、公式（2-24）、公式（2-25）所示，這 5 個公式共同構成了卡爾曼濾波過程，其中，a_{t-1} 表示基於 Y_{t-1} 信息集合的估計量，P_{t-1} 表示估計誤差為 $m \times m$ 的協方差矩陣，公式（2-22）和公式（2-23）稱為預測方程（Prediction Equations），公式（2-24）和公式（2-25）稱為更新方程（Updating Equations）。

$$a_{t|t-1} = T_t a_{t-1} + c_t \qquad (2-21)$$

$$P_{t|t-1} = T_t P_{t-1} T'_t + R_t Q_t R'_t \qquad (2-22)$$

$$a_t = a_{t|t-1} + P_{t|t-1} Z'_t F_t^{-1}(y_t - Z_t a_{t|t-1} - d_t) \qquad (2-23)$$

$$P_t = P_{t|t-1} - P_{t|t-1} Z'_t F_t^{-1} Z_t P_{t|t-1} \qquad (2-24)$$

$$F_t = Z_t P_{t|t-1} Z'_t + H_t \qquad (2-25)$$

具體到潛在產出的計算過程中，常用的計算模型是前面介紹的不可觀測模型（UC）。不可觀測模型又稱不可觀測成分模型（Unobserved Component Model）。不可觀測模型用公式（2-26）、公式（2-27）、公式（2-28）、公式（2-29）表示。其中，公式（2-26）是狀態空間模型中的量測方程，公式（2-27）、公式（2-28）、公式（2-29）是狀態空間模型中的狀態方程；ω_t、v_t 和 μ_t 是獨立同分佈的零均值正態分佈序列；趨勢部分用 S_t 表示，被設定成一個帶隨機漂移項的隨機遊走過程；波動部分用 C_t 表示，被設定成一個二階自迴歸 AR（2）過程。在不可觀測模型的基礎上，再使用前面介紹的卡爾曼濾波法進行參數估計，就可以得到趨勢部分和波動部分的估計結果了。

$$Y_t = S_t + C_t \qquad (2-26)$$

$$S_t = S_{t-1} + d_t + \omega_t \qquad (2-27)$$

$$d_t = d_{t-1} + v_t \tag{2-28}$$
$$C_t = \Phi_1 C_{t-1} + \Phi_2 C_{t-2} + \mu_t \tag{2-29}$$

較早將卡爾曼濾波法引入經濟學領域的學者是 Harvey（1985），他構建了兩個結構化的時間序列模型，使用卡爾曼濾波法來計算美國的趨勢產出和經濟週期。Harvey 在 1989 年又使用不可觀測模型並結合卡爾曼濾波法對美國的結構時間序列數據進行了分析（Harvey, 1989）。Clark（1987）使用美國 1947—1985 年的季度工業產出數據，構造了不可觀測模型，並使用卡爾曼濾波法來估計模型的參數，認為美國的經濟週期是 5 年左右。Clark 和 Harvey 的計算方式也成為後來計算潛在產出的經典模式。Camba-Mende 和 Rodriguez-Palenzuela（2003）使用多種算法計算了歐盟和美國的潛在產出值，認為不可觀測模型與卡爾曼濾波法相結合的方法是比較好的一種計算方法，驗證的標準是對通貨膨脹率有很好的預測效果、計算結果穩健、潛在產出與要素使用效率正向相關。

在中國研究人員中，劉斌和張懷清（2001）是較早使用卡爾曼濾波法進行潛在經濟增長率計算的學者，他們認為無論是多變量還是單變量的卡爾曼濾波法估計出的潛在產出與產出缺口在經濟解釋上都更為合理。張鴻武（2005）使用不可觀測模型結合卡爾曼濾波法計算了中國的潛在經濟增長率，認為中國的潛在經濟增長率長期看來應該在 9% 左右。許召元（2005）使用卡爾曼濾波法，基於 1979—2004 年的年度數據，計算了中國的潛在產出及產出缺口，並且根據這些結果檢驗了中國的經濟增長與通貨膨脹之間的關係。袁富華（2010）使用多變量的卡爾曼濾波法計算了中國在低碳約束下的潛在經濟增長率，並認為在當前的碳減排約束下，中國的經濟增長前景十分嚴峻。鄭挺國和王霞（2010）選用了 6 種常用的趨勢分析算法對中國 1992—2010 年的季度 GDP 數據進行了分析，計算了中國的產出缺口，並比較不同的算法估計產出缺口的可靠性，他們認為卡爾曼濾波和不可觀測模型相結合的算法對產出缺口的估計最為可靠。

卡爾曼濾波法是趨勢分析法中比較常用的一種算法。它之所以受到研究人員的青睞，主要是因為卡爾曼濾波法有幾個比較明顯的優點。第一，卡爾曼濾波法是在某一時刻基於所有可得到的信息計算狀態變量狀態的最理想的遞推過程，並且在後續的過程中可以使用迭代法來持續地修正對狀態變量的估計，因此是一種理想的分離趨勢成分和波動成分的算法。第二，卡爾曼濾波法可以使用多變量濾波，並且可以和前面提到的生產函數法相結合進行計算。使用多變量濾波的好處就在於可以將多種因素納入模型之中，增強了模型的複雜程度和解釋力。

卡爾曼濾波法的缺點是，在使用計量軟件進行計算時，沒有現成的程序可以使用，需要研究人員自己根據研究本身納入的變量和構造的模型進行狀態空間編程。另外，許多常用的迴歸結論，如擬合優度、DW 檢驗值等，也無法直接給出，還需要研究人員自行計算。如果計量軟件方面，比如 EViews、Stata 等，能夠優化卡爾曼濾波的操作過程，相信卡爾曼濾波法會得到更加廣泛的應用。

3. HP 濾波法

HP 濾波法無疑是最常用的頻域分析算法，它由 Hodrick 和 Prescott 在 1981 年分析美國二戰後經濟的景氣水準時首次提出，而後於 1997 年正式發表（Hodrick、Prescott，1997）。HP 濾波法的思路是，將真實的時間序列數據分為趨勢部分和波動部分，並通過極小化波動方差的方法得出計算結果。Hodrick 和 Prescott 在原文中的經典表述見公式（2-30）、公式（2-31），其中，真實產出的趨勢產出部分用 g_t 表示，而週期部分用 c_t 表示。從長期來看，週期部分對趨勢部分的偏離應該趨近於零，因此才有公式（2-31），使得趨勢值的二階差分平方和與週期值的平方和最小。

$$y_t = g_t + c_t \tag{2-30}$$

$$\min_{\{g_t\}_{t=-1}^{T}} \left\{ \sum_{t=1}^{T} c_t^2 + \lambda \sum_{t=1}^{T} \left[(g_t - g_{t-1}) - (g_{t-1} - g_{t-2}) \right]^2 \right\} \tag{2-31}$$

公式（2-31）中有一個關鍵的參數 λ，被稱為平滑因子，是研究人員主觀給定的，被用來控制趨勢的平滑程度，值越大，得到的趨勢部分就越平滑；值越小，得到的趨勢部分就越接近原始值。比如，當 $\lambda = 0$ 時，得到的趨勢部分的值就是原始值本身，即 $g_t = y_t$，$c_t = 0$；當 $\lambda \to \infty$ 時，趨勢部分將退化為一個線性序列。由於 λ 值是研究人員主觀給定的，所以在選取時有一定的講究。具體來說，就是根據數據本身的形式進行選擇，見表 2-2。需要說明的是，λ 的取值完全是學者們在大量研究的基礎上給出的經驗值，並沒有太多的理論依據。表 2-2 所給出的數值，是常用的計量軟件，如 EViews 9 的默認數值。但也有許多研究者有不同的看法，比如，Ravn 和 Uhlig（2002）在研究了美國的經驗數據後，他們就認為年度數據的 λ 值應該取 6.25。Cooley 和 Ohanian（1991）以及 Correi 等（1992）認為年度數據 λ 的取值應該是 400。Baxter 和 King（1999）認為年度數據 λ 的取值應該是 10。張連城和韓蓓（2009）在研究了中國的數據後認為，對於年度數據 λ 的取值為 6.25 和 100 各有利弊，$\lambda = 6.25$ 更能刻畫經濟的波動特點，$\lambda = 100$ 則能更好地表現出經濟的趨勢性。由於 λ 的取值是經驗取值，所以容易產生爭議。此問題與本研究關係不大，不再多做展

開。本研究中所用取值，仍採用計量軟件的默認取值，就是表 2-2 中的取值。

表 2-2　HP 濾波平滑因子 λ 的選擇

λ 取值	數據形式
100	年度數據
1,600	季度數據
14,400	月度數據

　　國外學者中有許多使用 HP 濾波進行潛在產出的研究。Van Norden（1995）使用 HP 濾波法，基於 1947—1994 年的季度數據，計算了加拿大的潛在產出水準，在文中詳細介紹了 HP 濾波的平滑過程，並指出 HP 濾波法相比於許多大型的經濟週期模型更簡單而有效。Haltmaier（2013）使用 HP 濾波法計算了世界各主要國家的潛在產出水準，並以此為基礎來估計 2008 年爆發的金融危機對世界各國的影響。他得出的結論是，2008 年全球金融危機對世界各國的經濟潛在增長有顯著的影響，但是對於發達國家來說經濟下探的深度更深，對於發展中國家來說，經濟危機的持續性影響更長久。Borio 等三位西班牙學者（Borio et al.，2017）使用 HP 濾波法計算了美國、英國和西班牙的產出缺口以及潛在產出值，他們認為 HP 濾波法所得的計算結果是十分穩健和精確的，因此，測算出來的潛在經濟增長率對於政策制定方面有很強的指導意義；此外，HP 濾波法計算出來的結果並沒有支持「金融中性」的理論。

　　中國的學者也經常使用 HP 濾波法進行潛在產出和潛在經濟增長率的計算。陳亮等（2012）使用 HP 濾波法計算了日、韓以及「金磚四國」等典型國家的潛在經濟增長率，經過比較研究來確定中國經濟增長率的變動特徵，並由此為中國的可持續發展提供借鑑，從而幫助中國實現跨越「中等收入陷阱」的發展目標。袁富華（2012）使用 HP 濾波法計算了 12 個工業化國家人均 GDP 潛在經濟增長率，經過比較分析發現，在長期的增長路徑中，經濟增速會存在「結構性加速」，如工業化階段；還會存在「結構性減速」，如城市化階段。中國正處在從「結構性加速」向「結構性減速」轉換的階段。邵伏軍等（2014）使用 HP 濾波法計算了中國 1952—2013 年的潛在經濟增長率，認為中國經濟的增長速度正處於從高速增長向中高速增速減速的轉變過程中。為了保證中國的經濟增長速度，一方面要淘汰落後產能，另一方面要增加有效投資。

　　HP 濾波法是目前使用趨勢分析法來計算潛在經濟增長率中最常用的算

法。一方面，它可以達到分離趨勢部分和波動部分的目的；另一方面，它特別簡單易行，因此廣受研究人員的青睞。有一些學者認為 HP 濾波法在算法層面上，容易導致時間序列尾部的估計不準確（郭晗，2015），這算是 HP 濾波法的一個缺陷。

4. BK 濾波法

Baxter 和 King（1995）使用 BP 濾波法計算了美國的經濟週期，並對傳統的 BP 濾波法進行了改進，創造了 BK 濾波法。BK 濾波法的特點在於，它將時間序列數據分成高頻、中頻和低頻三個部分，其中長期趨勢部分對應低頻部分，週期成分對應中頻部分，隨機擾動對應高頻部分。BK 濾波法的含義如公式（2-32）所示，其中，Y_t 是實際產出的值，A_j 是 $\{P_t\}$ 的移動平均權重，N 是週期選擇值。由於 N 是週期選擇變量，需要主觀給定，不同的時間序列數據需要給定不同的 N 值，見表 2-3 所示。

$$Y_t = \sum_{j=-N}^{N} A_j P_{t-j} \qquad (2-32)$$

表 2-3　變量 N 的取值

N 的取值	數據週期	週期期間
3	年度數據	2~8（年）
12	季度數據	6~32（季度）
36	月度數據	8~96（月）

用 BK 濾波法替代傳統的 BP 濾波法是因為 BP 濾波法本身存在缺陷。比如，賀翠珠（2006）使用 BP 濾波法計算了中國的潛在產出，認為 BP 濾波無法對近期的潛在產出進行計算，而且對於測算經濟週期中的暫時性因素也有缺陷。丁守海（2012）使用 BK 濾波法，基於 1992—2012 年的季度數據，計算了中國的產出缺口，認為中國的潛在產出從過去單純的資本約束轉向了「資本—勞動力」雙重約束，這使得中國治理通貨膨脹的難度加大。錢鵬程和郭輝銘（2015）主要研究了江蘇省的潛在產出情況，基於 1999—2014 年的季度數據，使用 6 種不同的算法計算了江蘇省的潛在產出，認為 BK 濾波是比較適合刻畫江蘇省潛在產出的一種算法。

5. CF 濾波法

BP 濾波、BK 濾波和 CF 濾波是三種相互關聯的濾波方法。如果說 BK 濾波法是對 BP 濾波法的揚棄，那麼 CF 濾波法就是對 BK 濾波法「否定之否定」的進一步拓展。Christiano 和 Fitzgerald 於 1999 年提出了 CF 濾波法。他們認為

與傳統BP濾波、BK濾波相比，在進行濾波之前應該考慮時間序列自身的特點，並且CF濾波還放鬆了BK濾波的平穩性和對稱性的假定（Christiano、Fitzgerald，1999）。由於BP濾波本身的缺陷，所以目前直接使用BP濾波法進行研究的成果較少，大部分還是使用BK濾波法以及CF濾波法。在Christiano和Fitzgerald的原文中，CF濾波法的算法如公式（2-33）、公式（2-34）、公式（2-35）、公式（2-36）所示，其中，$t = 3, 4, \cdots, T-2$。

$$\widehat{y}_t = B_0 x_t + B_1 x_{t+1} + \cdots + B_{T-1-t} x_{T-1} + \widetilde{B}_{T-t} x_T + B_1 x_{t-1} + \cdots + B_{t-2} x_2 + \widetilde{B}_{T-1} x_1 \quad (2\text{-}33)$$

$$B_j = \frac{\sin(jb) - \sin(ja)}{\pi j}, \quad j \geq 1 \quad (2\text{-}34)$$

$$B_0 = \frac{b - a}{\pi}, \quad a = \frac{2\pi}{pu}, \quad b = \frac{2\pi}{pl} \quad (2\text{-}35)$$

$$\widetilde{B}_{T-t} = \sum_{j=T-t}^{j=T} B_j \quad (2\text{-}36)$$

湯鐸鐸（2007）使用CF濾波法對中國的經濟週期進行計算，並認為在有限樣本的情況下，CF濾波只能看成理想狀態的近似，從這個角度來講，CF濾波法還有很大的缺陷。曾昭法和殷鳳釧（2009）使用CF濾波法測算了中國的經濟週期，探討了CF濾波中的參數選擇問題，認為CF濾波的參數選擇應該與BP濾波相同，截斷半徑應該取值為5，並且還比較了HP濾波、BP濾波和CF濾波三種頻域分析算法的測算效果，認為中國的經濟週期包括8年為主的朱格拉週期和5年左右的基欽週期。

2.2.4.3 小波分析

前面介紹了頻域分析的幾種常用算法。雖然頻域分析克服了時域分析的缺陷，有很強的進步性，並且應用廣泛，但其仍有明顯的缺陷。這個缺陷就來自於前文強調的傅立葉變換過程，在時間序列數據通過傅立葉變換轉化到頻域分析的過程中會丟失部分時域信息，尤其在時間序列的尾部這種偏差會更為明顯。如果時序數據是長期平穩的，那麼這種偏差會相對較小；相反，對於中國這樣一個處於社會經濟轉型期的經濟體來說，充滿了漂移和突變，宏觀的時序數據往往是非平穩的，那麼這種偏差就會較大。

隨著分析方法的不斷進步，為了克服頻域分析的這一弊端，經濟學家們開始使用小波分析（Wavelet Analysis）來進行潛在產出和潛在經濟增長率的測算。小波分析的具體原理見公式（2-37）所示，$s(t)$表示包含有噪聲的或稱被噪聲污染過的觀測到的信號，$f(t)$則是包含有需要信息的信號，$\sigma e(n)$代表

噪聲的干擾。具體到潛在產出計算方面，見公式（2-38），其中 Y_t 代表實際產出，Y_t^* 代表趨勢產出，μ_t 代表噪聲部分。小波分析就是使用小波變換（Wavelet Transform）的方式抑制噪聲 μ_t 部分，從而從觀測到的實際產出中分離出無法直接觀測到的潛在產出部分，這一過程也被稱為小波降噪（Wavelet Denoising）。顧名思義，就是通過小波轉換的方式降低噪音污染，得到需要的信息（Scacciavillani、Swagel，2002）。

$$s(t) = f(t) + \sigma e(n) \quad (2\text{-}37)$$
$$Y_t = Y_t^* + \mu_t \quad (2\text{-}38)$$

小波分析優於時域分析和頻域分析之處在於，它可以同時兼顧到時域和頻域，使用伸縮和平移等方法對時間和頻率進行局域變換，在低頻部分使用較高的頻率分辨率和較低的時間分辨率，在高頻部分使用較高的時間分辨率和較低的頻率分辨率，通過這樣的變換就可以提出時間序列中由隨機誤差構成的高頻成分（馬秀紅 等，2003；楊天宇、黃淑芬，2010）。

較早使用小波降噪法進行潛在經濟增長率測算的經濟學家是 Conway 和 Frame，他們在 2000 年的時候使用小波降噪法計算了新西蘭的潛在經濟增長率，並且比較了前文談到的幾種趨勢分離法所使用到的算法，發現幾種算法對經濟波動時間的測度是比較一致的，只是不同的算法測度的經濟波動幅度並不相同（Conway、Frame，2000）。Scacciavillani 和 Swagel 指出，為了避免前面時域分析和頻域分析的弊端，因此可以使用新的思路來解決趨勢分離問題，就是使用小波轉換代替原來的傅立葉變換，他們使用小波降噪法估算了以色列的潛在產出（Scacciavillani、Swagel，2002）。

中國使用小波降噪法進行產出缺口研究比較晚，楊天宇和黃淑芬在 2010 年利用小波降噪法分別對中國的年度產出數據和季度產出數據進行了比較分析，發現使用季度數據進行產出缺口的測算會使產出缺口的持續時間變長，並且波動更加劇烈；在對比小波降噪法與其他時域和頻域算法時發現，小波降噪法在預測通貨膨脹方面優於其他算法（楊天宇、黃淑芬，2010）。張鵬飛（2015）使用小波降噪法分析了中國 2006—2013 年的月度數據，計算出中國的月度產出缺口值，認為月度數據的週期波動頻繁。

總的來說，小波降噪法雖然優點很多，但由於其自身算法來自工程學，經濟學領域的研究人員對此接觸不多，很不熟悉。另外，將經濟增長問題和信號理論相聯繫也比較牽強。小波分析在工程學中比較成熟，但是在經濟領域常常計算出波動非常頻繁的結果，產出缺口正負值轉換密集，這就喪失了產出缺口這一理論的意義。最後，其算法本身比較複雜，需要比較高超的編程能力才能

進行計算。所以，小波降噪分析在潛在產出以及潛在經濟增長率方面應用得並不是特別廣泛，仍需後來的研究人員繼續探索。

2.2.4.4 趨勢分析法評述

趨勢分析法的優點十分明顯。

第一，趨勢分析法的幾種算法在計算潛在產出時往往操作都比較簡單，尤其是頻域分析的幾種濾波法。由於計量軟件的大量應用，如 EViews、Stata、SPSS 等，這些計量軟件大部分直接集成了頻域分析的幾種濾波法，如 HP 濾波、BP 濾波等，對於研究人員來說，只需要導入數據，輕點幾下鼠標就可以得到計算結果，使得趨勢分析法這種技術性很強的計算方法變得沒有任何技術含量。

第二，數據獲取簡單。對於頻域分析的幾種算法，計算潛在產出時只需要真實產出值就夠了；計算潛在經濟增長率時，只需要真實增長率值就夠了，不再需要其他數據。數據獲取簡單，對數據的要求也低。

第三，估計結果擬合效果好、穩健。趨勢分析法直接面對數據本身，不受其他各種因素的干擾，比如經濟理論的限制，從數據中來到數據中去，和數據的擬合效果好，而且十分穩健，增加一年的數據、減少一年的數據對計算結果的影響不大。

趨勢分析法也有一個比較明顯的缺點，就是其中大部分算法缺乏經濟理論的支撐（Van Norden，1995）。經濟運行本身是有其背後的理論依據的，也是由背後真實的經濟活動支撐的。GDP、經濟增長速度等，是經濟活動的「指示器」「記分牌」，只盯著「記分牌」看，是無法看出經濟運行背後的規律的，也無法明白趨勢變化的作用機理。總的來看，趨勢分析法應該算「數據分析」而不應該算「經濟分析」。

隨著數據分析技術的不斷發展，趨勢分析法的算法層出不窮、日益豐富。比如近年來有學者使用了新興的反對沖模型進行潛在產出的估計（鄧創 等，2016）；在估計狀態空間模型時，也有不使用卡爾曼濾波而使用貝葉斯算法進行參數估計的（周曉艷 等，2012）；還有使用近些年來新興起的機器學習、神經網絡算法進行潛在產出測算的（張強勁、陳忠華，2016）；等等。未來還會出現什麼樣的新奇算法，我們拭目以待，但將真實值分為趨勢值和波動值這一本質特徵依然沒有改變。

2.2.4.5 趨勢分析法所依據的潛在經濟增長率定義方式

趨勢分析法是典型的依照新古典主義經濟學的定義來理解潛在經濟增長率的方法。新古典主義經濟學強調潛在產出就是真實產出的趨勢值，而趨勢分析

法就是要區分出產出的趨勢部分和波動部分，將趨勢部分理解為潛在產出，將波動部分理解為產出缺口。

2.2.5 經濟模型法

2.2.5.1 結構向量自迴歸（SVAR）

當經濟體受到多種不同因素的共同衝擊時，就需要在單方程的基礎上聯立新的方程，這些新的方程就可以被用來描述每一種衝擊對產出的動態影響，這些衝擊包括來自供給端的對長期趨勢產生影響的衝擊，以及來自需求端的短期擾動衝擊。從這個思路出發，經濟學家們創建了結構向量自迴歸模型（SVAR），用於對傳統的向量自迴歸模型（VAR）進行改進。本研究以兩變量SVAR模型為例，結合具體的公式來介紹SVAR模型，見公式（2-39）、公式（2-40）、公式（2-41）、公式（2-42）。

$$\begin{bmatrix} \Delta Y_t \\ \Delta \pi_t \end{bmatrix} = \begin{bmatrix} S_{11}(L) & S_{12}(L) \\ S_{21}(L) & S_{22}(L) \end{bmatrix} \times \begin{bmatrix} v_{1t} \\ v_{2t} \end{bmatrix} \quad (2\text{-}39)$$

上式中，ΔY_t 是實際產出的對數變換後序列的一階差分序列，$\Delta \pi_t$ 為通貨膨脹的一階差分序列，$S_{ij}(L)$ 是模型中的滯後算子，v_{1t} 表示供給衝擊，v_{2t} 表示需求衝擊。公式（2-39）的意思是，當 ΔY_t 和 $\Delta \pi_t$ 受到供給衝擊 v_{1t} 和需求衝擊 v_{2t} 時，ΔY_t 和 $\Delta \pi_t$ 可以表示成供給衝擊 v_{1t} 和需求衝擊 v_{2t} 的移動平均過程，這也就是SVAR模型中「向量自迴歸」的含義。

供給衝擊和需求衝擊是無法直接從數據中觀察得到的，但可以通過公式（2-40）估計得到，估計的方法是最小二乘法（OLS）。

$$\begin{bmatrix} \Delta Y_t \\ \Delta \pi_t \end{bmatrix} = \begin{bmatrix} \Phi_{11}(L) & \Phi_{12}(L) \\ \Phi_{21}(L) & \Phi_{22}(L) \end{bmatrix} \times \begin{bmatrix} \Delta Y_{t-1} \\ \Delta \pi_{t-1} \end{bmatrix} + \begin{bmatrix} \varepsilon_{1t} \\ \varepsilon_{2t} \end{bmatrix} \quad (2\text{-}40)$$

ε_{1t} 和 ε_{2t} 就是供給衝擊 v_{1t} 和需求衝擊 v_{2t} 的線性組合，見公式（2-41）。

$$\begin{bmatrix} \varepsilon_{1t} \\ \varepsilon_{2t} \end{bmatrix} = \begin{bmatrix} S_{11}(0) & S_{12}(0) \\ S_{21}(0) & S_{22}(0) \end{bmatrix} \times \begin{bmatrix} v_{1t} \\ v_{2t} \end{bmatrix} \quad (2\text{-}41)$$

進一步得到三個方程，見公式（2-42）。

$$\begin{cases} Var(\varepsilon_{1t}) = S_{11}(0)^2 + S_{12}(0)^2 \\ Var(\varepsilon_{2t}) = S_{21}(0)^2 + S_{22}(0)^2 \\ Cov(\varepsilon_{1t}, \varepsilon_{2t}) = S_{11}(0) * S_{21}(0) + S_{12}(0) * S_{22}(0) \end{cases} \quad (2\text{-}42)$$

此時，關於 $S_{ij}(0)$ 的方程只有三個，而 $S_{ij}(0)$ 的未知數有四個，還差一個才能完成方程未知數的計算。為了解決這個問題，Blanchard 和 Quah 在其經

典論文中給出的方法是加入一個長期的約束條件，這裡就用到前文提到的對潛在產出的理解，即只有供給衝擊影響長期趨勢，而需求衝擊只有短期的擾動效應，表現在數學上，「長期不影響」某個變量的含義就是這個衝擊在長期內對這個變量的累積影響為零，用數學符號表達就是：$S_{12}(L) = 0$。

再根據前面的公式即可計算出未知數的值。ΔY_t 的長期成分 $Y_t^p = S_{11}(L) * v_{1t}$，而波動部分 $Y_t^c = S_{12}(L) * v_{2t}$，長期成分 Y_t^p 也就是潛在產出。

較早使用 SVAR 進行潛在產出估計的學者是 Blanchard 和 Quah，他們二人在 1988 年的一篇 NBER 工作論文中使用 SVAR 法計算了美國的潛在產出，並於 1989 年正式發表在期刊上。他們認為，真實產出由長期趨勢產出和短期擾動構成，長期的趨勢產出主要來自供給端，而短期的擾動成分主要來自不穩定的需求端；從數據的實際結果來看，主要由供給端決定的潛在產出是穩定而緩慢地逐漸增長的，而波動部分的週期是 2～5 年（Blanchard、Quah，1989）。之後，Bullard 和 Keating 在 1995 年基於 Blanchard 和 Quah 的算法，基於第二次世界大戰之後的大量數據，研究了通貨膨脹和潛在產出之間的關係。他們發現，對於他們所採集的樣本中的絕大多數國家來說，通貨膨脹的長期衝擊與實際產出的長期變動無關；只有在那些低通貨膨脹的國家，長期的通貨膨脹衝擊才會長期地提高潛在產出的水準；長期的通貨膨脹衝擊並不會影響潛在經濟增長率（Bullard、Keating，1995）。Camba-Mendez 和 Rodriguez-Palenzuela（2003）使用 SVAR 算法，基於歐盟和美國的數據，計算了這兩個地區的潛在產出和產出缺口，並在 Blanchard 和 Quah 模型的基礎上加入了失業率這一新的變量。Claus 在 1999 年為新西蘭的儲備銀行寫的工作報告中使用 SVAR 模型估計了新西蘭的潛在產出，使用前面提到的失業率、通貨膨脹率和產出三個變量進行了計算（Claus，1999）。Claus 在 2003 年又基於新西蘭的數據，同樣是使用 SVAR 模型估計了潛在產出和產出缺口。有所進步的是，在 2003 年的這篇論文中，他在原來的三變量基礎上又加上了石油價格（Oil Price）這一新的變量，拓展了原先的模型。他認為產出缺口的估計有一定的不確定性，而這在以往的研究中沒有受到政策制定者的足夠重視（Claus，2003）。Lemoine 等（2008）基於 Euro Area Business Cycle（EABCN）Real-Time Data-Base（RTDB）數據庫，使用 SVAR 模型計算了歐元區的潛在產出和產出缺口，並且比較了傳統的生產函數法和 SVAR 模型的計算效果，認為生產函數法和 SVAR 模型的估計效果各有千秋，生產函數法在短期預測方面十分出色，而 SVAR 則與經濟的即時運行數據十分一致。

中國學者中也有不少使用 SVAR 模型進行了潛在產出的計算。較早將

SVAR 模型引入潛在產出計算的是趙昕東教授，他於 2008 年利用 Blanchard 和 Quah 的兩變量 SVAR 模型估計了中國 1983—2007 年的潛在產出以及產出缺口，他認為在當時的經濟條件下，中國可以實現較低的通貨膨脹率和較高的經濟增長率並存的情況，並驗證了需求衝擊造成短期影響而供給衝擊帶來長期影響的假設（趙昕東，2008）。郭紅兵和陳平（2010）同時使用兩變量和三變量的 SVAR 模型，基於 1994—2008 年的季度數據，進行了中國的產出缺口估計，並對兩變量模型和三變量模型進行了比較評價。他們認為兩種模型各有利弊，兩變量模型對於通貨膨脹的預測能力更好，而三變量模型對於經濟長期走勢的預測能力更好（郭紅兵、陳平，2010）。湯丹（2015）在以往只包含通貨膨脹率和產出增長率的兩變量模型的基礎上，又納入了視頻價格指數同比增長率這一新變量，構造了三變量 SVAR 模型，計算了潛在經濟增長率的同時還計算了中國的核心通貨膨脹率，她認為該模型較好地預測了未來 7~12 個月的通貨膨脹水準。

　　SVAR 模型的優點在於：第一，有經濟理論支持。常用在構建 SVAR 模型中的理論有奧肯定律、菲利普斯曲線、總供給與總需求均衡理論，等等。第二，與前面提到的趨勢分析法相比，尤其是與 HP 濾波法相比，SVAR 模型可以解決時間序列尾部估計偏差的問題。第三，無須對變量之間的關係進行過多假設，只是假設變量的動態過程是向量自迴歸過程就足夠了。

　　SVAR 模型的缺點有以下幾點：第一，失業率數據不好獲取。中國的農村勞動力就業問題以及城市工人下崗再就業問題使得中國的失業率統計存在一定的偏差，導致三變量的 SVAR 模型可能會有一定的誤差。第二，SVAR 模型有一個比較強的假設，就是需求衝擊和供給衝擊不相關。但實際情況是需求和供給是相互影響甚至是互為因果的。在幾種因素同時影響經濟運行的情況下，SVAR 模型在處理的過程中必須假設它們是分別影響經濟體運行的，它們各自是互不相關的。第三，SVAR 模型本身比較複雜，尤其是三變量的 SVAR 模型，如果要得到比較準確的估計，需要較長的時間序列數據。這三個缺點使得使用 SVAR 模型進行潛在產出的估計並不容易，這也是相關研究並不多見的重要原因。

2.2.5.2　數據包絡分析（DEA）

　　數據包絡分析（DEA）算法最初是被用來計算決策制定效率的一種算法，它由運籌學家 Charnes 等人在 1978 年首次提出。Charnes 等人使用 DEA 算法測算的模型被稱為 CCR 模型，他們使用 CCR 模型為提高公共項目的效率提供支持（Charnes et al.，1978）。Banker 等人於 1984 年又使用 DEA 算法提供了評估

技術和規模有效的模型,他們的模型被稱為 BCC 模型(Banker et al.,1984)。CCR 模型和 BCC 模型成為使用 DEA 算法進行估算的最常用的模型。下面本研究對 BCC 模型進行一個簡單介紹,它與潛在產出的計算相關度較高,見公式(2-43)、公式(2-44)、公式(2-45)、公式(2-46)。

$$Min\theta \tag{2-43}$$

$$Subject\,to \sum_{j=1}^{n} X_j \lambda_j \leq \theta X_0 \tag{2-44}$$

$$\sum_{j=1}^{n} Y_j \lambda_j \geq Y_0 \tag{2-45}$$

$$\sum_{j=1}^{n} \lambda_j = 1,\ \lambda_j \geq 0,\ j = 1,\ 2,\ \cdots,\ n \tag{2-46}$$

該模型必須滿足三條公理:

第一,凸性公理。如果投入 x_1 單位的要素能夠產出 y_1,投入 x_2 單位的要素能夠產出 y_2,那麼投入 $\lambda x_1 + (1 + \lambda) x_2$ 時,必定能夠實現產出 $\lambda y_1 + (1 + \lambda) y_2$,$0 \leq \lambda \leq 1$。

第二,無效率公理。不同的要素投入量有可能獲得相同的產出量,相同的要素投入量有可能獲得不同的產出量,即要素使用無效率是可能存在的。

第三,最小集合公理。生產的可能性集合包含所有情況,所有情況都符合前面兩條公理,並且有唯一確定的符合前兩條公理的最小集合。

該模型的經濟含義是:在不降低目前產出水準的條件下,要素的投入量是否可以減少。若可以,則公式(2-43)中的 $\theta < 1$,此時存在浪費,要素使用效率低下,可以用更少的要素投入量獲得當前的產出量;反之,$\theta = 1$,此時是最大效率產出。所有符合模型和三條公理的觀測點為有效觀測點,所有有效觀測點形成的包絡線(面)為生產可能性前沿。

將 DEA 算法應用到潛在產出和潛在經濟增長率的計算中,它的基本思想是,在一個經濟體的不同區域,由於各個地區的情況不同,所以各個地區的生產效率是存在差異的,即相同的要素投入量會得出不同的產出量。使用 DEA 算法可以找到經濟體內效率最高的地區,假設此地區的要素使用效率為 100%(或計數為 1),然後以這個地區的要素使用效率作為整個經濟體的要素使用效率來計算各個地區的產出值和整個經濟體的產出值,並作為各地的潛在產出以及整個經濟體的潛在產出。各個地區的實際產出與當地的潛在產出的差距,就是當地的產出缺口。可以用計算出來的潛在產出值進一步計算潛在經濟增長率。

倪曉寧是中國較早使用 DEA 算法進行潛在產出及潛在經濟增長率計算的

學者，她於2004年使用數據包絡分析法（DEA）計算了中國1990—2001年這12年的潛在產出和潛在經濟增長率，結論認為中國的實際生產能力平均利用了潛在生產能力的82%，用這個指標可以說明不同地區的差距（倪曉寧，2004）。倪曉寧和包明華在2010年再次使用DEA算法計算了中國1998—2007年的潛在產出和潛在經濟增長率，她們認為自2001年開始，中國的固定資產投資對經濟的拉動作用逐漸減弱，靠投資拉動經濟的方式效率較低（倪曉寧、包明華，2010）。易忠玖和謝洪軍（2008）使用DEA算法計算了中國的行業潛在產出，並且著重研究了電力行業的產出效率問題，他們認為從全國的水準來看，全國電力生產的實際利用率為潛在值的84.1%。陳長和閆秋利（2017）使用DEA方法計算了中國1978—2014年的潛在產出和潛在經濟增長率，他們認為DEA模型還需要繼續拓展才能更加適合於潛在經濟增長率的計算。

　　數據包絡分析法有以下幾個優點：第一，DEA算法是一種非參數估計，模型構造十分簡潔，因此這種算法可以不用像前面提到的生產函數法等算法那樣對要素的函數形式進行假設，擴大了模型的適用性。第二，DEA算法可以計算出要素的使用效率或產出效率這一重要的經濟指標。第三，對數據的要求較低，只要數據滿足構成凸集的要求即可。由於計算的是不同地區的相對效率，所以即使輸入的要素值在總量上有一定的偏誤，只要在不同地區的投入比例上相對精確就可以得到預期的估計。

　　數據包絡分析法也有以下缺點：第一，從前文對算法的介紹中可以看出，DEA算法是根據凱恩斯主義來理解潛在產出和潛在經濟增長率的，追求計算要素充分利用時的產出水準。在潛在經濟增長率的概念梳理部分，筆者已經介紹了凱恩斯主義的定義方式有其局限性，根據凱恩斯主義的定義進行潛在經濟增長率的計算必然也會有一定的局限性。具體表現為，潛在產出遠遠高於實際產出，產出缺口對經濟的指導作用不強；潛在經濟增長率的計算結果與經濟增長率的實際值差別很大，計算結果與現實不一致。第二，DEA算法假設投入產出最高的地區的要素使用效率達到了100%，這也是一個比較強的假設。中國作為一個發展中國家，即使是相對發達的地區，也不能認為要素的使用效率達到100%。這種構造模型的思路會高估全國各地區的要素使用效率。第三，DEA算法的設計初衷是計算不同地區要素的使用效率，測度的是經濟增長的效率問題，其本意並不是測度經濟增長的速度，與計算潛在經濟增長率初衷不同。由於上面提到的幾個缺陷，所以使用DEA算法來計算潛在產出和潛在經濟增長率的研究並不多，只是個別學者偶爾採用。根據筆者自己的研究，用DEA算法估計潛在經濟增長率的效果並不好，與真實增長率的偏差較大。

2.2.5.3 動態隨機一般均衡（DSGE）

動態隨機一般均衡（DSGE）模型最早起源於真實經濟週期（Real Business Cycle）模型。將 DSGE 模型首先應用於計算潛在經濟增長率的學者是 Gali，他於 2002 年分析了名義剛性的情況下貨幣政策的情況，研究了通貨膨脹、貨幣政策和商業週期之間的關係，並且運用模型計算了潛在經濟增長率（Gali，2002）。由於 DSGE 模型有較強的可擴展性，因此容易變得十分複雜、難以理解。目前較常用的小型 DSGE 模型是包含家庭、中間產品生產者、最終產品生產者和貨幣當局的四部門模型。該模型的思路是：通過代表性家庭的跨期決策推導 IS 曲線；假設最終產品市場是完全競爭的而中間產品市場是壟斷競爭的；貨幣當局通過調整貨幣供應量來應對通貨膨脹和產出增長的變動。下面通過公式進行簡單的介紹。該模型用到的公式太多，為便於讀者理解，此處只給出最核心的四大公式，見公式（2-47）、公式（2-48）、公式（2-49）、公式（2-50）。

$$U = E_0 \sum_{t=0}^{\infty} \beta^t a_t \left[\ln(C_t - \gamma C_t) + \chi \ln \frac{M_t}{P_t} - \varphi_t \frac{(h_t)^{1+v}}{1+v} \right] \quad (2\text{-}47)$$

$$Y_t(i) = \left[\frac{P_t(i)}{P_t} \right]^{\frac{-\theta}{\theta-1}} Y_t \quad (2\text{-}48)$$

$$Y_t(i) = Z_t h_t(i) \quad (2\text{-}49)$$

$$ln\left(\frac{\omega_t}{\omega}\right) = \rho_\omega ln\left(\frac{\omega_{t-1}}{\omega}\right) - \rho_\pi \ln\left(\frac{\pi_t}{\pi}\right) - \rho_g \ln\left(\frac{g_t}{g}\right) + \varepsilon_{\omega t} \quad (2\text{-}50)$$

公式（2-47）描繪的是代表性家庭的預期效用方程，其中 β 是折現因子，a_t 是偏好衝擊，C_t 為 t 期的實際消費，$\frac{M_t}{P_t}$ 為 t 期的實際貨幣餘額，h_t 為勞動供給量，φ_t 為勞動供給偏好衝擊。公式（2-48）描繪的是中間產品的需求函數，$Y_t(i)$ 表示產出，P_t 表示價格，θ_t 表示定價衝擊。公式（2-49）表示中間產品生產廠商的生產函數，其中 Z_t 表示技術水準，$h_t(i)$ 代表雇傭工人的數量。公式（2-50）代表貨幣政策當局推行的貨幣政策，其中 ω 代表穩態貨幣增長率，g 代表穩態產出增長率，$\varepsilon_{\omega t}$ 代表貨幣政策衝擊。使用上面四個公式，再加上一些假設條件，經過求解即可得潛在產出及潛在經濟增長率的值。由於在凱恩斯主義的理論中，潛在產出被定義為在完全競爭和價格不存在黏性下的產出，所以計算潛在產出時，$\theta_t = 1$。

國外的學者有不少使用 DSGE 模型進行了潛在經濟增長率的估計。除了前面提到的 Gali 之外，比較典型的還有 Smets、Wouters，他們在 2003 年和 2007

年發表了兩篇使用 DSGE 模型計算潛在產出的論文。在 2003 年的論文中，Smets 和 Wouters 使用 DSGE 模型基於貝葉斯估計算法，模型中包含了七種常用的宏觀經濟指標——GDP、消費、投資、物價、真實工資、就業率、名義利率水準，計算了歐元區的潛在產出、產出缺口和經濟週期（Smets、Wouters，2003）。在 2007 年的論文中，Smets 和 Wouters 使用 DSGE 模型計算了美國的潛在產出，他們認為 DSGE 模型在預測方面可以與 VAR 模型相媲美。他們認為，生產率和工資造成的衝擊是產出和通貨膨脹波動的主要原因（Smets、Wouters，2007）。Neiss 和 Nelson（2003）使用 DSGE 模型，基於英國的季度數據，計算了真實利率和自然真實利率的缺口以及產出缺口。他們認為這兩種缺口都可以起到預測通貨膨脹的作用。Hirose 和 Naganuma（2007）使用 DSGE 模型，基於美國的數據，使用貝葉斯方法，估計了美國的產出缺口。他們認為使用 DSGE 模型來描繪經濟週期是比較合適的，並且認為美國的產出缺口主要是由需求衝擊造成的。Edge 等（2008）使用一個簡單的 DSGE 模型，包含了最重要的生產和支出方面的宏觀變量，計算了美國的潛在產出以及利率的變化，認為和傳統的計算方法相比，DSGE 模型的計算結果差別較大。Coenen 等（2009）在傳統的 DSGE 模型基礎上使用 New Area-Wide Model（NAWM）模型計算，他們發現 NAWM 模型的計算結果與傳統的算法相比差別較大，他們認為產出增長幅度的變動主要來自技術方面的衝擊，而產出缺口的波動主要來自供求衝擊。Kiley（2013）使用 DSGE 模型專門計算了美國的產出缺口，他認為與傳統的計算方法如 BN 分解法相比，DSGE 模型可以包含更多的變量，DSGE 模型的測算結果與 CBO 所使用的生產函數法的結果相近，而且 DSGE 模型的計算結果與奧肯定律相吻合。

在中國的學者中，比較典型的使用 DSGE 模型計算潛在經濟增長率的學者是馬文濤和魏福成，他們在文章中稱自己是中國最早使用 DSGE 模型進行潛在產出計算的學者。他們採用的模型是借鑑前文提到的 Smets 和 Wouters 的模型，包含四類經濟個體。他們的研究發現，基於新凱恩斯主義的 DSGE 模型及其衝擊的傳導機制能夠較好地描繪中國的宏觀經濟變量關係，並且能夠達到較好地預測效果；DSGE 模型對於產出缺口的估計也較好的符合了經濟的現實；與傳統的潛在經濟增長率估計方法相比，DSGE 模型在通貨膨脹預測方面有一定的優勢（馬文濤、魏福成，2011）。除此之外，中國還有一些學者也使用 DSGE 模型進行了潛在產出的計算，但是成果質量都比較一般。唐詩磊和譚琦（2013）構造了一個小型的 DSGE 模型，使用貝葉斯算法，計算了中國的產出缺口，認為中國存在一個四個季度的短期波動週期。袁靖（2013）運用新凱

恩斯主義的 DSGE 模型，基於季度數據對中國 2001—2009 年的產出缺口進行了估算，認為中國的潛在產出主要受到技術衝擊的影響。

DSGE 模型的優點是比較明顯的。第一，DSGE 模型有比較強的理論基礎，許多 DSGE 模型是基於新凱恩斯主義來構造理論模型，其中還包含有菲利普斯曲線的應用，可以使宏觀經濟動態與微觀經濟結構高度一致。第二，DSGE 模型包含的變量數量較多，比較簡單的模型中都包含至少 7 個常用的宏觀變量。由於它可以比較廣泛地包含宏觀經濟中關注的變量，就可以更好地研究宏觀變量之間的關係，為估計潛在產出提供更多的信息。第三，經濟模型法不僅可以用來計算潛在經濟增長率和產出缺口，還可以計算出許多其他重要的經濟指標，比如利率缺口等。

DSGE 模型也有以下幾個缺點：第一，模型過於複雜，其中的經濟假設也很多，從某種程度上容易導致對經濟現實的偏離（中國人民銀行營業管理部課題組，2011）。第二，模型對數據的要求比較高，模型變量多，要估計的參數也比較多，要求數據量比較大、數據真實可靠。第三，變量之間的關係十分複雜，導致模型對產出缺口的估計不穩健，也沒有辦法直接分析出產出缺口的影響因素。第四，DSGE 模型在估計參數時大部分採用的是極大似然估計法，需要研究人員主觀設定變量的初始值，並且初始值的設定對後續的估計結果影響很大，因此容易產生主觀上的誤差（Blanchard、Galí，2007）。

2.2.5.4 經濟模型法評述

經濟模型法也是比較常用的計算潛在經濟增長率的算法。它的優點很明顯，就是包含的經濟變量的數量往往都比較多，對經濟運行的刻畫比較詳細。許多模型如 SVAR 和 DSGE 模型，還有比較紮實的經濟理論基礎。在估計潛在產出的過程中可以考慮到的因素也比較多。

但經濟模型法的缺點也特別明顯。第一，經濟模型往往比較複雜，這就需要對宏觀經濟變量之間的關係做出許多假設，最常用的就是假設宏觀經濟變量之間是線性關係，以及假設許多時間序列變量是自迴歸過程。過多的經濟假設會拉開經濟模型與經濟現實之間距離。第二，由於經濟模型比較複雜，所以其估計結果往往不太穩健，估計潛在經濟增長率的效果並不是很好。第三，經濟模型法對數據的要求比較高，模型需要的變量多、需要估計的參數多，需要數據真實可靠、數據量大。第四，和前面提到的幾種相對簡便的潛在產出估計方法如生產函數法、HP 濾波法等相比，花大力氣構建起來大型經濟模型並沒有明顯更優的估計結果。第五，經濟模型法掌握起來十分困難，尤其是 DSGE 這類大型經濟模型，對於一般的經濟研究人員來說，掌握起來需要耗費大量的時

間。由於上面提到的幾條缺點，使用經濟模型法進行潛在經濟增長率測算的學者並不是太多。

2.2.5.5 經濟模型法所依據的潛在經濟增長率定義方式

不同的經濟模型所依據的潛在經濟增長率的定義方式各不相同。前文曾經提到過，DEA 算法是依據凱恩斯主義的思路來定義潛在經濟增長率的。而 SVAR 模型使用的是結構向量自迴歸的算法，是以計算產出的趨勢值作為潛在產出的，所以依據的是新古典主義經濟學的思路。

爭議比較大的是 DSGE 模型所依據的潛在經濟增長率定義方式。Kiley（2013）認為 DSGE 模型可以兼顧凱恩斯主義和新古典主義經濟學的潛在產出的定義方式。而許多學者的 DSGE 模型是根據新凱恩斯主義的理論構建的，所以理所當然地認為 DSGE 模型所依據的潛在經濟增長率的定義方式是凱恩斯主義的。但只要認真地研究一下 DSGE 模型的公式，就可以發現，在計算產出的部分，DSGE 模型使用的是生產函數。而且 Kiley 也發現 DSGE 模型的估計結果與生產函數法的估計結果很接近。這就說明其實 DSGE 模型在估計潛在產出的時候使用的是類似於生產函數法的方法，也就是說，DSGE 模型其實依據的是新古典主義經濟學的定義方式。

2.2.6 比較分析法

比較分析法是指並不採用直接的數值計算來測算中國的潛在經濟增長率，而是通過與其他國家和地區類比中國的情況，來大致估計中國的潛在經濟增長率的值。常見的有兩種類比方式，包括縱向類比和橫向類比。

2.2.6.1 縱向類比

所謂縱向類比就是「自己跟自己比」，通過觀察中國過去的增長歷程來推測中國當下的潛在經濟增長率。比如，劉國光（2002）觀察到中國在 20 世紀 80-90 年代的平均增長率為 10%，1998—2001 年的增長率為 7%~8%，所以估計中國在 2002 年前後的潛在經濟增長率應該在 8%~10%。

目前來看，這種計算方法基本上已被淘汰了。一方面，這種估算並不嚴謹，十分粗略；另一方面，這種思路仍然是估計實際增速的趨勢值，既然如此，使用各種趨勢分析法就更為合適且有數據依據。筆者並沒有找到有高水準的學術論文採用這種潛在增速的估計方式，大多數是一些學者的粗略估計。

2.2.6.2 橫向類比

所謂的橫向類比就是和別的國家或地區相類比，用別的國家或地區的真實增長速度來估計中國的潛在增長速度。在這類方法中，又分成兩種，第一種是

將中國整體看成一個發展中國家，類比別的國家或地區在中國當前的發展階段時所能夠達到的增長速度來推測中國的潛在經濟增長速度。需要注意的是，所選取的國家或地區要盡可能和中國的情況接近，因此學者們喜歡選擇中國周邊有相同文化背景的國家，比如日本、韓國、新加坡等，以及和中國相近的發展中大國——印度、巴西來做類比。陳亮等（2012）基於日本、韓國以及「金磚四國」1961—2010年的數據，分析這些國家的增長率變化歷史軌跡，以及在不同發展階段的經濟特徵，估計了中國的潛在經濟增長率，並且為中國經濟的持續發展提供了國際經驗的借鑑。劉迎秋（1999）認為東亞發展較好的諸國，比如日本以及「亞洲四小龍」的發展路徑基本符合羅斯托的增長理論，類比於中國也應該進行相似的發展模式，因此估計中國將進入潛在經濟增長率為7.5%～8%的次高增速區間。第二種橫向類比法認為，中國是一個大國，各地區的發展很不平衡，每個省份的經濟體量都和一個國際上的中等國家相似。因此，有的學者將各地區、各省份拆分開來分別與對應的國家相類比，再將各地區、各省份的經濟增長情況合併在一起計算中國整體的潛在經濟增長率。國務院發展研究中心「中等收入陷阱問題研究」課題組（2011）將京、津、滬三個直轄市類比中國香港地區和新加坡，將22個中等發達的省份類比日本、韓國和臺灣地區，將其餘的自然條件較差、發展滯後的省份類比拉美諸國，再將這三部分合在一起計算中國的潛在經濟增長率，認為中國「十三五」期間的潛在經濟增長率為7.1%。

2.2.6.3 比較分析法評述

比較分析法的優點十分突出。前面提到的所有方法，都是以本國的各項宏觀數據為基礎進行計算的，但是比較分析法可以參照別國不同發展階段的情況來對本國的潛在經濟增長率進行估計，是一種有「參照系」的估計方式，有一定的合理性。

比較分析法的缺點也十分明顯。第一，估計方式比較粗糙，直接將別國的真實增長數據作為本國的經濟潛在增長率數據。第二，每個國家的情況差別很大，很難找出能夠類比中國這樣一個發展中大國的國家。日本、韓國以及「亞洲四小龍」，國家都比較小，都屬於外向型的經濟，與中國的經濟模式差別很大；印度、巴西，其文化背景、人民素質、地理區位等各個方面都與中國差別很大。第三，沒有太高的技術含量，這可能也是許多高水準的研究成果不採用比較分析法的原因。

2.2.6.4 比較分析法依據的潛在經濟增長率定義方式

前文已經有所描述，縱向類比類似於趨勢分析法，當然屬於新古典主義經

濟學的定義方式。而橫向類比，是使用其他國家的真實經濟增長速度作為本國的潛在經濟增長速度，依然是估計本國經濟增長的趨勢，絕不是最大增速或者理想狀況下的增速，所以也應該歸入新古典主義經濟學的定義方式。

2.3 影響因素綜述

2.3.1 制度變革

有許多學者研究制度變革對潛在經濟增長或經濟增長的影響。制度變革因素是一種比較抽象的因素，不能直接觀測到；制度變革涵蓋的內容也比較多，比如，市場化程度、國有企業改革、金融體制改革等，都算是制度變革；對制度變革也很難給出具體的定義，對制度變革進行測量並進行實證分析是比較困難的。因此，許多學者使用制度經濟學的研究範式，進行定性分析、理論說明。在定量的實證分析中，學者們選擇的測量制度變革的方式可謂五花八門。

Zhang（2008）認為，中國經濟增長軌跡背後的原因是制度演化，1978—1989年經濟增長的推動力量是農業部門的制度變革與城市非公有經濟的發展，1989年之後經濟增長背後的制度因素是行政分層結構與財政分權體制。郭凱明等（2015）考察中國生育制度變化與經濟增長關係的數值模擬實證結果顯示，全面放開二胎之前的計劃生育政策雖然能夠帶來較高的勞動力結構和城鎮化率，但並不利於提升長期經濟增長潛力。Halmai（2015）立足改革視角考察結構性改革與歐盟潛在經濟增長間的關係，指出歐盟要想顯著地提高潛在經濟增長能力，亟須推進結構性改革，要素市場、勞動力市場、貨幣市場、產品與服務市場同步推進改革，形成更有效率、市場機制更完善的內部市場。嚴成樑（2016）運用延遲退休與全面放開二胎生育制度變化內生於OLG模型的理論與實證研究結果發現，內生經濟增長模式下，延遲退休通過提高人口出生率渠道對經濟增長發生的正向影響不足以彌補其通過抑制資本累積對經濟增長發生的負向影響，延遲退休會使得經濟增長率下降。Hsu和Simon（2016）特別關注中國金融部門改革的效果，計量結果表明中國在降低銀行部門的壟斷性、增加債券市場和股權市場上的可選擇性、以金融創新強化金融領域風險的可控性等方面的努力有利於經濟轉型過程中的經濟增長潛在能力提升。

2.3.2 產業結構調整

產業結構調整包括兩個層面，一方面是產業間的結構調整，另一方面是產

業內部的結構調整。產業結構調整主要通過全要素生產率機制作用於一國的潛在經濟增長，通過將要素從效率較低的產業部門調整到效率較高的產業部門來提高要素整體的使用效率，從而提高經濟的潛在增長率。

Hsieh 和 Klenow（2009）指出資源錯配顯著拉低了全要素生產率。他們將中國和印度製造業中勞動和資本的實際邊際產出與美國對比後認為，中國和印度的製造業存在嚴重的資源錯配現象，若通過重新配置優化產業內結構，中國和印度製造業的全要素生產率可能的提升區間分別是 30%~50% 和 40%~60%。Cao 和 Birchenall（2013）從產業部門間要素配置的角度論證了改革開放之後產業結構變遷對中國經濟增長的貢獻。他們經過校準農業與非農業兩部門均衡模型發現，農業部門全要素生產率的提高主要是因為農業就業和產出向非農業部門轉移，農業部門全要素生產率的提高對經濟增長的貢獻至少與非農業部門一樣。Timofeev 等（2018）基於俄羅斯 2007—2017 年的經濟數據實證分析發現，信息和通信技術對企業家精神和生產銷售都有積極影響，資源向信息產業的配置較大程度上優化了俄羅斯的經濟結構。信息經濟的發展與現價 GDP、單位資本的產出率（現價與購買力平價）均存在顯著正相關關係。

2.3.3 人口結構變化

由於社會老齡化、少子化問題日益突出，人口結構變化對潛在經濟增長的影響也是近年來學者們關注的問題。人口結構包含的內容比較多，包括人口的性別結構、年齡結構、適齡勞動力結構、老齡化水準、人口紅利等。

陸暘和蔡昉（2014）認為，人口結構變化可以通過直接和間接效應影響一個國家的潛在經濟增長率。對中國 1980—2030 年和日本 1960—2010 年的潛在經濟增長率的比較顯示，由於人口紅利逐漸消失，中國未來的潛在經濟增長率將迅速降低。Anand 等（2014）認為，近十年來老年人口比重持續爬升，導致中國的勞動年齡人口有所下降，且勞動參與率的提升也不顯著。種種跡象表明，人口老齡化在勞動力供給與儲蓄方面形成負面衝擊，極有可能成為中國潛在經濟增長率提升的障礙。徐翔（2017）通過理論分析和數值模擬探討了人口老齡化與經濟增長的關係，發現「養兒防老」機制通過影響出生率影響經濟增長潛力，養兒成本的增加降低了長期潛在經濟增長率，而子代提供贍養收入的提高則能提升長期潛在經濟增長率，較高的教育供給水準可提高生育率，從而抑制人口老齡化加速和經濟增速下降。

2.3.4 人力資本累積

許多學者的研究結論證明了人力資本累積對潛在經濟增長有顯著的影響。

人力資本主要通過促進技術進步與提升全要素生產率的傳導實現經濟可持續增長。人力資本是與傳統的物質資本相對的「非物質資本」，體現為勞動者本身的知識技能、文化水準以及健康程度。在學術研究中，常常使用「人均受教育年限」以及「受過高等教育的勞動力占總勞動力的比例」這兩個指標來測量人力資本的水準。

Hsieh 和 Klenow（2010）認為，人力資本對國家收入差距的解釋力度最高可達 30%，提高人力資本有助於提升全要素生產率，提高經濟增長潛力。郭晗和任保平（2014）將人力資本納入 Solow 模型構建了結構化的增長分析框架，運用 1997—2012 年省際面板數據測算中國潛在經濟增長率。結果表明，近年來潛在經濟增長率下降主要由資本存量增速下降導致，但人力資本結構升級減緩了這一趨勢。Halmai（2015）強調促進知識累積與技術創新方面的改革與其他市場體制改革密切相關，二者在提升歐盟潛在經濟增長能力方面的作用同樣重要。Stefano 和 Marconi（2018）選擇分析俄羅斯、中國、印度、印度尼西亞、巴西和土耳其六個新興經濟體國家經濟增長情況，發現這六個國家均經歷著結構轉型，在總產出、勞動力部門間配置和部門內全要素生產率方面仍有較大的追趕空間。從人力資本角度考察，中國、印度、印度尼西亞和土耳其的人力資本存量與發展階段的最優值的差距較大，這些國家勞動力的技能缺乏將阻礙其潛在經濟增長能力提升和追趕發展進程。

2.3.5 城市化水準

城市化水準對潛在經濟增長率的作用一直是學術界爭論比較大的問題。從目前的討論看來，主流學術界比較一致的觀點是：城市化對提升經濟的潛在增長能力有一定的促進作用，但是一旦經濟發展進入城市化這一階段，經濟的潛在增長率就會明顯下降。

袁富華（2012）認為包括中國在內的世界各國和地區，在發展的過程中都要經歷「結構性加速」和「結構性減速」兩大階段。「結構性加速」階段是指工業化階段，而以城市化為代表的發展階段則是「結構性減速」階段，在這一階段，經濟的潛在增長率會明顯下降。中國經濟增長前沿課題組（2012）吸收了袁富華的觀點，基於城市化背景，考察了產業結構調整與人口結構演化約束下，中國的潛在經濟增長率及實現長期經濟增長的路徑，認為中國目前正處在「結構性減速」階段。中國經濟增長前沿課題組在 2013 年又發表文章稱，中國的城市化有兩大特徵，第一是符合典型的 Logistic 模型，呈現「S 形」增長；第二是城市化水準與投資率呈現明顯的「倒 U 形」關係。當經濟進入結

構性減速階段之後，服務業的規模擴大了，製造業部門的空間逐漸被高速發展的服務業擠壓，但服務業對於經濟增長的拉動作用無法與工業化媲美，因此經濟增長速度會明顯下降。

巴曙松和楊現領（2011）更進一步認為，城市化發展到了一定程度後，對於經濟增長的促進作用就變得非常不明顯了。他們認為對於不同的國家來講，城市化對於經濟增長的促進作用有很明顯的異質性，城市化既有可能是經濟增長的原因，也有可能是經濟增長的結果，而中國的城市化有明顯的分散性，這對於創新和規模經濟都造成了不利的影響。

2.3.6　科技創新投入

科技創新投入的提高對經濟增長有促進作用，這是經濟增長領域的常識。馬克思就曾詳細地論述了珍妮紡紗機對於紡織業效率的促進作用，以及資本有機構成的不斷提高對於生產力水準的巨大提升。在馬克思眼中，科技水準不斷提升不僅是促進經濟潛在增長率提升的重要手段，更是無法改變的物質發展規律。

隨著科學技術日益受到人們的重視，相關的統計單位也給出了很多與科技相關的統計指標，為研究人員進行科技創新的測量提供了便利。比如，研究與發展（R&D）經費支出、國家財政科學技術經費支出、科研和開發機構研究與發展經費支出、專利申請數量、技術市場成交額等幾十種統計指標。郭晗和任保平（2014）使用各地區不變價格的技術市場成交額來測量科技創新投入。他們認為科技的研究與發展和投入使用是兩個不同的階段，因此，要想測量真正進入經濟體的科技投入強度，必須考慮到被市場接受了的科技項目，因此選用了這個指標來測量科技水準。劉雪燕和曾錚（2015）考察了世界各主要國家的經濟增長情況，發現德國經濟在二戰後的高速增長很大程度來自科技創新投入。在1967—1982年的經濟增長黃金時期，德國科研投資年均增長率接近20%，使得勞動生產率迅速提高，科技進步對經濟增長的貢獻程度超過傳統的勞動和資本要素總投入的50%。

3 潛在經濟增長趨勢的理論分析：模型設計

3.1 經濟增長相關基礎理論

3.1.1 馬克思主義經濟增長理論

馬克思的經濟增長理論內容十分豐富，《資本論》第一卷從個別廠商的角度說明了價值和剩餘價值的生產，包括絕對剩餘價值的生產和相對剩餘價值的生產，以及資本累積的過程；《資本論》第二卷則從整個社會的角度說明了資本主義的簡單再生產和擴大再生產，擴大再生產的思想與經濟增長理論直接相關；《資本論》第三卷則詳細介紹了剩餘價值在整個社會中的分配，顯著地表現為各種收入及其來源。因此研究經濟增長的基礎理論，必須研究馬克思的經濟增長理論。

3.1.1.1 馬克思的經濟增長理論概述

在經濟增長的理論史上，第一個系統的經濟增長理論就是由馬克思構造的。美國著名的經濟學家、「哈羅德－多馬」模型的提出者之一的多馬教授（1983）稱：「增長模型……可以追溯到馬克思。在各經濟學派中，我認為馬克思主義者最接近於發展一種經濟增長的重要理論。」馬克思的經濟增長理論體系來源於對英國和法國的古典政治經濟學的批判性繼承，尤其是亞當·斯密的理論成果。「經濟增長理論」雖然來源於馬克思主義，卻是西方經濟學家在西方經濟學語境下常用的概念。將其對應到馬克思主義政治經濟學中，一般指的是馬克思的社會資本再生產理論。馬克思的社會資本再生產理論集中體現在《資本論》第二卷第三篇——「社會總資本的再生產和流通」中。馬克思在這裡要解決的核心問題是社會總產品在實物上是如何補償的、社會總產品在價值

上是如何補償的。馬克思在這裡研究的對象是「資本的直接生產過程，就是資本的勞動過程和價值增殖過程。這個過程的結果是商品產品，它的決定性動機是生產剩餘價值」。

馬克思的經濟增長理論主要包括以下幾項內容：

第一，個別資本的再生產與社會資本再生產之間的關係。個別資本的再生產基本可以對應西方經濟學中的微觀經濟理論，社會資本再生產理論基本可以對應西方經濟學中的宏觀經濟理論，而馬克思從來沒有如西方經濟學劃分微觀經濟理論和宏觀經濟理論那樣將個別資本的再生產與社會資本的再生產割裂開來考察。馬克思認為，個別資本的總和構成社會總資本，個別資本行為的總和構成社會資本行為，個別資本運動的總和構成社會資本運動（吳易風，2007）。

第二，兩種基本劃分。馬克思認為，要想徹底弄清社會資本再生產就必須要弄清如何以產品補償產品、如何以價值補償價值這一關鍵問題。為了弄清實物補償的問題，馬克思吸收了魁奈《經濟表》的模式以及亞當·斯密的思路，將社會生產劃分為兩個部類：生產生產資料的第一部類和生產消費資料的第二部類。為了弄清價值補償的問題，馬克思批判性繼承了亞當·斯密的劃分方式。斯密在《國富論》中將商品劃分為工資和利潤兩個部分，而馬克思進一步將商品的價值組成劃分為不變資本、可變資本和剩餘價值三個部分。

第三，社會資本的簡單再生產與擴大再生產理論模型。恩格斯一再強調馬克思是精通數學的，而馬克思的數學才能在社會資本的簡單再生產與擴大再生產模型的構造上得到了集中的體現。後文會詳盡介紹該模型的內容。

第四，經濟危機理論。當社會資本再生產苛刻的實現條件無法得到滿足的時候，就會造成經濟失常，而這種失常靠自發的資本主義生產方式是不可能得到糾正的，因此必然會導致經濟危機。

3.1.1.2 簡單再生產與擴大再生產

1. 簡單再生產

馬克思豐富的經濟增長理論中，與本研究相關度較高的部分是馬克思詳細論述的兩個再生產模型——簡單再生產模型與擴大再生產模型。簡單再生產模型是再生產模型的基礎，馬克思在這裡介紹得特別詳細。簡單再生產模型包括以下幾個部分：

第一，模型假設。社會總產品分成兩個部類，第一部類是生產生產資料的部類；第二部類是生產消費資料的部類。生產資料是指「具有必須進入或至少能夠進入生產消費的形式的商品」，消費資料是指「具有進入資本家階級和工人階級的個人消費的形式的商品」。第一部類用羅馬數字 I 表示，第二部類

用羅馬數字Ⅱ表示。每一部類的資本都被分成兩個部分——可變資本和不變資本。可變資本是指，「從價值方面看，這個資本等於該生產部門使用的社會勞動力的價值，也就是等於為這個社會勞動力而支付的工資總額。從物質方面看，這個資本是由發揮作用的勞動力本身構成的，即由這個資本價值所推動的活勞動構成的」；不變資本是指，「該部門在生產上使用的全部生產資料的價值。這些生產資料本身又分成固定資本，如機器、工具、建築物、役畜等；流動不變資本，如生產材料，如原材料、輔助材料、半成品等」。不變資本用字母 c 表示，可變資本用字母 v 表示，剩餘價值用字母 m 表示。

第二，模型的表示。模型由公式（3-1）表示。

$$\begin{cases} \text{I}.\,c + \text{I}.\,v + \text{I}.\,m = \text{I}.\,W \\ \text{II}.\,c + \text{II}.\,v + \text{II}.\,m = \text{II}.\,W \end{cases} \quad (3\text{-}1)$$

用馬克思《資本論》中原文的舉例來表示，如公式（3-2）所示。

$$\begin{cases} \text{I}.\,4{,}000c + 1{,}000v + 1{,}000m = 6{,}000 \text{ 生產資料} \\ \text{II}.\,2{,}000c + 500v + 500m = 3{,}000 \text{ 消費資料} \end{cases} \quad (3\text{-}2)$$

第三，兩個部類之間的交換：Ⅰ($v+m$) = Ⅱc。兩個部類之間的交換是馬克思討論的重點，馬克思將其高度概括為「三次預付、七次流通」。第一次預付包括三次流通：第Ⅰ部類資本家預付工資1,000，工人購買消費品1,000，第Ⅱ部類資本家購買生產資料1,000。第二次預付包括兩次流通：第Ⅱ部類資本家預付500貨幣購買生產資料，第Ⅰ部類資本家購買消費品500。第三次預付包括兩次流通：第Ⅰ部類資本家預付500貨幣購買消費品，第Ⅱ部類資本家購買生產資料500。通過分析兩大部類之間的交換過程，我們可以得出結論：在簡單再生產中，第Ⅰ部類的商品資本中的$v+m$價值額（也就是第Ⅰ部類的總產品中與此相應的比例部分），必須等於不變資本Ⅱc，也就是第Ⅱ部類的總產品中分出來的與此相應的部分；或者說，Ⅰ($v+m$) = Ⅱc。

第四，第Ⅱ部類內部的交換，即生活必需品和奢侈品的交換。馬克思在這一部分分析了第Ⅱ部類內部的交換，把第Ⅱ部類分成兩個分部類——生產必要消費資料的部類和生產奢侈消費資料的部類。必要消費資料是指，「它們進入工人階級的消費，但因為它們是必要生活資料，所以也構成資本家階級的消費的一部分，雖然就其質量和價值來說，往往和工人的必要生活資料不同。為了這裡研究的目的，我們可以把這整個分部類概括為必要消費資料這個項目」；奢侈消費資料是指，「它們只進入資本家階級的消費，所以只能和花費的剩餘價值交換，而剩餘價值是絕對到不了工人手中的」。

第五，馬克思介紹了投入的各類資本的情況，包括貨幣的仲介作用、兩個

部類可變資本和剩餘價值、兩個部類的不變資本、可變資本和工資、固定資本的補償，以及貨幣材料的再生產等問題。

2. 擴大再生產

馬克思的擴大再生產模型是在簡單再生產模型的基礎上進行的拓展。擴大再生產的關鍵在於：①擴大再生產必須追加投資，而投資來源於資本家上一期剩餘價值的累積（實際操作中還包括使用一些金融手段融資和預付）；②擴大再生產要求兩大部類按照一定的比例追加投資；③第Ⅰ部類優先累積。

第一，模型假設。假設再生產的週期以一年為期，每一年累積的剩餘價值都大到足以超過擴大再生產所需的「閾值」；假設先擴大生產規模，再進行支付，因為雖然沒有貨幣，但是由於有訂貨、預先購買、預先出售等手段，包括一些金融手段，生產就可以實際進行。

第二，模型的表示。用公式來說明累積，見公式（3-3）、公式（3-4）。

$$\begin{cases} \text{I}.\ 4,000c + 1,000v + 1,000m = 6,000 \\ \text{II}.\ 1,500c + 376v + 376m = 2,252 \end{cases} \quad (3\text{-}3)$$

$$\begin{cases} \text{I}.\ 4,000c + 875v + 875m = 5,750 \\ \text{II}.\ 1,750c + 376v + 376m = 2,502 \end{cases} \quad (3\text{-}4)$$

在公式（3-3）和公式（3-4）中，年產品的價值總量是相等的（都是8,252），但是比較兩個公式我們發現，在公式（3-4）中，($875v+875m$）Ⅰ = 1,750（$v+m$），它和 1,750 Ⅱc 交換時，沒有餘額；而在公式（3-3）中，（$1,000v+1,000m$）Ⅰ = 2,000 Ⅰ（$v+m$），它和 1,500 Ⅱc 交換時，卻留下了一個餘額 500 Ⅰm，供第Ⅰ部類進行累積。因此可以知道，Ⅰ（$v+m$）＞Ⅱc 是擴大再生產的一個必要條件。

第三，舉例說明擴大再生產的過程。為了進一步說明擴大再生產的過程，馬克思舉了兩個例子。一方面，第Ⅰ部類既為第Ⅱ部類提供追加的生產資料，同時又決定了第Ⅱ部類累積的規模。生產資料的生產是再生產所必需的物質條件，如果沒有第Ⅰ部類的剩餘產品，第Ⅱ部類就不可能有追加的生產資料，因此第Ⅱ部類的再生產和擴大再生產的規模，由第Ⅰ部類所能提供的生產資料來決定。另一方面，第Ⅱ部類生產的發展，又必須依賴消費資料即第Ⅱ部類生產的發展，因為第Ⅰ部類工人和資本家的消費資料必須由第Ⅱ部類來提供。在第Ⅱ部類進行累積的時候，除了本部類的剩餘產品的一部分用於追加不變資本外，還要拿出一部分追加可變資本，而這一部分追加可變資本必須由第Ⅰ部類的工人通過同第Ⅱ部類以消費資料形式存在的剩餘產品相交換，擴大再生產才能順利進行。可見，第Ⅱ部類用於追加不變資本的剩餘產品部分，即是為第Ⅰ

部類又是為本部類進行了累積，因此第Ⅱ部類的累積反過來又是第Ⅰ部類累積的條件。沒有第Ⅱ部類為第Ⅰ部類提供追加的消費資料，第Ⅰ部類的擴大再生產也難以實現，由此可見第Ⅱ部類生產的發展，又制約著第Ⅰ部類生產的發展（四川省《資本論》研究會編寫組，1987）。

3.1.1.3 菲爾德曼的經濟增長理論

在馬克思主義的經濟增長理論中，蘇聯經濟學家菲爾德曼做出了很大的貢獻，西方經濟學者也承認是菲爾德曼首創了用複雜的數學模型來刻畫經濟增長（吳易風，2007）。20世紀20年代的蘇聯經濟正處於計劃經濟時期，而菲爾德曼在蘇聯的國家計劃委員會擔任重要職務，深知蘇聯經濟的運行狀況。1928年，菲爾德曼向蘇聯國家計劃委員會提交了一份名為《論國民收入增長速度的理論》的報告，該報告後來作為論文連載於蘇聯《計劃經濟》雜誌1928年11月、12月兩期上。菲爾德曼寫作這篇報告的目的是向當時的國家計劃委員會提供一個說明經濟增長原則的模型。

由於時間相隔久遠，原文又是俄文，因此本研究在這裡使用的是李省龍2010年的翻譯版，其譯文發表於《經濟思想史評論》雜誌上（李省龍，2010）。在李省龍翻譯的時候，原文許多文字由於年深日久，已經無法辨認，而且原文內容很多，文章長達60頁，因此，本研究在這裡也只進行一個粗略的介紹。假設 M_A 為A部類生產的剩餘價值，M_B 為B部類生產的剩餘價值；K_A 和 K_B 分別為A部類和B部類的資本總額；H_{MA} 和 H_{MB} 分別為A部類和B部類新產生的生產資料和消費資料的價值，則社會總資本為 $K = K_A + K_B$；擴大再生產條件下所形成的全部新價值為 $H_M = H_{MA} + H_{MB}$；$C = \frac{H_M}{K}$、$C_A = \frac{H_{MA}}{K_A}$、$C_B = \frac{H_{MB}}{K_B}$ 分別為資本運用的效率；Γ_C、Γ_{C_A}、Γ_{C_B} 為資本運用效率 C、C_A、C_B 的增長速度，經濟增長率見公式（3-5）、公式（3-6）、公式（3-7）。

$$T = \frac{\Delta H_M}{H_M} = \Gamma_C + \Gamma_K = \Gamma_C + \frac{C * \Delta K}{H_M} \tag{3-5}$$

$$T_A = \frac{\Delta H_{MA}}{H_{MA}} = \Gamma_{C_A} + \Gamma_{K_A} = \Gamma_{C_A} + \frac{C_A * \Delta K_A}{H_{MA}} \tag{3-6}$$

$$T_B = \frac{\Delta H_{MB}}{H_{MB}} = \Gamma_{C_B} + \Gamma_{K_B} = \Gamma_{C_B} + \frac{C_B * \Delta K_B}{H_{MB}} \tag{3-7}$$

從上面的公式可以清楚地看到，在菲爾德曼的模型中，國民總收入和收入的增長速度取決於資本累積量的增速以及資本使用效率的提升，但資本累積量和資本累積速度之間不存在相互影響。

根據菲爾德曼的分析，可以得到以下幾條結論：第一，根據兩大部類的資本存量比原理，說明較高的增長率要求生產生產資料的第Ⅰ部類具有較高的資本存量比；第二，根據兩大部類投資分配原理，投入第Ⅰ部類的資本增長的比率越高，增長率就越高；第三，菲爾德曼認為，國家計劃委員會的主要任務就是確定兩個部類之間產出的比例和資本累積投入的比例。

3.1.2 新古典主義經濟增長理論

新古典主義的經濟增長理論內容十分豐富，最常用的模型就是索洛增長模型及由其拓展出來的各種模型。索洛模型又稱為「索洛-斯旺」模型，它是由R. 索洛（Solow，1956）和T. W. 斯旺（Swan，1956）共同建立的。索洛模型基本上是新古典主義增長理論的出發點，即使是那些與索洛模型截然不同的模型，也常常需要基於對索洛模型的理解才能更好地領會其含義。因此，理解索洛模型是其他新古典主義增長理論的關鍵（Romer，2014）。

3.1.2.1 模型假設

投入產出採用生產函數的形式表示，見公式（3-8），$Y(t)$ 表示總產出、$A(t)$ 表示技術和知識存量，$K(t)$ 表示資本存量，$L(t)$ 表示勞動力投入量。

$$Y(t) = F[K(t), A(t) * L(t)] \quad (3-8)$$

生產函數假設為規模報酬不變，並且符合稻田條件。模型假定，第一，時間是連續的。第二，要素的初始值是事先給定的，並且嚴格大於零。第三，勞動和知識技術都是按照固定的增速增長，即 $\dot{L}(t) = nL(t)$、$\dot{A}(t) = gA(t)$。第四，儲蓄率 s 是外生給定的，資本按照折舊率 δ 進行折舊，即 $\dot{K}(t) = sY(t) - \delta K(t)$。

3.1.2.2 索洛模型的動態增長理論

設 $k = K/AL$，根據鏈式法則可得：

$$\dot{k}(t) = \frac{\dot{K}(t)}{A(t)L(t)} - \frac{K(t)}{[A(t)L(t)]^2}[A(t)\dot{L}(t) + \dot{A}(t)L(t)] \quad (3-9)$$

$$= \frac{\dot{K}(t)}{A(t)L(t)} - \frac{K(t)}{A(t)L(t)} * \frac{\dot{L}(t)}{L(t)} - \frac{K(t)}{A(t)L(t)} * \frac{\dot{A}(t)}{A(t)} \quad (3-10)$$

$$= \frac{sY(t) - \delta K(t)}{A(t)L(t)} - k(t) * n - k(t) * g \quad (3-11)$$

$$= sf[k(t)] - (\delta + n + g)k(t) \quad (3-12)$$

單位有效勞動的平均產出是 $f(t)$，其中用於投資的比例是 s，因此 $sf[k(t)]$ 的經濟學含義是單位有效勞動的實際投資。$(\delta + n + g)k(t)$ 的經濟學

含義是為了保持資本存量不減少而必須追加的投資量，因此這一項也叫「持平投資」，而資本存量減少的原因是資本的折舊（δ）、有效勞動數量的增加（$n+g$）。若 $sf(k(t)) > (\delta+n+g)k(t)$，則 $\dot{k}(t) > 0$，資本存量趨於上升；若 $sf(k(t)) < (\delta+n+g)k(t)$，則 $\dot{k}(t) < 0$，資本存量趨於下降；若 $sf(k(t)) = (\delta+n+g)k(t)$，則 $\dot{k}(t) = 0$，資本存量進入穩態，此時的 $k(t) = k^*$。圖3-1展示了這種動態過程。

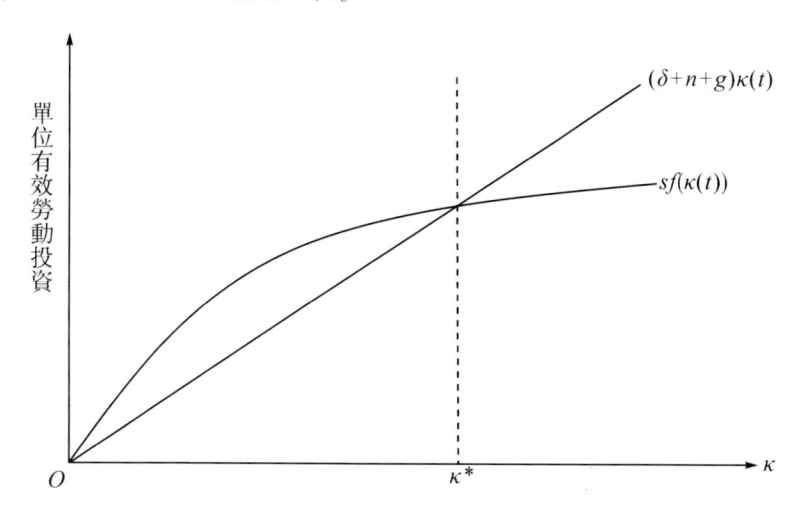

圖3-1　實際資本與持平投資

3.1.2.3　儲蓄率變化的影響

索洛模型認為，政策最容易影響的宏觀經濟指標就是儲蓄率，因為政府購買中消費品和投資品的比例、政府的收入中稅款所得和接待所得的比例，以及政府對於儲蓄和投資的稅收政策都有可能影響產出中用於投資的比例，即儲蓄率。索洛模型認為儲蓄率是外生變量，並且對經濟的影響很大，因此，有必要研究儲蓄率變化對模型的影響。在這裡，考慮一個處於長期平衡路徑上的索洛模型，並假設儲蓄率出現一次永久性的增加衝擊。圖3-2給出了這種衝擊的影響。

當儲蓄率上升時，投資曲線上移，從而使 k^* 上升。當儲蓄率上升時，$sf(k(t))$ 增大，但是 $(\delta+n+g)k(t)$ 不變，因此 $\dot{k}(t) > 0$。當達到新的穩態時，$\dot{k}(t)$ 重新等於0，經濟不再增長，但經濟的穩態達到一個更高的水準。

總之，儲蓄率的變化只有水準效應沒有增長效應，它可以改變經濟的增長路徑，但無法改變人均產出在平衡增長路徑上的增長率，因此沒有增長效應。實際上，在索洛模型中，只有技術進步率的變化才具有增長效應，所有其他參

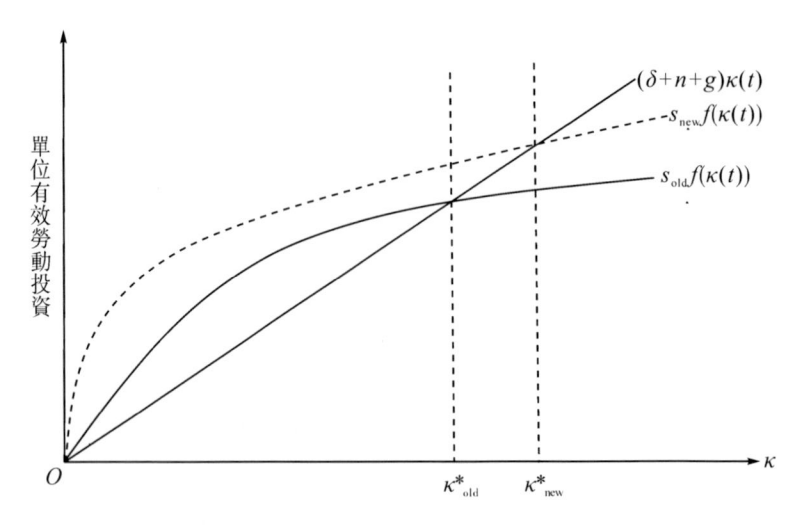

图 3-2 儲蓄率上升對投資的影響

數的變化都只有水準效應。

3.1.2.4 增長核算

除了研究經濟增長的原因外，索洛模型的另一項重大理論貢獻還在於研究了各因素對於經濟增長的影響程度，即某一時域內，增長在多大程度上來源於各種投入要素、多大程度上來源於其他未包含到模型中的因素。Abramovitz（1956）和索洛（1957）先後給出瞭解決方案，後人將這類研究統稱為「增長核算」。見公式（3-13）、公式（3-14）、公式（3-15）、公式（3-16）。

$$\dot{Y}(t) = \frac{\partial Y(t)}{\partial K(t)}\dot{K}(t) + \frac{\partial Y(t)}{\partial L(t)}\dot{L}(t) + \frac{\partial Y(t)}{\partial A(t)}\dot{A}(t) \quad (3\text{-}13)$$

$$\frac{\dot{Y}(t)}{Y(t)} = \frac{K(t)}{Y(t)}\frac{\partial Y(t)}{\partial K(t)}\frac{\dot{K}(t)}{K(t)} + \frac{L(t)}{Y(t)}\frac{\partial Y(t)}{\partial L(t)}\frac{\dot{L}(t)}{L(t)} + \frac{A(t)}{Y(t)}\frac{\partial Y(t)}{\partial A(t)}\frac{\dot{A}(t)}{A(t)} \quad (3\text{-}14)$$

$$\frac{\dot{Y}(t)}{Y(t)} = \alpha_K(t)\frac{\dot{K}(t)}{K(t)} + \alpha_L(t)\frac{\dot{L}(t)}{L(t)} + R(t) \quad (3\text{-}15)$$

$$\frac{\dot{Y}(t)}{Y(t)} - \frac{\dot{L}(t)}{L(t)} = \alpha_K(t)\left[\frac{\dot{K}(t)}{K(t)} - \frac{\dot{L}(t)}{L(t)}\right] + R(t) \quad (3\text{-}16)$$

在公式（3-16）中，Y、K 和 L 的增長率都是宏觀經濟中的常用變量，很容易獲得；假設資本的邊際收入等於資本的邊際產出，那麼 α_K 就可以使用數據中資本收入占總收入的比例來衡量，因此 $R(t)$ 就可以用其他部分計算得到。這樣，就將人均產出的增長率分解為人均資本的增長率加上一個餘項，這個餘項 $R(t)$ 就是著名的「索洛餘值」。當時索洛認為這個餘值為技術進步的貢獻

度。隨著對於索洛餘值研究的不斷深入，其中所包含的內容不斷豐富，現在的經濟學家常常將其稱為「全要素生產率」。

3.1.3 內生增長理論

對內生增長模型做出了較大理論貢獻的經濟學家是保羅·羅默（1986、1990）、Lucas（1988）、Grossman 和 Helpman（1991），以及阿吉翁和豪伊特（1992）。阿吉翁和豪伊特的名著《內生增長理論》，已經成為內生增長研究領域的經典著作。在這本書中，阿吉翁和豪伊特開宗明義地講到內生增長理論的主要研究內容：第一，不僅解釋了已經完成了工業化的發達國家的長期增長原因，而且解釋了為什麼有些發展中國家能夠收斂於技術前沿，而有些卻不能；第二，為分析經濟增長與產業組織之間的關係提供了工具；第三，在研究增長問題的同時納入了制度因素；第四，包括中國在內的眾多轉型經濟體都或多或少地出現了不同個體和不同地區之間的收入不平等問題；第五，研究了資源約束對於經濟增長和經濟發展的影響。我們從中可以看出，內生增長理論將「經濟增長」擴大到「經濟發展」的領域，擴大了研究的範圍；納入了新古典主義經濟學模型中缺少的制度、科技、人力資本、收入不平等、資源約束等問題，最終比新古典主義經濟學更好地解釋了不同經濟體之間的增長差異問題和長期增長問題。

3.1.3.1 將技術內生於增長理論之中

為了將技術內生於增長理論之中，經濟學家對傳統的新古典增長理論中的索洛模型進行了拓展。類似於索洛模型，這裡的模型也包括四個變量——資本 $K(t)$、勞動 $L(t)$、科技 $A(t)$ 和產出 $Y(t)$；模型中假設時間是連續的。與索洛模型的不同之處在於，本模型假設經濟體中存在兩個部門，分別是進行生產從而得到產品的生產部門，以及使用知識的存量來提升科技水準的研發部門。資本存量中用於研發部門的比例用 α_K 表示，勞動力中用於研發部門的比例用 α_L 表示。與此相應，生產部門中資本存量的比重為 $1-\alpha_K$，生產部門中勞動力的比重為 $1-\alpha_L$。新知識的生產需要投入資本和勞動力，還需要已有的知識存量，此外，要素的投入與研發的產出之間還需要一個轉換的過程，因此加入了轉換系數 B。此時生產部門的生產函數可以用公式（3-17）表示，研發部門的生產函數用公式（3-18）表示，$\alpha \in (0, 1)$，$B > 0$，$\beta \geq 0$，$\gamma \geq 0$：

$$Y(t) = [(1-\alpha_K)K(t)]^\alpha [A(t)(1-\alpha_L)L(t)]^{1-\alpha} \qquad (3-17)$$

$$\dot{A}(t) = B[\alpha_K K(t)]^\beta [\alpha_L L(t)]^\gamma A(t)^\theta \qquad (3-18)$$

需要注意的是，與公式（3-17）相比，公式（3-18）沒有規模報酬不變

的假設,這體現了知識生產的特點。一方面,同樣的要素投入量重複投入產品生產部門中,則產量會成比例增長,而同樣的要素投入量重複投入知識生產部門中,則知識的產出不變,因為同一個知識不能被發現兩次,因此存在規模報酬遞減的可能性;另一方面,科研人員之間的相互交流、相互啓發、相互學習是十分重要的,而科研的基礎設施也是十分重要的,因此很可能導致要素的規模報酬遞增。從這兩方面來考慮,放鬆規模報酬不變的假設在本模型中就十分必要了。

另一處值得注意的地方是,參數 θ 衡量的是已有的知識存量對知識生產的彈性,因為已有知識存量對新知識生產的影響很可能是雙向的。一方面,科研機構可以從已有的知識儲備中獲得啓發,正所謂「站在巨人的肩膀上」;另一方面,由於簡單的創新都沉澱在知識儲備中了,導致後來的研發過程越來越困難,此外,以往的知識也會束縛住人的思維,因此知識儲備對新知識的生產也有可能產生負向影響。用數學的語言來表達,就是參數 θ 的取值可正可負。

類似於索洛模型,本模型中也假設儲蓄率是外生的,而且為了模型的簡化,再假設不存在折舊;人口增長率也是外生的,並且假設人口增長率不能為負。用數學模型表示,見公式(3-19)、公式(3-20),其中 $n \geq 0$。

$$\dot{K}(t) = sY(t) \quad (3\text{-}19)$$

$$\dot{L}(t) = nL(t) \quad (3\text{-}20)$$

與索洛模型相比,由於本模型將知識內生化了,這就使得模型中出現了兩個內生性的狀態變量——K 和 A,因此模型分析起來要複雜一些。將公式(3-17)代入公式(3-19),得到資本累積的表達式(3-21)。

$$\dot{K}(t) = s(1-\alpha_K)^{\alpha}(1-\alpha_L)^{1-\alpha} K(t)^{\alpha} A(t)^{1-\alpha} L(t)^{1-\alpha} \quad (3\text{-}21)$$

將公式(3-21)等號兩邊同時除以 $K(t)$,並且定義 $c_K = s(1-\alpha_K)^{\alpha}(1-\alpha_L)^{1-\alpha}$,可得公式(3-22)。

$$g_K(t) \equiv \frac{\dot{K}(t)}{K(t)} = c_K * \left[\frac{A(t)L(t)}{K(t)}\right]^{1-\alpha} \quad (3\text{-}22)$$

對公式(3-22)進行對數線性化處理後,再對時間 t 求導可得公式(3-23)。

$$\frac{\dot{g}_K(t)}{g_K(t)} = (1-\alpha)[g_A(t) + n - g_K(t)] \quad (3\text{-}23)$$

根據公式(3-23)的定義方式可知,該公式描繪的是資本存量增長率的動態過程。與上面的推導過程類似,可以得到知識存量增長率的動態過程,見公式(3-24)、公式(3-25),其中 $c_A \equiv B \alpha_K^{\beta} \alpha_L^{\gamma}$。

$$g_A(t) = c_A K(t)^\beta L(t)^\gamma A(t)^{\theta-1} \qquad (3-24)$$

$$\frac{\dot{g}_A(t)}{g_A(t)} = \beta g_K(t) + \gamma n + (\theta - 1) g_A(t) \qquad (3-25)$$

根據索洛模型，模型的長期穩態必定存在於 $\dot{g}_K(t)=0$、$\dot{g}_A(t)=0$ 時，定義 g_K^* 和 g_A^* 為兩種要素的穩態均衡點，則有

$$g_A^* + n - g_K^* = 0 \qquad (3-26)$$

$$\beta g_K^* + \gamma n + (\theta - 1) g_A^* = 0 \qquad (3-27)$$

此方程組由兩個方程、兩個未知數組成，可得唯一解：

$$g_A^* = \frac{\beta + \gamma}{1 - \beta - \theta} * n \qquad (3-28)$$

$$g_K^* = \frac{1 - \theta + \gamma}{1 - \beta - \theta} * n \qquad (3-29)$$

3.1.3.2 將人力資本內生於增長理論之中

內生增長理論除了將科技進步內生於經濟增長模型外，還進一步研究了將人力資本內生於經濟增長之中的模型。與研究科技進步對經濟增長影響的研究方法類似，必須對傳統的新古典索洛增長模型進行拓展，見公式（3-30）。

$$Y(t) = K(t)^\alpha [A(t)H(t)]^{1-\alpha} \qquad (3-30)$$

通過公式（3-30）我們可以清晰地看出人力資本內生化模型是如何拓展傳統的索洛模型的。$Y(t)$ 代表產出、$K(t)$ 代表資本存量、$A(t)$ 代表科技水準，這些是沒有變化的。模型採用柯布-道格拉斯生產函數，也是沒有變化的。變化來自勞動力部分，索洛模型使用 $L(t)$ 來代表勞動力的供給，而人力資本內生化模型採用的是代表工人提供的勞動和服務總量的變量 $H(t)$。$H(t)$ 在模型中代表了不同技術水準的工人對生產過程所做出的貢獻之和。也就是說，不僅包括了工人們原始勞動所做出的貢獻，還包括了技能培訓、個體的知識學習所累積下來的人力資本的貢獻。

$$\dot{K}(t) = sY(t) - \delta K(t) \qquad (3-31)$$

$$\dot{A}(t) = gA(t) \qquad (3-32)$$

$$\dot{L}(t) = nL(t) \qquad (3-33)$$

繼續分析模型可以看出，如公式（3-31）、公式（3-31）、公式（3-33）所示，資本累積的動態變化並沒有發生變化，依然是由外生的儲蓄率 s 和折舊率 δ 決定的。而科技進步也依然按照外生的增長速度 g 進行累積。勞動力的數量也繼續假設按照外生的增速 n 進行增長。

既然是將人力資本內生於模型之中，那麼就要說明人力資本的存量是如何

設定的。人力資本的累積量來源於兩個方面,一方面是投入多少要素來生產人力資本,另一方面是固定數量的要素投入量能產出多少人力資本(生產人力資本的生產函數)。為了研究的簡便,這裡假設生產人力資本只需要受教育年限(E),即人力資本的生產函數中唯一的投入要素是受教育年限。因此,我們假定人力資本的生產函數為公式(3-34):

$$H(t) = L(t)G(E) \quad (3-34)$$

上式中,$L(t)$ 與前文相同,為工人的數量,$G(E)$ 表示平均每個工人的人力資本累積量與平均每個工人的受教育年限之間的函數關係。根據經濟現實,可以簡單地認為,工人的受教育水準越高(受教育年限越長),則他累積的人力資本的數量也越多,即 $G'(E) > 0$。但是這裡與傳統的索洛模型所做的假設不同,根據現實,不能假設 $G''(E) < 0$,即不能假設人力資本累積的邊際收益為負,因為經濟個體獲得基礎的人力資本之後,他進一步獲取新的人力資本的能力會顯著增強。舉例來說,初級的教育,比如小學教育,只能教授學生一些識字、算數、服從團隊指揮等能力,但是這些能力並不能直接作用於生產過程中,而掌握這些基本技能對於進一步學習更高深的、對生產有直接作用的技能則有重大幫助。

前文已經介紹了,資本存量 $K(t)$ 的動態過程與索洛模型中描繪的相同,k 會收斂於 $\dot{k} = 0$ 處,本研究在此不再重複。只是需要注意的是,此時 $k = K/[AG(E)L]$,而不是原來的 $k = K/AL$。雖然資本存量在長期來看並不受受教育年限的影響,但是工人的人均平均產出會受受教育年限的影響。因為,$\frac{Y}{L} = AG(E)y$,即受教育年限 E 的增加會提升均衡路徑上的工人人均產出。

下面更詳細地探討人力資本的累積與工人人均產出之間的關係。假設每個個體的壽命相同,均為 T,並且最初的 E 年在學校學習不參加勞動,因此實際參加勞動的年限是 $T - E$;人口增長率為 n。因此,根據前面的假設,在時刻 t,總人口 $N(t)$ 就如公式(3-35)所示,其中,$B(t)$ 表示時刻 t 出生的人。

$$N(t) = \int_{\tau=0}^{T} B(t-\tau)d\tau = \int_{0}^{T} B(t)e^{-n\tau}d\tau = \frac{1-e^{-nT}}{n}B(t) \quad (3-35)$$

與此類似,t 時刻的工人人數等於還存活並且已經完成了學校教育的個體數量,見公式(3-36)。

$$L(t) = \int_{\tau=E}^{T} B(t-\tau)d\tau = \int_{E}^{T} B(t)e^{-n\tau}d\tau = \frac{e^{-nE} - e^{-nT}}{n}B(t) \quad (3-36)$$

那麼,很自然地,工人人數占總人口的比例就為公式(3-37):

$$\frac{L(t)}{N(t)} = \frac{e^{-nE} - e^{-nT}}{1 - e^{-nT}} \tag{3-37}$$

因此，結合前文提到的工人人均產出的計算公式，可得公式（3-38）：

$$\left(\frac{Y}{N}\right)^* = y^* A(t) G(E) \frac{e^{-nE} - e^{-nT}}{1 - e^{-nT}} \tag{3-38}$$

由公式（3-38）可以看出，受教育年限 E 的上升對人均產出有兩方面的影響，一方面確實會提升工人人均生產產品和服務的量 $G(E)$，但另一方面也會降低人口總數中工人的比例，即 $\frac{e^{-nE} - e^{-nT}}{1 - e^{-nT}}$ 縮小。所以，受教育年限的上升，可能會提升人均產出量也可能會降低人均產出量。

因此，我們可以看出，提升工人受教育年限、累積人力資本並非發展經濟的「萬能靈藥」。學生接受學校教育、已經就業的工人接受各種職業技能培訓，以及延長義務教育年限等做法，也是要付出高昂的經濟成本的。成本來自兩方面，一方面是培訓本身所消耗的資源，雖然這個問題在本模型中沒有體現（本模型假設資本存量與人力資本的生產沒有關係），但在現實中教育業已經發展成為一個規模龐大的產業，「規模龐大」本身就說明全社會為受教育付出了很高的成本；另一方面，就是模型中所揭示的，受教育需要消耗很多時間成本。對於個人來講，一個接受完高等教育的學生，再加上各種上崗培訓，基本上人均要消耗 20 年以上的青壯年時間來接受教育（對於筆者這種接受博士研究生教育的人來說，所消耗的年數是 25 年），這段時間內無法進行生產，是純粹的消費者，要背負一定的經濟壓力。對於社會總體來講，受教育年限的提升，直接導致國家勞動力人口下降，在短期內很可能會帶來人均產出降低的衝擊（如國家義務教育年限延長、提高大學入學錄取率等）。所以可見，對於國家來講，不但要大力增加人力資本的累積，而且最好是穩步推進，尤其要結合勞動力供給量的現狀，不能盲目擴張。

3.1.4 新結構經濟理論

3.1.4.1 新結構經濟學產生的背景

新結構經濟學的產生來自對發展中國家的經濟體制改革和經濟發展的觀察、對新古典主義經濟學教條的反思，以及對舊結構經濟學的揚棄。在中國改革開放的進程中，在經濟學界，尤其是在美國經濟學界，主流是新古典主義、新自由主義經濟學。新古典主義和新自由主義經濟學的主要觀點是：私有產權、市場配置，政府的作用限於保護產權、推行法治、維護社會秩序。20 世

纪八九十年代，世界上實行計劃經濟的國家普遍表現較差，因此，當時經濟學界的共識是計劃經濟不如市場經濟，必須進行轉型。而轉型的方式是執行新自由主義所推崇的「華盛頓共識」，以「休克療法」為典型方式，一步到位地推行私有化、市場化和自由化，消除經濟中政府干預所形成的各種扭曲。而當時以中國為代表，推行漸進的、雙軌制的轉型模式，不僅不能成功實現轉型，還會進一步導致資源配置的扭曲、滋生腐敗、惡化收入分配狀況，是一種比計劃經濟更差的經濟制度（Sachs 等，2000）。

關於新結構經濟學的主要著作是林毅夫、蔡昉、李周合作出版的《中國的奇跡：發展戰略和經濟改革》（1994），以及林毅夫在 2012 年出版的《新結構經濟學》。在《中國的奇跡：發展戰略和經濟改革》一書中，作者強調，中國經濟在轉型的過程中能夠實現穩定和快速的增長，依靠的是為許多需要優先發展部門中的國有企業提供轉型補貼，以及放開准入門檻引導民營企業進入擁有比較優勢的勞動密集型產業部門。反之，如果完全依照「華盛頓共識」的指導，一次性通過私有化、市場化、自由化消除經濟中的一切扭曲，則必然導致許多缺乏自力更生能力的企業破產，其代價會更加高昂。在《新結構經濟學》一書中，林毅夫教授更加系統全面地介紹了新結構經濟學的主要內容，包括回顧經濟發展思潮，闡述新結構經濟學的主要觀點和推論；新結構經濟學對傳統經濟發展理論的補充；提出了增長甄別和因勢利導模型，作為新結構經濟學的主要理論框架。此外，書中還討論了經濟發展與制度變革、經濟發展與金融結構等問題。林毅夫教授自信地指出，只要按照新結構經濟學的基本原理指導經濟發展，絕大多數發展中國家都可以實現類似於中國的高速、穩定、長期增長。

3.1.4.2 新結構經濟學的基本觀點

新結構經濟學的基本觀點主要有以下三點：

第一，一個經濟體的要素稟賦結構並非一成不變的，而是會隨著經濟體發展階段的不同而發生變化的。由於要素稟賦的改變，經濟體的產業結構也會發生相應的調整，調整到適應當前要素稟賦的結構特點，從而保持自身的比較優勢。但產業結構的調整並非「空穴來風」，必須有相應的有形和無形的基礎設施來促進調整。這一觀點與舊結構經濟學有明顯不同。舊結構經濟學認為要素稟賦結構是「外生剛性」的，即如果政府不進行直接干預，經濟結構升級無法靠市場力量自發完成。

第二，世界各國的發展階段並非「二分」的，如發展中國家與發達國家的二分、窮國與富國的二分、農業國與工業國的二分。世界各國的經濟發展水

準都是經濟發展這一「連續譜」上的一個節點。當前的發達國家並不是發展中國家的「目標」。因此，發展中國家在進行經濟規劃、產業升級調整或者基礎設施完善的過程中，未必就必須完全依照發達國家的現狀來進行調整，而是要結合自身的情況，制定符合自身特色的發展規劃。並且，這一觀點也暗含了發展中國家如果抓住歷史的發展機遇可實現「彎道超車」目標的意思。

第三，在經濟發展的「連續譜」上的每一個節點，市場都是配置資源的有效機制。在發達經濟體中，市場是配置資源的有效機制，而在發展中國家也是一樣。需要注意的是，在經濟發展的動態過程中，必然伴隨著產業結構的升級，產業結構的升級又必然需要基礎設施相應完善，而完善基礎設施則需要一個內在的協調機制。因此，在市場機制之外，政府就需要主動發揮調整產業結構的積極作用。

新結構經濟學的主要觀點之間既有區別又有聯繫，是邏輯一致的整體。經濟體的要素稟賦會隨著發展階段的變化而變化，這是經濟發展過程中的客觀事實。由於比較優勢的推動，要素稟賦結構的變化必然帶來產業結構的調整。產業結構的調整既需要市場在資源配置過程中起基礎性作用，也必須依靠政府進行主動協調。最後，發達國家的「今天」並不一定是發展中國家的「明天」，各國都是經濟發展這一「連續譜」上的一個節點，各國都需要結合自身的實際情況尋找適合自己的發展道路。對於後發國家而言，更要主動抓住歷史機遇實現「彎道超車」。

3.2 潛在經濟增長率概念與算法選擇

在文獻綜述部分，已經介紹了潛在經濟增長率的研究現狀，我們可以明顯地看出，潛在經濟增長率的定義方式有多種，而計算方法更是多達幾十種。如此多的定義方式和算法，不可能同時採用，必須有所取捨。因此，在這裡要說明本研究將要採用的潛在經濟增長率的概念以及相應的算法，並說明選擇的原因。

3.2.1 潛在經濟增長率概念選擇

3.2.1.1 傳統定義方式

不同於以往將潛在經濟增長率的概念劃分為凱恩斯主義式和新古典主義式這兩種劃分方式，本書將潛在經濟增長率的定義方式劃分為三種類型，在原有

的基礎上加入了「傳統定義方式」，即將潛在經濟增長率定義為「各類要素和技術都被充分利用時所能提供的產出」。這種定義方式與後面提到的凱恩斯主義定義方式有相似之處，其不同點在於傳統定義方式不強調需求端，只強調供給端，而凱恩斯主義定義方式強調「與需求匹配」。

本書不選擇傳統定義方式作為本研究中潛在經濟增長率的定義方式，原因有以下幾點：第一，傳統定義方式中的「要素充分利用」「最大產出」，既無法實際觀測到，又無法進行測量。第二，忽視需求端的因素，在絕大部分的經濟運行狀態中都是不可取的。第三，沒有很強的現實意義，因為不能計算，也就無法指導實際的經濟活動，同時也無法使用正負交替變換的產出缺口這一政策工具。第四，學術界幾乎沒有人按照傳統的定義方式計算潛在產出，這種定義方式已經名存實亡。

3.2.1.2 凱恩斯主義的定義方式

20世紀五六十年代的經濟學家們大都深受凱恩斯經濟學的影響，因此定義潛在產出時也基於凱恩斯主義的理論。凱恩斯主義的定義方式認為潛在經濟增長率是指與需求相匹配的，各類要素和技術都能充分利用時所能提供的產出。凱恩斯主義的定義方式比傳統的定義方式有所進步，強調了「與需求相匹配」，更加貼近了經濟現實。但是，如此定義的潛在經濟增長率依然無法被測量和觀測，後來的經濟學家們就將「充分利用」這個概念放鬆，認為某些重要經濟指標如失業率、通貨膨脹率，達到理想值時的狀態就是要素充分利用時的狀態，此時的經濟增長率就是潛在經濟增長率。

本書不採用凱恩斯主義的定義方式，原因有以下幾點：第一，與傳統的定義方式類似，凱恩斯主義的定義方式依然無法很好地解決潛在經濟增長率的計算問題。第二，即使採用了放鬆後的定義方式進行計算，也必須要使用奧肯定律和菲利普斯曲線法或者DEA模型進行計算。奧肯定律和菲利普斯曲線在中國是否成立依然存疑，而DEA模型的計算結果也並不理想。

3.2.1.3 新古典主義的定義方式

20世紀後期，由於美國經濟發生「滯脹」，傳統的凱恩斯主義理論無法對其進行解釋，新古典主義於是開始興起。伴隨著新古典主義的興起，潛在經濟增長率又出現了以新古典主義為基礎的定義方式，即認為潛在經濟增長率是「真實增長率的趨勢值」。

本書採用新古典主義的定義方式，原因有以下幾點：第一，新古典主義的定義簡單而明白，不存在前面兩種定義中模糊的部分，比如「理想狀態」「充分利用」，等等。第二，新古典主義的定義方式方便使用各種數學方法進行潛

在產出的計算，使潛在產出、潛在經濟增長率的測算真正成為可能。第三，新古典主義的定義方式測量的是真實增長率的趨勢值，就可以根據測算結果來確定產出缺口，從而判斷當前的經濟狀態是過冷還是過熱，有很強的實踐意義。第四，新古典主義定義方式是目前潛在經濟增長率的主流定義方式，在學術界被廣泛接受。

3.2.2　潛在經濟增長率算法選擇

研究潛在經濟增長率時選擇的算法和定義方式一定要匹配。本書選擇新古典主義的潛在經濟增長率定義方式，那麼算法一定要在新古典主義的算法中尋找。新古典主義包含的算法是十分豐富的，主要有生產函數法、趨勢分析法、大型經濟模型中的 SVAR 模型和 DSGE 模型以及比較分析法。

本書選擇生產函數法和趨勢分析法相結合為主、比較分析法為輔的方式進行潛在經濟增長率的計算，原因有以下幾點：第一，生產函數法有經濟理論的依據，其經濟理論主要是新古典主義的 Solow 增長模型。第二，生產函數法十分靈活，生產函數的形式不但十分豐富，而且還可以進行拓展，包含更多的要素種類。第三，趨勢分析法可以使用大量數學方法進行潛在產出的計算，如 HP 濾波法、卡爾曼濾波法，等等，十分簡潔有效。第四，比較分析法可以通過定性的方式對模型測算的結果進行分析，輔助前面的定量計算，增強計算結果的可信度。第五，這三種算法相結合適合進行未來潛在經濟增長率的預測。第六，生產函數法和趨勢分析法是當前學術界進行潛在產出和潛在經濟增長率計算的主流算法，使用廣泛、易被接受。

SVAR 模型和 DSGE 模型也是新古典主義定義方式包含的算法，本研究卻並未採用，原因是：第一，兩種算法十分複雜，筆者能力有限，並未完全掌握其思想。筆者雖做過嘗試，但計算的結果也很不理想，無法採用。第二，兩種算法十分複雜，計算起來費時費力，並且從以往的研究成果來看，其計算的結果也並沒有明顯優於本研究所採用的三種算法。第三，兩個模型包含的函數眾多，需要做出的假設就多，假設過多導致模型偏離現實的概率增大，從而導致大型的經濟模型估計結果並不穩定，尤其是不如「從數據中來到數據中去」的比較分析法的結果穩定。第四，這兩個模型只能計算潛在產出和潛在經濟增長率的值，卻並不能像生產函數法那樣給出影響潛在經濟增長率的因素，無法說明潛在經濟增長率變動的原因，這是兩個經濟模型的一大缺陷。

3.3 經典生產函數理論模型

3.3.1 經典生產函數理論模型的作用

使用兩種生產函數法進行潛在產出及潛在經濟增長率的計算，在這一節給出的是第一種——投入要素只包含資本存量（K）和勞動力（L），生產函數的形式是柯布-道格拉斯生產函數的經典生產函數理論模型。經典的生產函數模型，又稱傳統生產函數模型，有很強的理論意義，在以往的計算中使用廣泛。但也有其局限性，比如生產函數的形式過於簡單、納入的變量過少（Van Norden, 1995），等等。因此，筆者把傳統生產函數法的計算過程和結果作為後面擴展模型的對照組，以說明新構建的、加入了其他拓展因素的生產函數模型的進步和優點。與此同時，由淺入深，先提出經典的生產函數模型，也更容易讓讀者理解相對複雜的拓展生產函數模型。並且，由於要素甄別過程需要一個已經計算出來的粗略估計的潛在產出值作為因變量，因此將此模型計算出的潛在產出作為一個粗略估計的基礎值，可為後面甄別影響潛在產出要素模型提供一個因變量。

3.3.2 經典生產函數理論模型的構建

為粗略估算潛在產出，用於識別對潛在經濟增長有持續作用的影響因素，此處將只包含物質資本與勞動投入兩個變量的經濟增長模型設定為柯布·道格拉斯生產函數形式，見公式（3-39）。之所以選擇柯布-道格拉斯生產函數形式，一方面，是因為該函數形式對於經濟現實的抽象十分準確，如 $f(0) = 0$、$f'(k) > 0$、$f'(l) > 0$，以及 $f''(k) < 0$、$f''(l) < 0$。要素的一階導數大於 0 說明要素的邊際產出為正；要素的二階導數小於 0 說明伴隨著要素投入量的增大，要素的收益會逐漸減小。另一方面，柯布-道格拉斯生產函數還滿足宏觀經濟理論中的稻田條件——當要素存量很小時，要素的邊際產出很大；當要素存量很大時，要素的邊際產出很小，即 $\lim_{k \to 0} f'(k) = \infty$、$\lim_{k \to \infty} f'(k) = 0$；$\lim_{l \to 0} f'(l) = \infty$、$\lim_{l \to \infty} f'(l) = 0$。

$$Y_t = A_t * K_t^{\alpha} * L_t^{\beta} * \mu_t \qquad (3-39)$$

在公式（3-39）中，Y_t 表示實際 GDP，A_t 表示全要素生產率，K_t 表示物質資本存量，L_t 表示勞動投入量，μ_t 表示隨機擾動影響，t 表示年份，時間範圍是

[1978，2016]。在基礎理論部分我們可以看到，索洛的經典模型是將 A_t 和 L_t 納入了模型之中的，這主要是為了推導的方便，並不會明顯地改變結論（Romer，2014）。將 A_t 乘到生產函數之外，這種處理方式是將全要素生產率視為「希克斯中性」的。由於索洛模型中 A_t 只代表技術進步，而隨著經濟學研究的不斷進步，現在的 A_t 代表的是全要素生產率，是對原模型的拓展，因此採用「希克斯中性」的函數構造模式會更為合理一些。傳統的柯布-道格拉斯生產函數假設規模報酬不變，即 $\alpha + \beta = 1$。具體到中國的情況來看，中國作為一個發展中國家，在經濟高速發展階段，投資收益比較高，這從近年來居高不下的投資率可以看到。因此，假設規模報酬不變並不能刻畫中國經濟增長的實際情況，於是本研究放鬆了這一假定。此外，對規模報酬不變進行的 Wald 檢驗，F 統計量取值為 324.674,4，P 值趨向於 0，拒絕了規模報酬不變的原假設，從另一個角度證明了中國的經濟情況並非規模報酬不變的。

假定不存在技術進步和全要素生產率的變動時，基於公式（3-39）進行對數轉換，設定雙對數計量模型，見公式（3-40）：

$$y_t = c + \alpha * k_t + \beta * l_t + \varepsilon_t \tag{3-40}$$

上式中，c 為常數；ε_t 為殘差，是 A_t 與 μ_t 的綜合，y_t、k_t、l_t 為時間窗口內歷年實際 GDP、物質資本存量和勞動力投入量的自然對數值。使用 1978—2016 年的經濟數據迴歸公式（3-40）可得 c、α、β，將其連同 k_t 和 l_t 的 HP 濾波值代入公式（3-40）可得實際 GDP 的歷年趨勢值 $\hat{y}_t$，即潛在產出。進一步可得潛在經濟增長率的計算公式（3-41）：

$$y_t^{pot} = \frac{\hat{y}_t - \hat{y}_{t-1}}{\hat{y}_{t-1}} \tag{3-41}$$

3.4 潛在經濟增長率影響因素甄別

3.4.1 經典生產函數法的局限性

實際上，經典生產函數模型並不適合估計經濟增長的長期趨勢，在結構轉型的經濟場景下尤其不適用，因為供給衝擊包含於公式（3-40）的殘差 ε_t 中，結構性衝擊通過全要素生產率機制對潛在產出的影響難以被捕捉。結構變化對全要素生產率的積極作用表現為勞動、資本等要素在不同區域、不同產業以及不同領域間重新配置。比如，城鄉二元結構向城鄉一體化結構轉化，加速了勞

動力在城市與鄉村間、農業與非農產業部門間的流動；所有制結構的多元化使得資本、勞動力進入不同成分經濟組織進行生產成為可能；趨於老齡化的人口結構既會導致人口紅利消失，也將倒逼人力資本投資增加，提高未來的勞動供給質量；產業結構高級化趨勢則顯著促進就業人員的受教育水準提升和更多資本湧入技術密集的高新技術產業，企業資本安排也更傾向於創新研發或技術改造等技術資本累積，而非粗放地增加物質資本，整體的科技創新支出狀況也將因此而被明顯優化。這些結構上的變化從不同方面釋放勞動生產力，具備提升全要素生產率的功效，潛在經濟增長能力也隨之提升。因此，本研究著重考察了部分結構性因素對於潛在經濟增長率的影響。

為了克服經典生產函數模型形式過於簡單、考慮因素過少的局限性，也有人試圖通過加入新的要素變量來拓展生產函數。但這些研究成果往往是將某些要素直接納入生產函數之中，很少有學者研究到底有哪些因素能夠影響潛在經濟增長率，或者說，他們納入的那些因素是否真的能影響中國的潛在產出。況且，中國的經濟運行有自己的特點，盲目照搬外國的研究成果行不通，例如奧肯定律在美國成立，使用中國的數據進行測算就不成立。因此，必須結合中國的實際情況對前文綜述中所提到的潛在經濟增長率的影響因素進行篩選。

與此處研究內容相對應，前面綜述部分梳理了目前的研究成果中學者們都涉及了哪些影響潛在經濟增長率和潛在產出的因素。在要素甄別部分，將這些影響因素使用合適的經濟指標進行測量後，再利用計量模型驗證究竟哪幾種因素能夠真的對潛在產出產生顯著的影響、影響的強度是多少。這裡的因變量就是前面使用經典生產函數法計算出來的潛在產出值。

3.4.2 潛在經濟增長率影響因素甄別模型

到底哪些結構性因素會借助全要素生產率傳導渠道作用於潛在產出呢？結合已有研究關注較多的結構性因素，從實證角度甄別過去及未來潛在經濟增長有重要影響的結構性變量，此處設定如下計量模型，見公式（3-42）：

$$\hat{y}_t = d + \theta_i * X_t + \eta_t \tag{3-42}$$

上式中，d 為常數項，η_t 為殘差項，i = 1，2，…，6，$\hat{y}_t$ 為經典生產函數模型公式（3-39）、公式（3-40）測算的潛在產出，$\theta_i = (\theta_1, \theta_2, …, \theta_6)$ 為待估計的參數向量，用於識別對潛在產出有重要影響的基本參考標準，$X_t = (zd_t, kj_t, rl_t, rk_t, jy_t, zb_t)^T$ 為可能影響潛在經濟增長的結構變量向量。上式中，zd_t 表示制度變革，由反應所有制、對外開放、城鄉人口、金融體系等制度

改革的經濟指標使用主成分分析方法合成的指數代表。kj_t 表示科技創新投入。rl_t 表示人力資本結構，從側面體現勞動力供給質量與人力資本高級化。rk_t 表示人口老齡化背景下的適齡（15~64週歲）勞動力供給比重。jy_t 表示就業結構，從就業方面反應產業結構調整。zb_t 表示資本結構或資本非農業化結構，作為控制變量。

3.5 拓展生產函數模型

3.5.1 拓展生產函數模型的構建

本研究計算潛在產出和潛在經濟增長率主要使用的是加入了結構化因素的生產函數模型。由於此模型中除了資本存量（K）和勞動力（L）兩個要素之外，經過前面的要素甄別之後，還包括制度變革、科技創新和人力資本結構這三種因素，故筆者將新模型命名為拓展生產函數模型。

基於公式（3-42）的計量迴歸結果，並輔以理論與實踐依據，可甄選出對潛在產出有重要作用的影響因素。前文介紹過，經濟的真實產出水準包含潛在產出水準（或稱趨勢產出水準）以及週期波動因素兩個部分。因此，影響潛在產出水準的因素同時也會影響經濟的真實產出，但反之則並不一定，這兩者是充分不必要的關係。由於這些拓展的因素可以影響經濟的真實產出，因此可以將其納入傳統的生產函數模型之中。這些拓展因素通過全要素生產率的作用機制而影響潛在產出，此處設定全要素生產率公式（3-43）：

$$A_t = e^{f + \vartheta_j * \omega_t + \delta_t} \qquad (3\text{-}43)$$

上式中，ϑ_j 是 j 個拓展變量對全要素生產率影響係數的向量，ω_t 是基於公式（3-42）甄選出的拓展變量自然對數值構成的向量，f 是常數項，δ_t 是影響全要素生產率的其他未知因素。將公式（3-43）代入公式（3-39）有拓展的生產函數模型，見公式（3-44）：

$$Y_t = e^{f + \vartheta_j * \omega_t + \delta_t} * K_t^{\alpha} * L_t^{\beta} * \mu_t \qquad (3\text{-}44)$$

在公式（3-44）兩邊取自然對數，並令 $\zeta_t = \delta_t + \mu_t$，得到考慮結構因素影響優化後的潛在產出估計公式（3-45）：

$$y_t = f + \alpha * k_t + \beta * l_t + \vartheta_j * \omega_t + \zeta_t \qquad (3\text{-}45)$$

3.5.2 使用拓展生產函數模型計算潛在經濟增長率

在此部分，筆者將資本存量、勞動力、制度變革、科技創新和人力資本這

五大因素納入拓展生產函數模型中，使用最小二乘法（OLS）得出參數的迴歸結果。從結果中，我們可以看出這些因素對經濟增長的影響強度及影響的顯著性，從而獲知中國自改革開放以來的經濟增長的動力來源於哪些要素的投入，以及這些要素的作用方式。

本研究採用新古典主義的潛在經濟增長率定義方式，即潛在經濟增長率是真實增長率的趨勢值。因此，為了減少計算結果的波動、增強趨勢性，此處借鑑 OECD（2012）的算法，使用趨勢分析法中的 HP 濾波法，提取這些要素值的趨勢值，將要素的趨勢值代回前面估計出的生產函數，即公式（3-45）之中，得到迴歸模型的擬合值，作為潛在產出值 $\hat{y}_t^{struc}$。進一步，根據公式（3-41）的算法，計算潛在產出的增長率，作為潛在經濟增長率 $y_t^{struc\_pot}$。由於拓展生產函數模型中納入的制度變革、科技創新以及人力資本三個因素不僅影響真實產出，更影響真實產出中的潛在產出，因此在使用迴歸結果的擬合值作為潛在產出值時會比以往的生產函數模型有更好的估計效果。圖 3-3 介紹了拓展生產函數模型的邏輯。

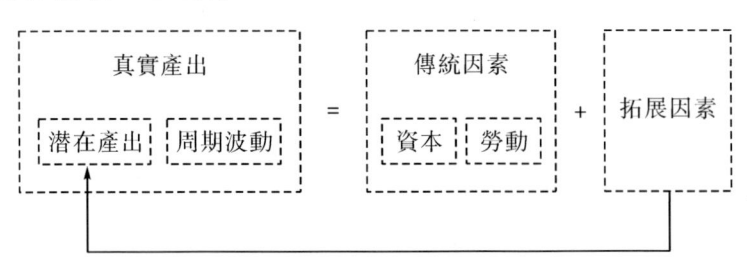

圖 3-3　拓展生產函數模型邏輯圖

3.6　Logistic 預測模型

3.6.1　Logistic 模型簡介

1838 年，荷蘭著名的生物數學家 Verhult 提出了 Logistic 模型，用於預測人口數量（楊昭君、師義民，1997），但並未受到學術界的重視。直到 19 世紀 20 年代，生物學家和統計學家 Pearl 和 Reed 重新發現了 Logistic 模型，從此之後該模型就被大量應用於預測學、生物學、人口學、經濟學等領域。研究人員認識到，在許多增長模型中，「S 形」增長是特別常見的一種增長模式，即前期增速較慢，達到一定的規模後增速提高，逼近增長極限時增速又放緩，最終

增長趨近於零。「S形」模型也被稱為「阻滯增長模型」，如圖 3-4 所示。由於「S形」增長模式廣泛存在於生物學、人口學、經濟學等學科之中，而 Logistic 模型幾乎是描繪這種增長模式的最好的數學模型（還有 Probit 模型也可以描繪「S形」增長，但其應用不及 Logistic 模型廣泛），因此 Logistic 模型的應用也就水到渠成地推廣開來。下面對 Logistic 模型進行簡單介紹。

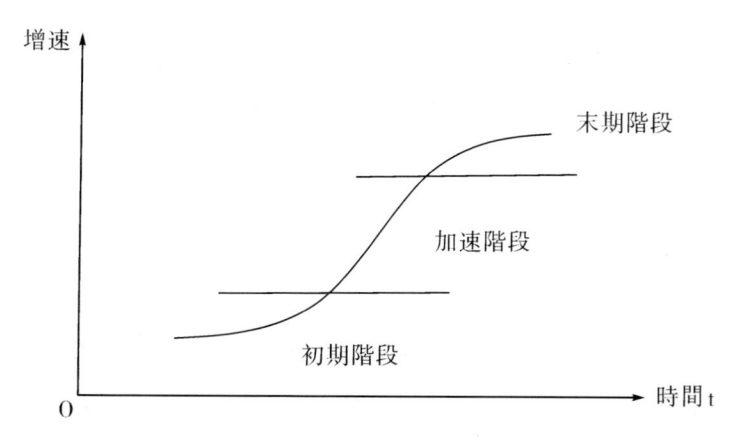

圖 3-4 「S形」增長模式

Logistic 模型的微分方程式，見公式（3-46），其中 y 表示模型中的函數，t 表示時間變量，a、b 是待估計的兩個參數。

$$\frac{dy}{ydt} = a(1 - \frac{y}{b}) \tag{3-46}$$

對公式（3-46）進行分離變量和積分處理得到公式（3-47）、公式（3-48）、公式（3-49）：

$$\int_{y_0}^{y} \frac{dy}{y(1 - \frac{y}{b})} = \int_0^t a dt \tag{3-47}$$

$$ln\frac{y}{b-y} - ln\frac{y_0}{b-y_0} = at \tag{3-48}$$

$$y = \frac{b}{1 + \frac{b-y_0}{y_0} e^{-at}} \tag{3-49}$$

為了方便表述，假設 $C = \frac{b-y_0}{y_0}$，則得到公式（3-50）：

$$y = \frac{b}{1 + Ce^{-at}} \tag{3-50}$$

公式（3-50）就是 Logistic 模型的表達式。當然，為了適應不斷豐富的研究需要，Logistic 模型也發展出了許多形式，如二分類 Logistic 模型、多分類 Logistic 模型等，其函數形式在公式（3-50）的基礎上略有調整（王遠飛、張超，1997）。

3.6.2 選擇 Logistic 模型進行預測的原因

前文介紹過，以往的研究中對未來經濟的走勢進行預測的時候常常使用潛在經濟增長率進行預測，而預測潛在經濟增長率未來值的常用方法是生產函數法和比較分析法。使用生產函數法是先預測要素的未來值，然後代回到原生產函數中計算出擬合值，作為未來的潛在產出值。而使用比較分析法進行預測是根據以往的歷史數據，通過比較分析來推測未來的潛在增速。而上面提到的這些傳統的預測方式有一個明顯的缺點，那就是，無論是預測要素的未來值代回生產函數之中還是比較分析，都不得不代入研究者本身的主觀判斷，使得預測的結果自然地傾向研究人員的主觀偏好。

經濟增長的過程有其自身的客觀規律，並非一成不變的發展方式。袁富華（2012）、中國經濟增長前沿課題組（2012）認為，從目前世界各國經濟發展的規律來看，包括中國在內的世界主要國家，經濟增長往往經歷了「結構性加速」和「結構性減速」，即在工業化階段經濟增速快速提高，加速增長；而在城市化階段經濟增速放緩。可以看出，「結構性加速」階段正好對應「S形」增長模式的「加速階段」，而「結構性減速」階段正好對應「S形」增長模式中的「末期階段」，而加速增長之前的經濟增長速度，基本符合「S形」增長階段的「初期階段」。因此，使用 Logistic 模型刻畫中國經濟的長期走勢十分合適。

在預測未來數據走勢方面，生物學、人口學等學科常常使用 Logistic 模型進行數據未來值的預測。在經濟學領域，在研究中國的城市化率方面，近年來有許多研究人員採用了 Logistic 模型進行模擬，是該模型的典型應用。簡新華和黃錕（2010）使用 Logistic 模型對中國的城市化率進行了預測，他們認為中國的城市化還將保持較快的發展速度，城市化率以每年約 1% 的速度提升，2020 年中國的城市化率將達到 60% 以上。中國經濟增長前沿課題組在 2013 年又發表文章稱，中國的城市化有兩大特徵：第一是符合典型的 Logistic 模型，呈現「S形」增長；第二是城市化水準與投資率呈現明顯的「倒U形」關係。當經濟進入結構性減速階段之後，服務業的規模擴大了，製造業部門的空間逐漸被高速發展的服務業擠壓，但服務業對於經濟增長的拉動作用無法與工業化

媲美，因此經濟增速會明顯下降。

而在預測潛在經濟增長率方面，還很少有學者使用 Logistic 模型進行模擬和預測。經濟增長存在邊界，越接近增長邊界增長速度越低。經濟體內部的自然資源、資本、勞動、技術、制度、人力資本等結構因素是形成增長邊界從而自我抑制增長的主要原因。倘若經濟體能夠破除邊界桎梏，經濟增長趨勢水準的躍升便成為可能。否則，經濟增長將停滯不前，「中等收入陷阱」的存在便是警示。當前，中國正努力通過供給側結構性改革突破增長邊界，尤其是對制度變革、科技創新及高級人力資本累積的重視，中國未來的經濟增長趨勢出現躍升的或然率較大。為了彌補以往預測時主觀性較強的缺陷，鑒於 Logistic 模型的廣泛應用，以及與潛在經濟增長率的契合，筆者在此使用相對客觀的 Logistic 模型來進行潛在經濟增長率的預測，同時輔助以生產函數法和比較分析法進行對比分析，期望獲得更好的預測效果。

3.6.3 構建 Logistic 模型預測中國未來經濟增速

筆者採用 Logistic 模型估計 2017—2050 年的潛在經濟增長率。結合前文介紹的 Logistic 模型的一般形式，具體到潛在經濟增長率方面，模型構造如公式（3-51）所示：

$$y_t^{struc\_pot} = \frac{1}{1 + \lambda\, e^{-k*t}} \quad (3\text{-}51)$$

上式中，$y_t^{struc\_pot}$ 為潛在經濟增長率，t 表示時間，λ、k 為參數。對公式（3-51）進行倒數和自然對數處理，得到公式（3-52）：

$$\ln\left(\frac{1}{y_t^{struc\_pot}} - 1\right) = \ln\lambda - k*t \quad (3\text{-}52)$$

令 $y_t^{fore} = \ln\left(\frac{1}{y_t^{struc\_pot}} - 1\right)$，$\varphi_1 = \ln\lambda$，$\varphi_2 = -k$，可得公式（3-53）：

$$y_t^{fore} = \varphi_1 + \varphi_2 * t \quad (3\text{-}53)$$

依據 Logistic 增長模型的要求，$y_t^{struc\_pot}$ 時間序列的斜率或變化速度應具有開口向下的拋物線或類拋物線特徵。後文檢測發現滿足 Logistic 條件的時間區間是 [1998，2016]。基於此時間窗口的 $y_t^{struc\_pot}$ 數據，運用 stata12.0 軟件的迴歸技術可估計參數 φ_1 和 φ_2，進而得到 2017—2050 年的潛在經濟增長率計算公式（3-54），其中 $t \in [2017, 2050]$：

$$y_t^{fore\_pot} = \frac{1}{exp(\varphi_1 + \varphi_2 * t) + 1} \quad (3\text{-}54)$$

4 中國潛在經濟增長率的影響因素：計量識別

4.1 制度變革

4.1.1 制度變革對潛在經濟增長率發生影響的機制

關於制度（institutions）的定義，諾斯（1990）認為：「制度是一個社會的博弈規則，或者更規範一點說，它們是一些人為設計的、形塑人們互動關係的約束。」而制度變革（institutional change）則決定了人類歷史中的社會演化方式，因而是理解歷史變遷的關鍵（韋森，2009）。

4.1.1.1 制度變革改善約束激勵機制對潛在經濟增長率的作用

經濟長期增長潛力的一個很重要的來源是約束激勵機制，當激勵機制可以促進各類要素，如資本累積、勞動力以及科學技術，在生產活動中最大限度地發揮作用，則必然會提高潛在經濟增長率。反之，如果激勵機制的目的不是經濟增長而是其他目標，則會限制各類要素的投入量以及使用效率，從而降低潛在經濟增長率。制度變革通過將過去落後的、不適宜經濟增長的約束激勵機制改變為符合經濟現實、促進經濟增長的約束激勵機制，達到提高潛在經濟增長率的目的。Acemoglu等（2006）認為，經濟的長期增長依賴於社會投資的增加以及科學技術的不斷進步，但這必須以制度的激勵為出發點。從這個角度來說，經濟增長從根本上依賴於制度。

在通過制度變革來改善約束激勵機制從而提高潛在經濟增長率方面，最典型的案例就是中國改革開放前後的經濟績效對比。改革開放之前，中國的激勵機制主要是政治運動，個人的進步、官員的升級，考核的都是在政治運動中的表現，因此社會的資源向政治活動傾斜，並沒有被完全投入生產之中，要素的

使用效率低下。改革開放之後，逐步確立了以經濟建設為中心的激勵機制，以至於後來政府官員升級時主要考核的就是 GDP 的增長情況，出現了「唯 GDP 論」，中國的經濟增長也出現了長達 40 來年的高速增長，被全世界譽為「增長奇跡」。還有學者指出，中國的經濟增速與黨代會的召開呈現同週期的特點，原因就是每次黨代會召開之後，各級官員為了提升自己的政績，就開始加大投資以刺激經濟增長，這也是制度變革改善約束激勵機制從而刺激經濟增長的典型例子。

4.1.1.2　制度變革增強產權保護對潛在經濟增長率的作用

從國家層面來講，制度的確立可以約束政府、精英階層的行為，如憲法和法律對國家權力和國家公務人員行為的約束，保護社會下層人民的產權，激發廣大普通人的生產積極性，從而提高經濟的長期增長率。舉一個反面的例子，Rodrik（2006）指出，非洲國家經濟落後不應該歸因於國際援助不足，目前的援助金額已經相當可觀，問題的關鍵在於缺乏有效的制度來保護產權，致使本國的資源甚至國際援助款項落入了精英階層的腰包。

從個人層面來講，Murphy 等人（1991）的研究表明，創新離不開人才的推動，並且這些人才往往是通才，對推動經濟的潛在增長率提升有很強的作用。但要挖掘出人才，必須要保證人才的個人產權，尤其是保障他們的收益權不受侵犯。明晰的產權會促進個人的創業和努力工作，而尋租行為被合法化只能導致大量無益於社會發展的活動（Romer，2014）。

4.1.1.3　制度變革降低交易成本對潛在經濟增長率的作用

商品交換和社會交流中的信息處於不完備、不對稱的狀態，因此人們總是處於各種制度矩陣（institutional matrix）中，也就是說，人們不是生活在制度真空之中。因此，科斯的交易費用（transaction costs）理論就極為重要了。科斯（1990）指出：「我的制度理論是建立在一個有關人類行為的理論與一個交易費用的理論相結合的基礎之上的。當我們將這二者結合在一起時，就能理解諸種制度何以會存在，以及它們在社會運行中發揮了何種作用。」

西方主流經濟學往往從信息的角度強調單純依靠政府或者政治機構來進行制度變革無法實現降低交易成本的目標。諾斯（2014）認為，如果要無限地接近於理想中的交易費用為零的情況，必須實現兩個基本條件：「一是，相關各方必須擁有信息和正確的模型，以使他們能準確地評估結果；二是，相關各方要有平等的參與決策的權力」，而「即使歷史上那些最有利於形成有效率的政治決策的制度框架，也無法近似地滿足這兩個條件」。而要達到這樣的狀態，最有效的制度是憲政民主制度。我們對於西方經濟學的主流觀點必須予以

批判性吸收，從信息獲取的角度來闡述制度變革降低交易成本從而提升潛在經濟增長率是一個有益的觀點。但對於必須依靠憲政民主才能實現這樣的目標，筆者持保留態度。西方經濟學得出以上的結論是基於當時的技術水準，隨著大數據、雲計算等新型信息技術的普及，也許信息的集中運算更有助於降低信息獲取的成本。而未來的制度變革方向，將伴隨著技術進步的腳步不斷調整。

4.1.2 制度變革的測量

4.1.2.1 制度變革測量方式梳理

以往的學者在研究制度變革對潛在經濟增長率的影響時，大多採用定性分析方法，指出制度變革對經濟增長的重要推動作用，如 Zhang（2008）認為，中國經濟增長最根本的原因是制度演化，1978—1989 年經濟增長的推動力量是農業部門的制度變革與城市非公有經濟的發展，1989 年之後經濟增長背後的制度因素是行政分層結構與財政分權體制。Halmai（2015）考察了結構性改革與歐盟潛在經濟增長率之間的關係，指出歐盟如果想要顯著地提高經濟增長潛力，則亟須推進結構性改革，要做到要素市場、勞動力市場、貨幣市場、產品與服務市場同步推進，以形成更有效率、市場機制更完善的內部市場。

以往的學者在定量研究制度變革對潛在經濟增長率的影響時，往往選取個別的宏觀指標對制度變革進行代表。如邱曉華等（2006）採用非國有工業總產值占工業總產值的比重來代表「改革」，用進出口占 GDP 比重來代表「開放」，將這兩個值進行簡單平均來代表制度變革；再如，樊綱等（2011）計算中國各地區的市場化指數，用市場化程度來代表制度變革的程度；劉文革等（2008）將工業總產值中非國有企業比例、對外開放程度、非國家財政收入占 GDP 比重進行主觀賦予權重後以加權求和的方式來測量制度變革。還有些學者乾脆研究某一特定的制度變革對經濟增長的影響，如黃海洲和 Malhotra（2005），關注了匯率制度與經濟增長之間的關係，他們認為沒有絕對的最優匯率制度，匯率制度應該基於經濟發展的水準來制定才能有效地推動經濟的長期穩定增長。劉華（2002）指出，雖然專利制度在中國出現的時間並不長，但總體上運行良好，對經濟增長起到了非常好的促進作用。郭凱明等（2015）使用數值模擬的方式考察生育制度變化與經濟增長的關係，結果顯示，計劃生育政策雖然能夠提升勞動力結構和城鎮化率，但並不利於提升經濟增長的長期潛力。

4.1.2.2 構建制度變革指數

制度變革涵蓋的內容非常廣，宏觀層面有經濟制度、產業組織制度，等

等；微觀層面有企業所有制、農村土地三權分置；等等。因此，很難找到一個單一的經濟指標來衡量制度變革的過程和程度，難以模擬所有制度變革的情況。有些學者使用「市場化指數」來模擬制度變革的動態過程，但由於數據的可獲得性以及市場化指數本身的局限性，本研究並未採用這個方法。筆者主要考慮改革開放以來具有代表性且影響深遠的制度變革，將這些制度變革進行數據測量後，再採用經濟學領域常用的主成分分析法將這些指標進行主成分提取後合成一個制度變革指數（zd_t），用制度變革指數作為制度變革的代表變量。改革開放40多年來，中國探索出了一條不同於西方主流經濟學認知的漸進式改革之路。不同於以「休克療法」為代表的制度突變式改革模式，漸進式改革的持續性和長期性使得採用連續性的制度變革指數來描述中國的改革開放特別合適。

40多年來，改革持續加深從未停止，涉及經濟、政治、社會的方方面面。我們在構建制度變革指數時，所選用的指標必須是在改革開放過程中最具代表性的改革方面。在國有企業改革領域，最有代表性的指標是有利於調動各經濟成分服務社會主義經濟建設的所有制制度變革。中國經濟的「三駕馬車」中，淨出口常年為經濟增長帶來強勁的推動力，中國也被譽為「世界工廠」，這都得益於對外開放的制度變革。打破城鄉二元結構、促進中國城市化、改變農村貧窮落後面貌，為經濟增長帶來源源不斷的廉價勞動力，得益於促進勞動力要素流動的城鄉一體化制度變革。改革開放前後在經濟領域的顯著變化是金融對經濟增長的槓桿作用，這得益於加速資金流動的金融制度變革。其中，所有制制度變革使用所有制結構進行代表，具體指標是非國有工業總產值占工業總產值比重。對外開放制度變革使用進出口貿易進行代表，具體指標是進出口總額占GDP比重。城鄉一體化制度變革使用城鄉間人口要素流動進行代表，具體指標是城鎮人口占總人口比重。金融制度變革使用存款總額占GDP比重、貸款總額占GDP比重、貸款存款比三個變量共同進行代表。表4-1給出了以上6個衡量制度變革指標的相關係數矩陣。

根據相關係數矩陣可以看出，表4-1的許多變量之間直接的相關性比較強，的確存在信息上的重疊，結果進一步確認了信息濃縮的必要性。為了消除信息冗餘，得出制度變革的代表變量——制度變革指數，筆者使用主成分分析法對信息進行壓縮。表4-2給出了衡量制度變革的6種指標的總方差解釋結果，計算所用的軟件是SPSS Statistics 22。

表 4-1　衡量制度變革指標的相關係數矩陣

相關係數	非國有工業總產值比重	進出口占GDP比重	城鎮人口占總人口比重	存款占GDP比重	貸款占GDP比重	存貸比
非國有工業總產值比重	1.000	0.797	0.890	0.913	0.898	-0.924
進出口占GDP比重	0.797	1.000	0.750	0.788	0.700	-0.870
城鎮人口占總人口比重	0.890	0.750	1.000	0.984	0.913	-0.905
存款占GDP比重	0.913	0.788	0.984	1.000	0.944	-0.942
貸款占GDP比重	0.898	0.700	0.913	0.944	1.000	-0.855
存貸比	-0.924	-0.870	-0.905	-0.942	-0.855	1.000

表 4-2 給出了各成分的方差貢獻率和累計貢獻率，可見只有第一個主成分的特徵根大於 1，因此 SPSS 默認只提取了第一個主成分。第一個主成分的累計方差貢獻率達到 89.457%，已足夠作為制度代表變量的水準。最後計算主成分的得分向量，結果見表 4-3。

表 4-2　制度變革指標的總方差解釋結果　　　　　單位:%

組件	初始特徵值 總計	方差百分比	累計百分比	提取載荷平方和 總計	方差百分比	累計百分比
1	5.367	89.457	89.457	5.367	89.457	89.457
2	0.367	6.111	95.569			
3	0.121	2.013	97.582			
4	0.092	1.540	99.121			
5	0.048	0.797	99.918			
6	0.005	0.082	100.000			

表 4-3　制度變革主成分分析的成分矩陣和成分得分系數矩陣

制度變革指標	成分矩陣	成分得分系數矩陣
非國有工業總產值比重	0.957	0.178
進出口占 GDP 比重	0.861	0.160
城鎮人口占總人口比重	0.962	0.179
存款占 GDP 比重	0.984	0.183
貸款占 GDP 比重	0.938	0.175
存貸比	−0.969	−0.181

4.2　科技創新

4.2.1　科技創新對潛在經濟增長率發生影響的機制

各類知識以及科技創新對於潛在經濟增長率的影響方式是多種多樣的，比如基礎科學類的創新（數學、理論物理學的創新）和各種與生產本身十分貼近的實用新型創新對經濟增長的長期影響機制差別很大。但同時，所有的知識以及科技創新成果都有一個共同的特點，就是「非競爭性」。非競爭性是指，一個經濟主體掌握了某項科技成果或者知識，並不會妨礙其他經濟主體對這種成果的使用效果，這與傳統的實物產品有很大的不同。

科技創新要素的這種非競爭性的特點導致了兩個明顯的後果。第一，科技成果的非競爭性使得科技成果的生產和配置無法完全由競爭性的市場經濟模式來安排。因為其他經濟主體使用新科研成果的邊際成本為零，他們不會在競爭性的市場中對此付費。這就要求某些市場外的力量來推動科技創新的發展，比如說政府或者一些民間的福利機構。第二，科技成果具有排他性，即某些科研成果形成產品之後，通過知識產權保護等方式可以阻止其他經濟主體對科研產品的使用。這一方面依靠的是新知識本身只能被少數人掌握的特性，另一方面需要依靠政府部門加強對知識產權的保護。根據科技創新產生的不同來源，大致可以劃分出四種潛在經濟增長率影響機制。

4.2.1.1　基礎科學成果對潛在經濟增長率的影響

基礎科學成果很多都是可以直接被大眾學習的，科研成果一經發表，大眾只需要很少的成本就可以獲取這些知識。許多基礎科學的科研成果對於經濟的

長期增長率的提升作用十分驚人，甚至根本無法用金錢來衡量，而且人們也很難識別出究竟哪些基礎科技創新成果會對經濟的增長有明顯的帶動作用。舉例來說，20世紀90年代開始的互聯網革命，使得人類進入了信息時代，而信息時代依靠的就是互聯網的技術和計算機計算能力的大幅度提升。互聯網技術依靠的是計算機科學中的一系列通信算法，通信算法屬於數學和計算機科學的基礎理論部分；而計算機的計算能力的提升依靠的是量子力學，量子力學屬於現代理論物理學的支柱理論。由於這類研究有很強的正外部性，而研究者本人卻很難通過市場來獲得相應的收益，因此，需要政府、慈善機構來進行資助，或者是給予貢獻者名譽。

4.2.1.2　企業自主研發對潛在經濟增長率的影響

隨著科技創新對經濟的巨大促進作用被大眾廣泛認識，企業出於逐利的需要而不斷加大自主研發的力度，企業的自主研發已成為全社會科技創新的重要組成部分。企業的自主研發有很強的逐利性，因此企業在研發的過程中特別強調研發成果的排他性。企業自主研發對於經濟的潛在增長率的影響相對複雜，除了研發成功之後可以促進本企業效益的大幅度增長之外，還會出現幾種外部性影響。第一，有不完全的消費者剩餘。由於創新企業不可能做到完全的價格歧視，因此消費者可以得到一定的消費者剩餘。第二，會損害傳統企業的經濟效益。根據馬克思的勞動價值理論，商品的價值由社會必要勞動時間決定，當某一企業的科技水準上升之後，它的生產能力上升，導致商品的社會必要勞動時間大幅度下降，致使單位商品的價值量下降，科技水準落後的企業就會因此而陷入競爭劣勢，造成經營困難甚至破產。第三，除了降低單位商品的價值量之外，從當前的經濟現實來看，根據新供給學派的理論，新技術的出現還會出現新的供給，致使傳統的供給被完全淘汰。例如，數碼相機淘汰膠卷相機、智能手機淘汰固定電話，等等。這種效應對於經濟體整體的長期增長有益，而短期內則不好評價。第四，研發者無法完全嚴格限制新技術的使用。即使是嚴格的知識產權保護也有一定的時限，而在現實生活中還存在大量的「盜版」情況，比如盜版軟件，以及近年來仿製藥對於製藥廠商的衝擊，等等。創新者本質上只能保護運用新技術生產出來的產品不被別人盜用，而無法保證新技術本身不被別人學習和借鑒，許多廠商可以在新技術的基礎上再創新從而獲得自己的新技術。這種外部性顯然對經濟體整體的長期增長具有明顯的帶動作用。綜合上面的幾種效應，企業的自主研發對於經濟體整體來講的影響是好是壞很難判斷。許多人一談到科研就認為對經濟的長期增長一定能帶來好處，但阿吉翁和霍伊特（1992）指出，在某些情況下，如果科研投入過高，雖然會提高經

濟的均衡增長路徑，但同時也會造成資源無效率。

4.2.1.3 人才選拔對潛在經濟增長率的影響

科技創新離不開人才，提升科技創新的水準離不開人才選拔機制的構建，「人才」和「創新」在某種程度上是同義詞。Baumol（1990）以及 Murphy 等（1991）都談到，重大的科技創新和知識更新往往和人才相關聯。他們還發現，這些人才不僅能夠在某一方面有所建樹，還往往在許多領域都做出了突出貢獻。因此，人才選拔機制的完善對經濟潛在增長能力的推動作用十分明顯。Murphy 等人還繼續談到了人才選拔機制的三個關鍵點：首先要讓人才有廣闊的平臺來施展自己的才能，因此要降低運輸成本和消除貿易壁壘，激發人才的企業家精神；其次要推動要素的迅速流動，讓人才盡快在最短的時間內做出成績，而不是給他們設置種種限制；最後還要保障人才的收益權利，給予人才超過平均水準的獎勵。

4.2.1.4 「干中學」對潛在經濟增長率的影響

隨著經濟學研究的不斷精細化，許多經濟學家發現了一個規律，就是在生產的過程中，人們會不由自主地想方設法改進生產過程，這個特點被經濟學家們稱為「干中學」（Romer，2014）。Arrow 早在 1962 年就給出了一個經典的案例。他發現，根據經驗，一種飛機生產得越多，它的單位生產耗時就越短，具體來講，生產飛機的耗時與它的歷史產量的立方根成反比（Arrow，1962）。由於「干中學」並不需要特意取出一部分資源專門用於科研，因此，「干中學」的模型相對簡單，生產越多，創新越多，產量越大。用公式可以更清晰地表述出來，見公式（4-1）、公式（4-2）、公式（4-3）、公式（4-4）：

$$Y(t) = K(t)^{\alpha} [A(t)L(t)]^{1-\alpha} \qquad (4\text{-}1)$$

$$A(t) = B K(t)^{\varphi} \qquad (4\text{-}2)$$

$$Y(t) = K(t)^{\alpha} B^{1-\alpha} K(t)^{\varphi(1-\alpha)} L(t)^{1-\alpha} \qquad (4\text{-}3)$$

$$\dot{K}(t) = s B^{1-\alpha} K(t)^{\varphi(1-\alpha)} L(t)^{1-\alpha} \qquad (4\text{-}4)$$

公式（4-1）是生產函數；公式（4-2）表明科技創新和知識累積只與資本存量以及轉換的系數相關，正像前面分析的一樣，只要不停地投資、開工，技術就會源源不斷地進步，這也是「干中學」的本意；繼續假設 $\dot{K}(t) = sY(t)$，即可以得到公式（4-4），也就是資本存量的動態過程，資本存量內生於經濟模型之中，並且受儲蓄率的影響；公式（4-3）本質上就是常見的 AK 模型。

4.2.2 科技創新的測量

隨著社會對於科技創新這一因素的重視程度不斷提高，對於科技創新變量的相關統計也逐步豐富和完善。查閱新中國成立以來的統計年鑒，科技創新的統計指標經歷了一個從無到有、從簡單到豐富的過程。早期與科技創新相關的指標很少，最典型的是「挖潛改造資金和科技三項費用」，這個指標有明顯的計劃經濟時期的痕跡。因為在改革開放之前，中國的科技創新方面的投入基本都來自政府。後來又出現了「科研機構數量」「國家財政科學技術支出」「圖書發行數量」「專利申請授權數量」等。20世紀90年代以來，與國際的統計口徑接軌，又陸陸續續出現了與「研究與發展經費」（R&D）相關的各類統計指標。關於科技創新相關的指標大概有以下幾類：研究與發展經費支出（R&D）的相關係列指標、財政支出對科技創新的投入系列指標、科研和開發機構以及相關工作人員系列指標、專利授權出版發行系列指標、技術市場系列指標等，指標總數多達幾十種。

上面提到的這些指標幾乎都有學者採用過，但國內外研究通常選擇 R&D 經費支出反應科技創新投入情況。一方面是與國際統計口徑接軌，另一方面也是科技投入多元化的結果。比如，使用財政支出對科技創新的投入系列指標就無法描繪社會資本對於科技創新的投入，科研和開發機構以及相關工作人員系列指標、專利授權系列指標以及技術市場系列指標也只能描述科技創新情況的一個側面。所以，本研究還是依據國內外研究的慣例，使用 R&D 經費支出（kj_t，單位：億元）來反應科技創新投入情況。

該統計不僅要求數據的質量，而且對數據的區間也有要求，即必須至少要涵蓋1978年改革開放之後的時間段。但國家僅公布了1995—2016年的 R&D 經費支出數據，無法滿足本研究的研究需要，因此對於1978—1994年缺失的 R&D 經費支出數據，採用《新中國60年統計資料匯編》中的「挖潛改造資金和科技三項費用」予以替代補齊。在改革開放之前，中國的科技創新方面的投入基本都來自政府，因此用這個指標來描述科研經費的投入情況是比較合適的。將兩個時間段的時間序列數據合併後命名為「科技創新經費支出」變量。表4-4給出了科技創新變量的數據，單位是億元。

表 4-4　科技創新投資額　　　　　　單位：億元

年份	科技創新投資額	年份	科技創新投資額	年份	科技創新投資額
1978	63.24	1991	180.81	2004	1,966.33
1979	71.79	1992	223.62	2005	2,449.97
1980	80.45	1993	421.38	2006	3,003.10
1981	65.30	1994	415.13	2007	3,710.24
1982	69.02	1995	348.69	2008	4,616.02
1983	78.71	1996	404.48	2009	5,802.11
1984	111.77	1997	509.16	2010	7,063.00
1985	103.42	1998	551.12	2011	8,687.00
1986	129.85	1999	678.91	2012	10,298.41
1987	124.93	2000	896.00	2013	11,846.60
1988	151.01	2001	1,042.49	2014	13,015.63
1989	146.30	2002	1,287.64	2015	14,169.88
1990	153.91	2003	1,539.63	2016	15,676.75

4.3　人力資本

4.3.1　人力資本對潛在經濟增長率發生影響的機制

前一章介紹基礎理論時曾經談到，如果過度投資人力資本有可能導致短期內的人均生產率下降，但這只是短期的波動。本研究研究的是人力資本對潛在產出及潛在經濟增長率的影響，主要關注的是長期趨勢，所以這一部分的影響並不包含在內。人力資本的內涵十分豐富，並且始終在不斷拓展，從目前比較常見的研究來看，人力資本主要包括教育、健康和科技創新能力這三項核心內容（李建民，1999；畢菲，2018）。因此，本研究就從這三個方面來論述人力資本對潛在經濟增長率的影響機制。

4.3.1.1　提高受教育水準對潛在經濟增長率的影響

提高勞動者的受教育水準，可以提升人均勞動生產率從而帶動潛在經濟增

長率提升。前面在介紹內生增長理論基礎時已經談到，通過提高人均受教育水準，可以增加人力資本的累積量，帶動人均勞動生產率和人均產出提升，從而提升潛在經濟增長率。一方面，具有較高受教育水準的工人具有較高的知識和技術水準，對生產過程、要素使用有更好的認識，可以提升物質資本的使用效率，從而提高人均勞動生產率；另一方面，具有較高受教育水準的工人與要素的結合能力、與他人的協作能力以及與生產流程的匹配能力都遠遠高於受教育水準較低的工人（冉茂盛、毛戰賓，2008）。

提高勞動者的受教育水準，有助於勞動者充分就業。教育能夠提升勞動者的技能和素質，有助於勞動者去尋找需要更強的勞動能力和專業技能的工作職位，也有助於幫助勞動者進入新的勞動領域。尤其是在當下，一方面是新型職業不斷湧現，需要大量接受過專業技能訓練的勞動者；另一方面是人工智能和機器人被大量使用，逐步淘汰了傳統的、不需要太多技能的簡單勞動者；還有一方面，是當前的勞動更多的是以項目流程、團隊協作為核心的勞動模式，這就需要勞動者有很強的適應能力和團隊協作能力，而受教育水準較高的勞動者各方面的素質相對較高，更能夠完成與他人的合作、與流程的協調，也更能夠找到好工作。充分就業就意味著社會生產中的有效勞動不斷增加，對提高潛在經濟增長率十分有益。

4.3.1.2 提高健康水準對潛在經濟增長率的影響

早在人力資本這一概念剛剛興起的 20 世紀 60 年代，人力資本理論的代表人物舒爾茨（Schultz, 1961）和加裡・貝克爾（Becker, 1964）就談到了勞動者的身體健康對於人力資本的重要意義。他們認為健康類似於受教育水準，是一種重要的人力資本形式。

同受教育水準的提升相似，健康水準的提升也可以提高單位勞動者的勞動生產率和單位勞動者的產出量。健康的勞動者能夠提供更多的勞動時間，承受更大的勞動強度，完成更重的勞動任務。對於在競爭激烈的企業工作的勞動者來說，在受教育水準和專業技能基本相當的情況下，再要提升單位勞動者的勞動效率和產出量就只有靠增加勞動強度，也就是所謂的「拼體力」。這種情況下，身體健康對潛在產出的提升作用就十分明顯了。反過來說，健康的勞動者生病的時間較少，恢復體力的速度快，因此用於休息的時間就短。這方面最典型的案例來自非洲比較貧窮的幾個國家，如尼日利亞、博茨瓦納、南非以及斯威士蘭等。這些國家深受愛滋病、埃博拉病毒的影響，勞動人口健康狀況不良是導致這些國家長期增長乏力的重要原因（Arora, 2001）。

根據宏觀經濟學的理性預期學說，預期對於經濟增長的長期趨勢影響很

大，而健康水準的提升會大大延長人們的預期壽命，從而提升潛在產出水準。具體來說，當勞動者有更長的預期壽命時，他將會用更多的時間來接受教育和技能培訓以累積自己的人力資本，更多地追求長期收益的投資而更少追求短期效益的消費，更多地追求個人價值的最大化而更少追求生育子女、小富即安，等等。

健康水準的提升可以促進勞動者的學習能力。前文說到勞動者的知識技能水準可以提升潛在產出水準，而一個人的健康狀況的提升可以明顯地促進他的學習能力。同時，還可以延長他願意花費在學習技能上的時間。與此相似，健康水準的提升還可以促進人的發明創造能力，以及弱化人們之間的不平等（Howitt，2005）。這些因素對於提升經濟潛在產出的促進作用都是不證自明的。

此外，勞動者的健康水準的提升直接增加了社會勞動力的數量。由於勞動者健康水準的提升，直接導致死亡率下降，促進人口規模的健康發展。同時，近年來國家有意向推出延遲退休等調整勞動力供給的政策。要想延遲退休政策能夠順利實行，必須以勞動者的健康水準普遍良好為基礎，否則根本起不到調節勞動力供給的作用。這都需要提升勞動者的健康水準來累積人力資本。

4.3.1.3 提高科技創新能力對潛在經濟增長率的影響

前文介紹了科技創新對於潛在經濟增長率的作用。但科技創新說到底還是需要人的參與、需要科技創新人才去實施，因此必須強調提高勞動者的科技創新能力從而提升潛在經濟增長率。

首先，科技創新促進知識存量的增加，有助於人力資本的累積和發揮作用。前面提到了增加勞動者的知識技能水準可以提升潛在產出水準，而科技創新正是知識、技能的重要來源。需要特別強調的是，科技創新不是單純地增加了知識的存量，它還起到了更新已有知識的作用。對於科研方面的投入可以為科技創新提供新的資源支持和技術支持，同時從與生產實踐的信息交互中將以往過時的、不符合生產實際的知識剔除出去，替代以更符合生產流程、市場需要的新知識，這對於潛在產出的提升有重大的作用。舉例來說，我們每天都要使用的互聯網協議，簡稱「IP 協議」，全稱「IP 協議第四版」（IPv4）。當初設計 IP 協議時，設計者並沒有意識到它的巨大作用和廣泛應用前景，因此只使用了 32 位的二進制數值來定義這個協議。這樣設計的後果就是隨著互聯網的發展，IP 地址不夠用。因此，面對生產、生活的實際需求，設計者們將 IP 協議更新到第六版（IPv6），新的 IP 協議將徹底解決 IP 地址短缺的問題，極大地促進了互聯網的進一步發展，帶動了經濟的長期增長。

其次，科技創新直接提升了勞動者的健康水準。縱觀人類歷史，人均壽命長期保持在較低的水準，而當代人均壽命、新生兒死亡率、孕婦死亡率等有關人民健康的統計指標的大幅度向好正是來自醫療衛生領域的科技創新。未來人類健康水準的提升依然要依靠基因技術、靶向治療等生物科技的進步。科技的進步還將工人從危險的工作環境中解放出來，用機械來代替人去進行危險的、過度繁重的工作也是提升勞動者健康水準的重要方面。馬克思在《資本論》第一卷的《工作日》一章中詳細介紹了當時英國工人階級繁重的勞動狀況，他認為繁重的勞動、惡劣的工作環境以及童工的使用等問題是導致當時英國工人壽命縮短的重要原因。

最後，不同類型的勞動者可以採用不同的方式來提升自己的科技創新水準。本身已經具備較高知識儲備的勞動者，可以將更多的精力投入「高、精、尖」的科研工作之中。而對於知識儲備一般的勞動者來說，他們在科技創新方面依然大有可為，他們可以更多地採用「干中學」的方式來改進工作流程、提高工作效率，通過這種方式一樣可以提高潛在產出水準。

4.3.2 人力資本的測量

人力資本的內涵十分豐富，包含教育、健康和科技創新能力等方面。也有許多學者專門進行人力資本的測量，如中央財經大學的李海崢教授，他領導的課題組每年都發布一份《中國人力資本報告》；再比如，世界經濟論壇（World Economic Forum）發布全球人力資本報告。但正是由於人力資本的內涵很多，導致全面的對其測量需要用到的統計數據就很多，有許多數據就是報告者自行測量的，並沒有官方的公開數據。此外，更重要的是，數據的時間序列較短，比如李海崢教授的《中國人力資本報告（2016）》所給出的人力資本的時間序列數據是從 1985 年開始的，不足以用於本研究的計算。

測算的過程不僅要考慮人力資本的存量，更要考慮人力資本的結構變化，即人力資本的高級化（rl_t，單位:%）。人力資本高級化是人力資本結構優化的過程，表現為人力資本中受過高等教育人員的總量及比重的增加。大量文獻已經證實人力資本存量增加能顯著刺激當期及潛在經濟增長，但對人力資本高級化對增長潛力的作用關注較少。長期以來，中國在教育、醫療衛生等領域的大量投入已累積了大量人力資本，生產力也隨之取得了長足進步。高質量發展階段下，人力資本存量對潛在經濟增長的積極作用明顯弱化，潛在經濟增長能力的提升更多地依賴人力資本高級化。

因此，基於人力資本的核心要點——受教育年限，以及對數據的可獲得

性、數據的完備性等方面的考慮，結合以往對人力資本測量的研究成果（邱曉華 等，2006；湯向俊，2006；李靜，2017），本研究使用1978—2016年就業總量中有本科、研究生和留學回國人員三類教育背景的人員占勞動力總量的比重來反應人力資本高級化程度。表4-5給出了人力資本高級化的數據，單位是%，數據來源於《中國統計年鑒》。

表 4-5　受過高等教育人員比重　　　　　　　單位：%

年份	受過高等教育人員比重	年份	受過高等教育人員比重	年份	受過高等教育人員比重
1978	0.038,5	1991	0.099,1	2004	0.345,6
1979	0.019,3	1992	0.095,8	2005	0.441,1
1980	0.032,0	1993	0.090,4	2006	0.543,2
1981	0.031,7	1994	0.099,3	2007	0.641,8
1982	0.092,8	1995	0.123,8	2008	0.732,3
1983	0.066,4	1996	0.128,3	2009	0.763,6
1984	0.054,5	1997	0.126,4	2010	0.824,2
1985	0.060,1	1998	0.125,2	2011	0.876,4
1986	0.071,5	1999	0.127,5	2012	0.913,4
1987	0.094,5	2000	0.141,2	2013	0.942,4
1988	0.097,5	2001	0.153,4	2014	0.970,1
1989	0.098,1	2002	0.196,0	2015	1.003,1
1990	0.100,5	2003	0.272,4	2016	1.035,8

4.4　人口結構

4.4.1　人口結構對潛在經濟增長率發生影響的機制

自改革開放以來，中國的人口結構發生了巨大的變化。除了隨著經濟發展水準的不斷提高而發生的正常的人口結構轉變之外，中國的計劃生育政策也加速了人口結構的調整速度。中國自改革開放以來的經濟高速發展，很大程度上得益於「人口紅利」的促進作用。而近年來經濟增速下降，許多學者又將其

歸因於「人口紅利」消失以及人口老齡化甚至於「未富先老」社會的到來（蔡昉，2013）。因此，這一部分就詳細說明人口結構的調整對潛在經濟增長率的影響機制。

4.4.1.1 「人口紅利」對潛在經濟增長率的影響

「人口紅利」是指一個國家在某一時期內適齡勞動人口占總人口比重較大，撫（扶）養率較低，為經濟的增長提供了較好的人口條件。「人口紅利」常常伴隨著經濟體的高儲蓄、高投資和高增長局面。我們可以從「人口紅利」的定義中清晰地看到，其核心內容是兩條——適齡勞動人口占總人口的比重較大、撫（扶）養率較低。表4-6給出了中國1982—2016年的少兒撫養比、老年扶養比以及適齡勞動人口比重，數據來自歷年《中國統計年鑑》。1990年之前，統計部門只公布了1982年和1987年兩年的數據。從數據中可以明顯看出，改革開放以來的中國基本符合「人口紅利」的定義。又由於中國實行了計劃生育的基本國策，致使新生兒出生率迅速下降，進一步壓低了少兒撫養比，從數據中可以看出中國的少兒撫養比基本是一路下降的，在2010年之後才緩慢上升，使得中國的「人口紅利」與世界其他國家相比尤為明顯。

表4-6 改革開放以後（1982—2016年）中國撫（扶）養比及適齡勞動人口比重

單位：%

年份	總撫（扶）養比	少兒撫養比	老年扶養比	15~64週歲人口比重
1982	62.6	54.6	8	61.499,79
1987	51.8	43.5	8.3	65.860,02
1990	49.8	41.5	8.3	66.740,14
1991	50.8	41.8	9	66.300,30
1992	51	41.7	9.3	66.239,94
1993	49.9	40.7	9.2	66.700,14
1994	50.1	40.5	9.5	66.639,97
1995	48.8	39.6	9.2	67.199,74
1996	48.8	39.3	9.5	67.199,67
1997	48.1	38.5	9.7	67.500,36
1998	47.9	38	9.9	67.599,65
1999	47.7	37.5	10.2	67.699,90
2000	42.6	32.6	9.9	70.149,83
2001	42	32	10.1	70.399,68

表4-6(續)

年份	總撫（扶）養比	少兒撫養比	老年扶養比	15~64 週歲人口比重
2002	42.2	31.9	10.4	70.299, 64
2003	42	31.4	10.7	70.400, 15
2004	41	30.3	10.7	70.917, 32
2005	38.8	28.1	10.7	72.040, 29
2006	38.3	27.3	11	72.323, 66
2007	37.9	26.8	11.1	72.529, 88
2008	37.4	26	11.3	72.800, 11
2009	36.9	25.3	11.6	73.049, 08
2010	34.2	22.3	11.9	74.529, 98
2011	34.4	22.1	12.3	74.429, 81
2012	34.9	22.2	12.7	74.150, 69
2013	35.3	22.2	13.1	73.918, 22
2014	36.2	22.5	13.7	73.451, 92
2015	37	22.6	14.3	73.010, 00
2016	37.9	22.9	15	72.509, 78

作為「人口紅利」方面的經典研究，Bloom 和 Williamson 在 1998 年發表了著名的文章《人口轉變與亞洲新興國家的增長奇跡》（*Demographic Transitions and Economic Miracles in Emerging Asia*）。他們指出，相比於世界上的其他國家和地區，東亞的人口轉變是最為顯著的，這種轉變不僅僅有經濟方面的原因，還有政治、文化以及政策等方面的因素，而東亞的增長奇跡中有 1/3 左右可以歸因於「人口紅利」。「人口紅利」可以從以下幾個方面促進潛在經濟增長率的提升：

第一，「人口紅利」伴隨著人口的快速增長。「人口紅利」的一大特點是青壯年人口占總人口的比重較高，因此，「人口紅利」階段往往伴隨著人口的快速增長，從新中國成立以來的人口大幅度增長也可以看出這樣的規律。人口的快速增長直接增加了投入生產的勞動力的數量，可以顯著地提升潛在產出水準。

第二，「人口紅利」伴隨著較高的勞動力人力資本。前文介紹了人力資本對於潛在經濟增長率的影響，指出受教育年限、健康水準以及科技創新能力是人力資本的重要組成部分。而相對於 14 週歲以下的兒童以及 65 週歲以上的老人來講，青壯年在這三個方面都具有明顯的優勢。尤其是自新中國成立以來，

國家實行了多次「掃盲」運動，改革開放之後國家又實施了科教興國戰略，致使新一代青壯年相比於新中國成立之前出生的老年人來說有更高的受教育水準。

第三，「人口紅利」伴隨著較低的社會負擔。由於適齡勞動力人口占人口比重較大，反過來說，就是兒童和老年人占人口的比重較小，因此，對於兒童的撫養、對老人的扶養、老人生病後的看護和支出、兒童的教育支出等，占社會總支出的比重較低，對社會造成的負擔也較低。從勞動者個體的角度來講，就可以拿出更多的時間和資源進行人力資本的累積和勞動力的提供；從整個社會的角度來講，則可以增加儲蓄率和投資率，進入「高儲蓄、高投資、高增長」的「人口紅利」週期。

4.4.1.2 人口老齡化對潛在經濟增長率的影響

從表 4-6 的數據可以清晰地看到，中國的老年人扶養比處於直線上升的狀態。由於老年人扶養比不斷上升，從 2010 年起拉高了社會總體的撫（扶）養比水準，將社會撫（扶）養比從下降通道拉升至上升通道。從全世界的情況來看，老齡化往往首先出現在發達的國家和地區，比如歐洲富裕國家，而中國作為世界上最大的發展中國家，也同樣面臨了老齡化的難題，學者們形象地稱這種現象是「未富先老」，表明了中國社會老齡化問題的嚴重性。圖 4-1 給出了改革開放以後（1982—2016 年）總撫（扶）養比和適齡勞動力人口所占比重的走勢圖。

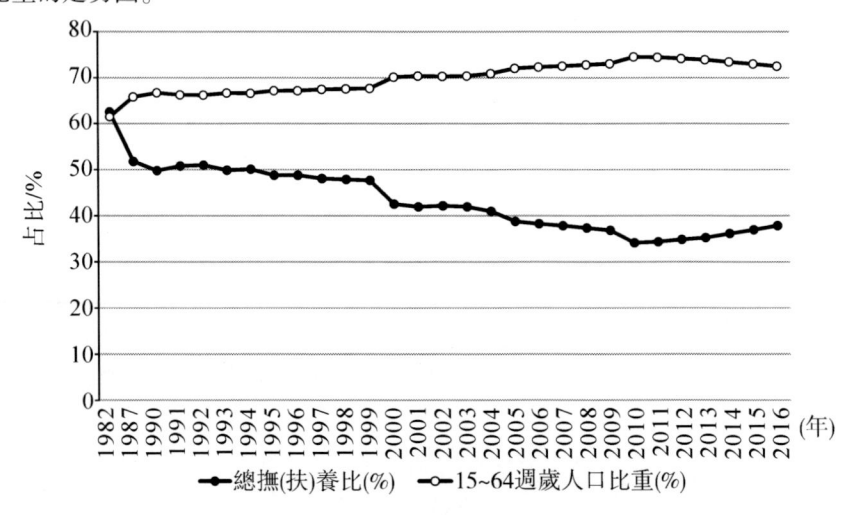

圖 4-1 改革開放後（1982—2016 年）
中國總撫（扶）養比和適齡勞動力人口所占比重的走勢

中國的老齡化問題與前面談到的「人口紅利」有很大的相關性，這背後的共同推動力是中國的計劃生育政策。計劃生育政策大幅度降低了新生兒出生比例，致使短期內出現了「人口紅利」這樣有益於潛在產出增長的因素。從長期來看，計劃生育政策則導致新生兒不足，從而加速了老齡化社會的來臨。許多學者也指出，中國的老齡化很大程度上是對經濟高速發展階段「人口紅利」透支的補償。從家庭的角度來講，典型的中國家庭是四位老人、兩位青壯年夫婦、一個孩子，這樣的「4-2-1」「倒三角」式的家庭結構必定會給經濟的長期增長帶來隱患。從以往研究的實證結果來看也證實了這樣的推測。Lindh 和 Malmberg 在 1999 年基於 OECD 國家的數據，分析了人口年齡結構對於生產率的影響。他的結論是，65 週歲以上的老齡人口對於生產率的貢獻度為負值。Werding（2008）研究了人口結構對全要素生產率的影響。他發現，和理論中預期的類似，人口年齡結構與全要素生產率之間呈現出明顯的「駝峰」狀相關性，在 40~49 週歲之間達到最大值，之後呈現出下降的趨勢，50 週歲以上的勞動者對全要素生產率有負向影響。與「人口紅利」相對應，可以清楚地看出人口老齡化對潛在經濟增長率的阻滯作用。

第一，人口老齡化伴隨著人口增速的下降。人口老齡化就是老年人數量占人口的比重較高，老年人的死亡率較高，必然導致人口的增速下降，甚至出現人口負增長。這種狀況已經在許多發達國家成為嚴重的社會問題，最典型的就是日本和北歐諸國。日本的老齡化問題在全世界都是十分嚴重的，據媒體報導，到 2045 年，日本的人口將減少兩千萬。人口增長率下降或者負增長，將直接導致勞動力供給不足。但許多研究也證明，老齡化未必會降低全社會的勞動生產率，因為老齡化會促使機器替代人，比如 Skans（2008）利用同樣受老齡化威脅的瑞典的數據驗證了這一觀點。日本安倍政府也強調，不懼怕人口結構老齡化，將使用更多的機器人來替代人類進行生產活動。但從日本目前的經濟表現來看，似乎並未達到安倍政府的預期。

第二，人口老齡化降低了社會整體的人力資本。和青壯年相比，老年人的精力、體力、腦力都明顯下降，很難完成高強度的工作。老年人常常不願意接受新鮮事物，學習新知識、創新的積極性也較低。Stephan 和 Levin（1988）對物理學、心理學、地理學以及生物化學等學科的科研工作者進行了跟蹤調查，他們發現，同樣一個研究者，隨著其年齡的增長，他在期刊上發表的科研論文的數量和質量都會明顯下降。Oster 和 Hamermesh（1998）也認為，相對於正值青壯年的經濟學家們，年長的經濟學家們在頂尖期刊上發布的論文數量較少，也就是說，年長的經濟學家更少做出頂尖的科研成果。Bratserg 等（2003）

研究發現，研究者的年齡或者擔任教師的時間長度與科技產出量之間呈現顯著的負相關關係。這些研究，算是對這一相對抽象的問題給出了實證檢驗。

第三，人口老齡化增加了社會整體的負擔。老年人由於身體衰弱，需要人來進行照顧，不僅自身不能提供勞動力，而且還要消耗一部分青壯年勞動力。許多人認為，人口老齡化將激發養老產業的發展，從而帶動經濟整體的發展。但根據馬克思的勞動價值論，養老產業更多的是起到分配剩餘價值、消費剩餘價值的作用，很少能創造新的價值或者剩餘價值，因此，從長期來看並不能夠提升經濟的潛在產出。老年人身體狀況不佳，還需要消耗大量的醫藥衛生等公共資源。從這些角度來講，人口老齡化的確會加重社會整體的負擔。

4.4.2 人口結構的測量

人口結構這一概念本身包含的內容比較多，包括人口的年齡結構、性別結構、地域結構、文化結構，等等，這些結構都對經濟的潛在產出水準造成了一定程度的影響。本研究選取以往科研成果中使用得最多的人口年齡結構來表徵人口結構。除了選取這一指標的研究人員較多之外，選取人口年齡結構進行研究還因為人口的年齡結構與經濟的潛在增長相關度較高、作用機制比較清晰、新中國成立以及改革開放以來變動明顯以及數據充分可測量。

人口結構的代表指標是適齡勞動力比重（rk_t，單位：%）。已有文獻用於描述人口結構變化的指標多使用人口撫養比或老齡化率，此處為了體現人口結構變遷的同時直觀表徵勞動力供給情況，選取 15～64 週歲適齡勞動人口占總人口的比重進行測度。數據顯示該指標在 2010 年達到峰值 74.5%，受人口結構老齡化影響，逐步下降至 2016 年的 72.5%。國家統計局僅提供了 1990—2016 年的完整時序數據，而 1990 年之前只公布了 1982 年和 1987 年兩年的數據。對相應年份的缺失數據，本研究採用平均增速法補齊。具體而言，1978—1981 年、1983—1986 年的缺失數據根據 1982—1987 年的平均增速推算，1988—1989 年的缺失數據根據 1987—1990 年的平均增速推算。

4.5 就業結構

4.5.1 就業結構對潛在經濟增長率發生影響的機制

就業結構的升級往往伴隨著對經濟潛在產出的提升，本節從伴隨技術進步的就業結構演進、伴隨要素效率提升的就業結構演進兩個方面，從以往對於勞

動力就業結構的經典研究中提煉出就業結構對潛在經濟增長率的影響機制。

4.5.1.1 就業結構升級伴隨技術進步對潛在經濟增長率的影響

就業結構升級伴隨技術進步是指隨著技術水準的進步，不同產業、行業部門之間的勞動力需求數量會出現明顯的變化。因此，就業結構的調整伴隨技術進步，從長期來看會提升經濟的潛在增長率。

馬克思在《資本論》中對此種就業結構的演進有過經典的論述。

一方面，馬克思談到機器的應用會降低某些工作的難度，使得婦女、兒童這種體力較弱的勞動力也能參與生產過程，從而增加了勞動力的數量。他指出：「就機器使肌肉力成為多餘的東西來說，機器成了一種使用沒有肌肉力或身體發育不成熟而四肢比較靈活的工人的手段。因此，資本主義使用機器的第一個口號是婦女勞動和兒童勞動！這樣一來，這種代替勞動和工人的有力手段，就立即轉化為這樣一種手段，它使工人家庭全體成員部分男女老少都受資本的直接統治，從而使雇傭工人人數增加。」此外，根據當前的經濟現實我們還可以發現，技術進步除了像馬克思所說的會吸引一部分低勞動能力的勞動者進入之外，還會吸引許多能夠掌握、應用、發展這項新技術的高素質勞動者進入這一領域。例如紡織這一產業，在紡織機發明之前，純靠手工進行紡織操作的勞動應該屬於需要長期訓練的複雜勞動，但紡織機發明之後，只需要會操作機器就可以了，熟練工人被淘汰了，但與此同時，又引入了許多懂得機械製造、機器維修的新的技術工人。

另一方面，馬克思認為機器會排擠工人，而當工人被機器從一個生產部門排擠出來之後會進入到另外的生產部門之中去，從而產生了產業部門之間就業結構的變化。他指出，「受機器排擠的工人從工場被拋到勞動市場，增加了那裡已可供資本主義剝削支配的勞動力的數量……如果他們找到了職業，從而在他們和同他們一道被遊離出來的生活資料之間重新建立了聯繫」，馬克思進一步說，「這些因為分工而變得畸形的可憐的人，離開他們原來的勞動範圍就不值錢了，只能在少數低級的因而始終是人員充斥和工資微薄的勞動部門去找出路」。馬克思在這裡論述得非常清晰，當技術進步時，必然導致在某些部門出現機器排擠人的過程，這對於經濟的長期增長和產業的升級來說當然是好事，但是對於被動離開熟悉的工作崗位的產業工人來說，卻是一個悲劇，不僅會造成工作的變動、生活的拮據，甚至有可能喪失了原先作為熟練工人所具有的人格尊嚴。

關於科技進步對於就業結構的調整，馬克思說，一個新技術發明之後，必然會吸引一部分工人進入當前的產業部門，就如前面第一點所談到的；而新技

術又會排擠一部分工人，如前面第二點所談到的。那麼，這個產業的工人數量究竟是上升了還是下降了、上升或下降了多少，主要看這個產業的資本有機構成的情況。他指出：「就業工人數量因此增加多少，在工作日長度和勞動強度已定的情況下，取決於所使用的資本有機構成，也就是取決於資本不變組成部分和可變組成部分的比例。這個比例又隨著機器在這些行業中已經占領或者正在占領的範圍不同而有很大變化。」馬克思還舉了一個例子。他指出，英國的採礦業隨著技術的發展而紅火起來，因此參與採礦相關工作的工人數量大幅度增加，但是由於機器技術的進一步應用和進步，採礦工人的人數增加速度逐漸放緩。由於技術進步使得產業工人人數增加，也就是增加了這一產業的勞動力要素投入量，這將帶動經濟的長期潛在產出；而技術的進一步進步，又會不斷提升產業的產出效率，使得就業人數減少，但這依然會提升長期的潛在經濟增長率。可見，就業結構的變動對於潛在經濟增長率的影響機制是十分複雜的，需要靠實證來檢驗其作用的大小和方向。

4.5.1.2 就業結構升級促進要素效率提高對潛在經濟增長率的影響

在對社會經濟結構的研究中，許多經濟學家都談到了通過就業結構的調整，勞動力要素從邊際收益較低的部門流入邊際收益較高的部門可以提升勞動力要素的使用效率，一方面提高潛在經濟增長率，另一方面可以提高勞動者本身的收入水準。在所有的相關研究中，最經典的當屬劉易斯（1954）的名著《勞動力無限供給條件下的經濟發展》（*Economic Development with Unlimited Supplies of Labour*）、拉尼斯和費景漢（1961）的名著《一個經濟發展理論》（*A Theory of Economic Development*），以及托達羅（1969）的《欠發達國家勞動遷移與城市失業模型》（*A Model of Labor Migration and Urban Unemployment in Less Developed Countries*）。

根據劉易斯的理論，在改革開放的初期，中國勞動力的就業結構仍然是農民占絕大多數的就業結構。而面對中國人口相對較多而耕地相對較少、農業資本相對較少的現實，中國的農業勞動力大量過剩，以至於農業勞動的邊際生產率很小。又加上計劃經濟時期的人民公社等組織形式，使得農業領域人浮於事、人均產出低下的情況十分明顯。因此，對改革開放初期的中國農業領域，可以視為符合「封閉經濟勞動力無限供給」模型。在農業勞動者邊際生產率趨近於零的同時，農民的勞動收益也十分低下，最終趨近於維持最低生存水準的狀態。

從城市的角度來說，由於資本相對短缺，導致使用資本的邊際成本較高，而由於從農業流入城市的勞動力無限供給，勞動力的邊際成本較低，因此，城

市的工業部門願意更多地使用勞動力要素來進行生產。這就是改革開放以來東部沿海省份出現大量低附加值、低技術水準的勞動力密集型企業的原因。而對於從農業流出的勞動者來講，由於在工業部門的邊際收益高於原先在農業領域的收益，這樣的就業結構轉移也可以提高他們的收入，因此，這一過程將一直持續下去，直到工業和農業的勞動力邊際收益持平為止。在這一過程中，勞動力要素通過從效率較低的部門遷移到效率較高的部門實現了效率的提升，從而提升了潛在經濟增長率。

劉易斯的研究奠定了就業結構影響經濟潛在增長率的理論基礎，後來的拉尼斯和費景漢以及托達羅在劉易斯理論的基礎上進一步豐富和完善了就業結構理論。如果說劉易斯模型所描繪的狀態是經濟體剛剛起飛時的狀態，類似於中國改革開放之初的狀態，那麼，拉尼斯和費景漢模型描繪的就是經濟發展到一定程度之後的狀態，類似於當前的就業結構。拉尼斯和費景漢將勞動力從農業轉移到工業的過程細化為三個階段：第一階段就是劉易斯描繪的模式，農業勞動力邊際產量趨近於零，大量湧入工業部門；第二階段，雖然農業勞動力仍在不斷向工業部門轉移，但此時的農業勞動力邊際成本已經不再為零，同時由於農業生產萎縮、農產品產量下降，導致農業的收益上升，傳導到工業部門致使產業工人的工資上升，此時工業部門對於農業勞動力的吸引力減弱；第三階段，農業部門的剩餘勞動力完成了向工業部門的轉移，農業部門已經不存在過剩勞動力，同時，農業現代化、商業化，農業完成了從傳統農業向現代農業的轉型升級。改革開放已經走過了40多年，經過多年的發展和勞動力就業結構的調整，近些年來東部沿海發達省份出現了「用工荒」問題。這說明，中國的就業結構已經不再是農業勞動力無限供給的狀態，而更像是拉尼斯和費景漢所描繪的第二階段的狀態。隨著中央對於農業的重視、鄉村振興戰略的實施，中國的就業結構越來越朝著拉尼斯和費景漢所描繪的第三階段發展。

托達羅模型中描繪的就業結構調整則更像是發達國家的就業結構調整。他首先假設農業部門不存在過剩勞動力，由於工資的剛性，工業部門反而存在一定程度的失業現象。由於城市工業部門的工資剛性或者說工資黏性，工業部門勞動者的工資依然高於農業部門的勞動者，因此對農業部門的勞動者形成吸引力，但同時較高的失業率又對就業結構的調整產生一定的阻力。因此，勞動者會根據當時的收入差距情況不斷地在工業和農業之間轉移。而政府可以通過調整工業和農業之間的收入差距，以及改變農民到城市找到工作的概率來調節工業與農業之間的就業結構，使其利於經濟的長期增長和勞動者的收益均衡。托達羅的模型通過這樣一套邏輯推演說明了，在發達國家，農業也可能不存在勞

動力剩餘，反而工業卻有一定程度的失業，因此，在推動工業發展的過程中，政府一定不要忽視農業部門的發展，尤其是要增加農業部門的收入，縮小工業與農業之間的收入差距。托達羅的模型對於中國當前的就業結構調整很有啓發：一方面，中國面臨著農業勞動力向工業轉移尚未完成的現狀；另一方面，工業部門也同時存在一定程度的失業。中國的就業問題同時面臨著這兩方面的壓力，這就要求政府在大力發展工業的同時不能忽視農業的發展，尤其要重視提高農業部門的收入水準。

4.5.2 就業結構的測量

在確定就業結構的代表變量之前，先研究一下中國自改革開放以來三次產業就業結構的變遷。表4-7給出了中國自改革開放以來的就業結構數據，圖4-2給出了中國自改革開放以來就業結構變遷的走勢。

表4-7 中國自改革開放以來的就業結構數據

年份	第一產業就業比例	第二產業就業比例	第三產業就業比例
1978	0.705,3	0.173,0	0.121,7
1979	0.698,0	0.175,8	0.126,2
1980	0.687,5	0.181,9	0.130,6
1981	0.681,0	0.183,0	0.136,0
1982	0.681,3	0.184,2	0.134,5
1983	0.670,8	0.186,9	0.142,3
1984	0.640,4	0.199,0	0.160,6
1985	0.624,2	0.208,2	0.167,6
1986	0.609,5	0.218,7	0.171,8
1987	0.599,9	0.222,1	0.178,0
1988	0.593,5	0.223,7	0.182,8
1989	0.600,5	0.216,5	0.183,0
1990	0.601,0	0.214,0	0.185,0
1991	0.597,0	0.214,0	0.189,0
1992	0.585,0	0.217,0	0.198,0
1993	0.564,0	0.224,0	0.212,0
1994	0.543,0	0.227,0	0.230,0
1995	0.522,0	0.230,0	0.248,0

表4-7(續)

年份	第一產業就業比例	第二產業就業比例	第三產業就業比例
1996	0.505,0	0.235,0	0.260,0
1997	0.499,0	0.237,0	0.264,0
1998	0.498,0	0.235,0	0.267,0
1999	0.501,0	0.230,0	0.269,0
2000	0.500,0	0.225,0	0.275,0
2001	0.500,0	0.223,0	0.277,0
2002	0.500,0	0.214,0	0.286,0
2003	0.491,0	0.216,0	0.293,0
2004	0.469,0	0.225,0	0.306,0
2005	0.448,0	0.238,0	0.314,0
2006	0.426,0	0.252,0	0.322,0
2007	0.408,0	0.268,0	0.324,0
2008	0.396,0	0.272,0	0.332,0
2009	0.381,0	0.278,0	0.341,0
2010	0.367,0	0.287,0	0.346,0
2011	0.348,0	0.295,0	0.357,0
2012	0.336,0	0.303,0	0.361,0
2013	0.314,0	0.301,0	0.385,0
2014	0.295,0	0.299,0	0.406,0
2015	0.283,0	0.293,0	0.424,0
2016	0.277,0	0.288,0	0.435,0

資料來源：筆者根據相關資料整理而得。

1990年，國家統計局對就業人數進行了一次調整，將以往漏算的就業人數一次性加入進來，導致1990年的就業人數出現了一個不合理的明顯的躍升，王小魯和樊綱對此有過專門的研究（王小魯、樊綱，2000）。因此，為了彌補數據的以上缺陷，針對1990年以前的就業數據，本研究採用王小魯和樊綱的測算值，1978—1990年的第一、二、三產業的就業人員人數，採用三次產業就業比例推算得到，1990年以後的數據全部來自《中國統計年鑒》。從圖4-1中可以清晰地看出三次產業的就業結構變遷走勢：第一產業的就業比例持續向下，這與前文所講的自改革開放以來農業勞動力迅速向工業部門和服務業部門轉移一致；第三產業的就業比例持續上升，並且在近幾年有加速上升的趨勢，

中國逐步從工業化轉型到城市化的發展路徑，城市化進入了加速提升階段，這與世界各國的經濟發展規律一致；值得玩味的是第二產業的就業比例，在改革開放初期迅速提升，而後經歷了一個較長時間的平臺期，在 2002 年以後出現了一個明顯的上升態勢，而在 2010 年之後又呈現一個緩慢下降的態勢。在改革開放初期，農民工湧入城鎮，導致第二產業的就業人口比例大幅度提升，而後進入了一個穩定時期；到了 2001 年底，中國加入了世界貿易組織，開始了「黃金增長」時期，中國逐步成為「世界工廠」，因此第二產業的就業比例又再一次上升；2010 年之後，隨著經濟「脫實向虛」，同時伴隨著科技的不斷進步，機器對於工人的替代作用，以及人員向服務業轉移，這多重因素共同導致第二產業的就業人員比例再一次出現了下降。

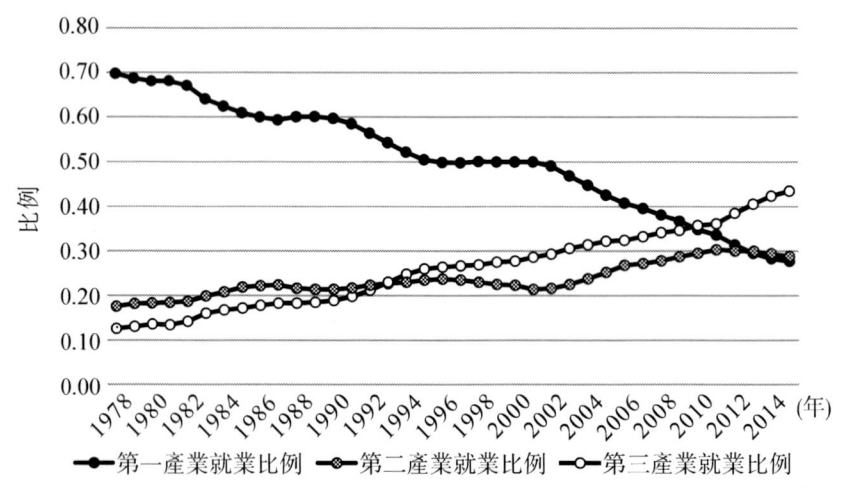

圖 4-2　中國自改革開放以來就業結構變遷走勢

就業結構（jy_t，單位:%）的代表指標選取的是三次產業部門就業結構。以往的研究成果喜歡使用非農就業比重作為衡量就業結構的指標，但經濟理論與發展實踐表明，後工業化社會條件下服務業配置的勞動規模較大，勞動力會自發地由其他產業向服務業轉移。考慮到中國已經歷農業勞動力向工業與建築業的大規模轉移以及當下產業間勞動力配置更多地表現為勞動力由第二產業流向第三產業以及服務業新增就業規模超出其他產業的事實，並未選擇既有文獻常用的第一產業就業人員或者第三產業就業人員占比來測算產業部門就業結構，轉而使用第三產業就業與第二產業就業的比值衡量部門就業結構。此指標具備雙重優勢，既可從就業總量角度刻畫樣本期內產業結構服務化的軌跡，也能一定程度上通過產業就業人數的相對變化捕獲非農產業部門內部結構調整的動態變化。

4.6 資本結構

4.6.1 資本結構對潛在經濟增長率發生影響的機制

資本結構的狀態可以體現出經濟體目前所處的發展階段，資本結構的調整往往伴隨著經濟長期增長率的提升。本節從產業資本結構的升級提升要素使用效率、資本向主導產業集聚，以及科技進步引致資本結構升級三個方面介紹資本結構對潛在經濟增長率的影響機制。

4.6.1.1 產業資本結構升級提升要素使用效率對潛在經濟增長率的影響

產業資本結構的升級可以提升資本要素的使用效率，從而提升投入產出比，提升潛在經濟增長率。從供給的角度來看，傳統農業中由於勞動力要素過剩，致使勞動力要素的邊際產出水準趨近於零，同時也使得勞動力要素的邊際成本為零，因此，生產過程中會更多地使用勞動力而較少使用資本要素去進行農業生產活動。這種情況，一方面不利於資本存量的累積和使用效率的提升，另一方面也不利於科技創新的應用。為了提升資本要素的使用效率，就必須將其投入到邊際收益更高的工業和服務業領域中去。

從需求的角度來看，自改革開放以來，中國民眾的需求結構發生了很大的變化。隨著居民收入水準的不斷提高，從最開始的追求溫飽，到追求汽車、家電等工業產品，再到追求教育、醫療、休閒娛樂等生活服務，需求結構經歷了一個從第一產業到第二產業再到第三產業的過程。當社會的需求結構發生變化時，生產結構往往會滯後於需求結構的調整速度，從而導致某些產業產品的積壓以及投入的過剩，造成要素的使用效率低下和浪費。與此同時，需求旺盛的產業部門又面臨要素投入不足的問題，這又導致這些產業部門的資本要素價格相對上漲，邊際收益較高。為了化解這樣的矛盾，提升資本要素的使用效率，就必須調整資本要素的結構，從而達到滿足社會需求、提升經濟長期增長率的目的（曹新，1996）。

4.6.1.2 資本向主導產業集聚對潛在經濟增長率的影響

主導產業部門是指在經濟增長的過程中能夠起到核心帶動作用的產業部門，主導產業必須是能夠充分利用各種資源、自身增長速度相對較快，並且對於上下游的其他經濟部門有明顯的帶動作用的部門。著名發展經濟學家羅斯托特別強調主導產業對經濟的長期增長率的提升作用。羅斯托（1988）指出：主導產業往往具有很強的技術創新能力以及生產和管理能力；主導產業的增長

速度較快，同時對整個國民經濟發展的促進作用十分明顯；主導產業帶動其他部門的創新能力，並且帶動高校、科研機構的發展，為進一步的技術創新、人才培養和產業發展提供動力。主導產業的發展引導社會各界的資本向其匯集，因此主導產業的變化伴隨著產業資本結構的調整，從而進一步增強新興主導產業的效率、增大主導產業的規模，提升經濟的潛在增長率。

中國自 1978 年開始實行改革開放以來，主導產業發生了巨大變化。伴隨著民營經濟的不斷發展，在改革開放初期，輕工業的發展速度大大提升，至 1981 年，輕工業在工業總產值中的比重達到 51.5%，首次超過了重工業。進入 21 世紀以來，中國的產業資本結構呈現出工業和服務業共同快速發展的態勢，工業中的汽車製造、石油化工、機械製造以及服務業中的銀行業、保險業、信託業、房地產業都逐步成為中國經濟的主導產業。產業資本大量向這些產業流入和集中，提高了中國的潛在經濟產出水準。

世界各國尤其是發達國家在第二次世界大戰結束之後，對其產業結構也進行了重大調整。這些調整的相同之處都在於第一產業的比重不斷下降而第二產業、第三產業的比重不斷上升，伴隨著產業結構調整的是主導產業的不斷變化。以日本為例，1955—1973 年的將近 20 年間，日本是以化工、鋼鐵、汽車以及家電製造為主導產業的製造業；到了 20 世紀 90 年代後期，日本產業開始升級調整，產業的資本開始向新的主導產業集中，產業資本的結構發生了重大變化，家電製造等產業的競爭力逐漸降低，而運輸業、金融業、文化產業等又逐漸成為新的主導產業。再看看美國的情況。美國在 1920 年前後完成了第一次產業結構調整，主導產業由農業轉變為工業，工業資本大幅度超越農業資本。第二次產業結構調整發生在第二次世界大戰結束之後，尤其是到 20 世紀 90 年代初，以金融業、信息產業為主導產業的第三產業逐漸占據了美國經濟的主體地位。當舊有的產業沒落之後，新興的主導產業繼續帶動這些發達國家的經濟持續增長。

4.6.1.3 產業資本結構升級伴隨科技進步對潛在經濟增長率的影響

產業部門的生產效率大幅度提升往往伴隨著科學技術的重大進步，該部門的資本邊際收益大幅度提高，使得大量資本湧入該產業部門，從而產生全社會範圍內的資本結構調整。例如工業革命的初期，珍妮紡紗機的出現導致紡織工業的生產率大幅度提高，使用紡紗機生產的布料成本低於傳統的手工織布，紡織業因此獲利豐厚，並吸引大批資本進入紡織業，提升了紡織業的資本占社會生產總資本的比重，提升了工業革命國家的經濟潛在產出水準。

科技進步會優化產業資本結構，促使經濟長期可持續發展。一個國家或地

區，由於自身的資源稟賦、自然環境、政治環境以及經濟發展水準的限制，往往會出現產業結構的畸形發展，如資源大國（大省）出現的所謂「資源詛咒」效應。某一特定的產業，尤其是落後產業的一家獨大，容易給經濟的發展帶來阻礙。而科技進步可以突破資源、自然環境等初始稟賦的限制，優化當地的產業結構，使其長期可持續發展。例如，深圳本來只是中國南方沿海的一個小漁村，由於一些政治上的紅利使其成為經濟特區，但成為經濟特區也只是使其在對外貿易、引進外資等方面有一定的競爭優勢。持續不斷的科技創新，才使得深圳成為中國發展的重要推動力，使深圳自身的產業不只有商業和製造業，還有大量的新興產業以及相關的配套產業。

科技進步還可以產生新興產業，這些新興產業將進一步推動經濟不斷增長。回顧人類的幾次產業革命，可以明顯發現，產業革命都發源於科技革命。而由科技革命所引發的產業革命都催生了大量的新的產業部門，如工業革命催生了傳統工業製造業、電力革命催生了家用電器製造業，而新一輪以信息技術為核心的科技革命又催生了信息產業。這些新產業的出現吸引了大量社會資本流入這些邊際收益更高的產業，同時淘汰了落後的傳統產業，對產業的資本結構進行了深刻調整，提升了全社會的生產效率，帶來了經濟的新一輪增長。

4.6.2 資本結構的測量

資本結構（zb_t，單位：%）的代表指標是資本非農業化。由於物質資本的流動性遠低於勞動力，長期依靠投資拉動經濟增長的行為累積了大量物質資本，資本存量在產業間的結構變化可能會掩蓋其他變量對潛在經濟增長的影響，因而本研究將資本結構作為控制變量納入識別潛在產出影響因素的計量模型中。本研究度量資本結構代表指標資本非農業化的經濟指標是時間窗口內的非農產業資本存量占資本存量規模的比重。

圖4-3展示了中國資本存量的結構變化趨勢，表4-8展示了中國資本存量結構，單位是億元人民幣。數據來源於王維等人於2017年根據十大行業的分類測算的資本存量結果（王維 等，2017）。由於資本存量的數據並不是由權威機構直接公布的，而是由學者們自行測算的，許多研究人員對這個問題進行了多次討論（張軍、章元，2003），而不同的研究人員測算的結果差異很大。本研究為了避免發生爭論，直接引用了王維等人的最新研究成果。

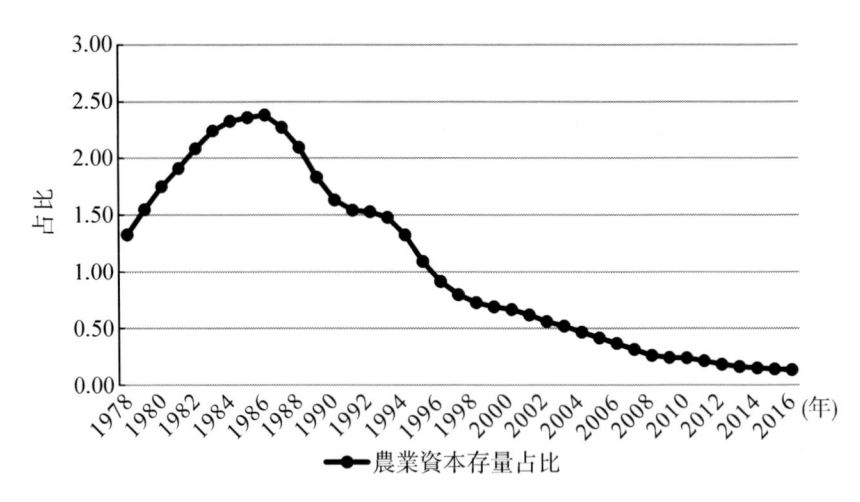

圖 4-3　農業資本存量占比

表 4-8　中國資本總存量及農業資本存量　　　　單位：億元

年份	資本總存量	農業資本存量	年份	資本總存量	農業資本存量
1978	5,813.9	77.1	1998	22,262.8	161.7
1979	6,071.1	94.0	1999	25,045.0	172.7
1980	6,345.7	111.0	2000	27,806.6	185.2
1981	6,713.5	128.2	2001	31,975.8	197.6
1982	6,991.8	145.7	2002	37,210.2	208.0
1983	7,257.7	162.7	2003	44,366.2	230.6
1984	7,457.1	173.6	2004	53,011.1	246.9
1985	7,795.4	184.0	2005	62,383.7	259.3
1986	8,329.8	198.4	2006	70,062.0	257.2
1987	8,824.1	200.7	2007	76,165.6	238.9
1988	9,225.3	193.4	2008	89,816.4	234.6
1989	9,730.0	178.3	2009	107,396.7	260.0
1990	10,211.2	166.6	2010	125,126.6	298.1
1991	10,819.5	166.8	2011	142,160.3	302.3
1992	11,376.4	173.9	2012	161,073.4	293.6
1993	12,382.4	183.1	2013	180,484.1	292.6
1994	13,809.7	182.9	2014	200,745.1	300.7
1995	15,680.3	171.1	2015	222,860.6	313.5
1996	17,602.9	160.7	2016	243,680.7	324.4
1997	19,706.1	156.9			

從表4-8中可以看出，中國的農業資本存量相對較低，與中國農業長期處於傳統農業、小農經濟、勞動力過剩而資本短缺的現實相吻合。從圖4-2中可以看到，1978—1986年這個時間區間內，農業資本存量的占比是逐年升高的，這與改革開放初期的經濟現實相吻合。中國的改革開放是首先從農業領域開始的，隨著家庭聯產承包責任制的實行，農民的生產積極性大幅度提升，對於農業本身的投資也大幅度增加，而工業方面的改革相對滯後，因此出現了一段農業資本存量比例上升的階段。從1987年開始，農業資本存量占社會資本總存量的比重開始逐年下降，這主要是中國開始了改革開放以後的新一輪工業化進程，國有企業「放權鬆綁」、民營經濟「百花齊放」。資本結構的調整過程也可以視為中國實現工業化和城市化的過程。

4.7 影響因素的計量識別

4.7.1 初步估計

本節涉及的變量代表指標說明及各指標數據對數值的描述性統計信息如表4-9所示。其中，適齡勞動力規模占總人口的比重、非農產業資本存量占資本存量比重、制度變革指數、就業總量、第三產業就業規模與第二產業就業規模比值等指標變化平穩，如較小的標準差及差異較小的最小值、最大值與平均值所示。其他指標的統計特徵給出變量樣本期內有顯著波動的信息。前文介紹的代表指標在用於計量模型迴歸之前均進行剔除量綱影響的對數化處理。由於人力資本高級化和就業服務化指標的原始數據相對較小，故這兩列數據均向右平移1個單位後再取自然對數。

表4-9　變量說明與描述性統計

變量符號	變量說明與度量指標	樣本數	平均值	標準差	最小值	最大值
y_t	經濟增長：以1978年為基期的實際GDP	39	9.968,7	1.078,2	8.210,3	11.685,4
k_t	物質資本：資本存量	39	10.180,3	1.219,2	8.668	12.403,6
l_t	勞動投入：就業總量	39	11.091,2	0.173,5	10.666,2	11.259,4
zd_t	制度變革：制度變革指數	39	2.297,6	0.102	2.103,3	2.435,4
kj_t	科技創新投入：科技創新經費支出	39	6.550,9	1.827,5	4.146,9	9.659,9

表4-9(續)

變量符號	變量說明與度量指標	樣本數	平均值	標準差	最小值	最大值
rl_t	人力資本結構：受高等教育就業人數/就業總量	39	0.251,7	0.238,9	0.019,1	0.710,9
rk_t	人口結構：適齡勞動力總量/總人口	39	4.217,6	0.068,9	4.064,2	4.311,2
jy_t	就業結構：第三產業就業規模/第二產業就業規模	39	0.717	0.118,5	0.533,0	0.920,4
zb_t	資本結構：非農產業資本存量/資本存量	39	4.594,4	0.007,9	4.581,1	4.603,8

　　與前文敘述一致，這裡首先基於只包含物質資本存量和勞動力投入的生產函數粗略測算潛在產出，並將其視為識別影響潛在經濟增長因素的被解釋變量。在此基礎上，我們檢驗改革開放以來對潛在經濟增長趨勢有影響的要素，為後面重新估計潛在經濟增長率以及進一步預測未來的潛在經濟增長趨勢做好準備。

　　對只包含物質資本存量和勞動力投入的傳統生產函數法粗略估算潛在產出公式（3-40）使用最小二乘方法（OLS）估計參數。計量迴歸時增加AR（1）和AR（2）解決公式存在的自相關問題，結果顯示各變量的迴歸系數均在1%水準上顯著，F值與DW值均通過檢驗。迴歸結果見表4-10。

表4-10　傳統生產函數法估計潛在產出迴歸結果

變量	迴歸結果
常數項	−21.042,7*** (0.500,7)
k_t	0.603,8*** (0.006,3)
l_t	2.241,7*** (0.050,3)
AR（1）	1.257,3*** (0.169,6)
AR（1）	−0.597,5*** (0.151,6)
DW統計量	1.670,4	可決系數	0.999,5
F統計量	25,970.210,0	樣本數	37

註：*、**、***表示迴歸系數分別在10%、5%、1%水準上顯著；圓括號內為標準誤差。

將變量迴歸係數連同 k_t、l_t 的 HP 濾波值及 AR（1）、AR（2）代入公式（3-40）計算實際 GDP 的趨勢值 $\hat{y}_t$，結合公式（3-41）可得時間窗口內使用傳統生產函數法粗略估算的潛在經濟增長率 y_t^{pot}。中國改革開放以來的實際 GDP 增長率與粗略測算的潛在產出、潛在經濟增長率結果簡要報告見圖 4-4。

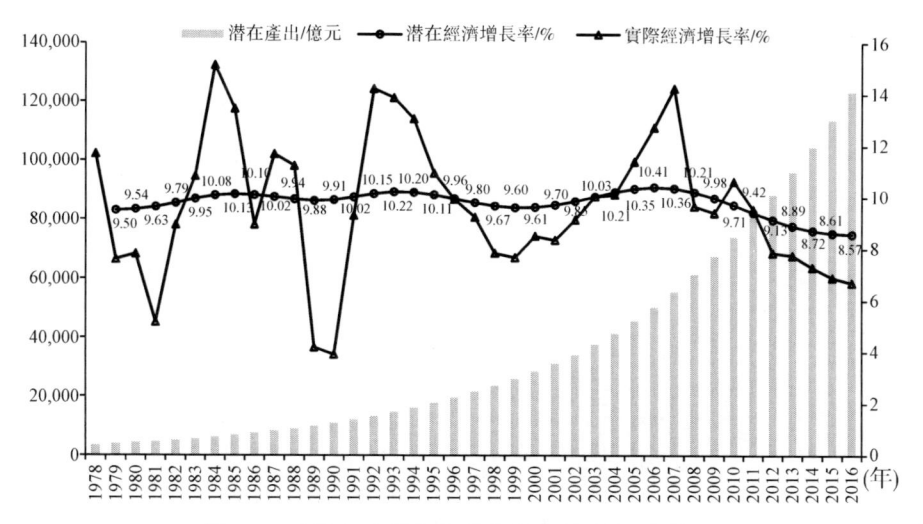

圖 4-4 實際經濟增長率與傳統生產函數法測算的
潛在產出（左軸）、潛在經濟增長率（右軸）

4.7.2 因素識別

將傳統生產函數法粗略估算的潛在產出作為因變量，為了消除時間序列模型的自相關問題，使用廣義最小二乘法（GLS）估計公式（3-40）。鑒於中國工業化與城鎮化進程下的經濟增長具備典型的投資拉動特徵，在公式（3-40）中特別控制資本存量非農業化結構變化的影響以更充分地說明其他變量的作用。表 4-11 報告了公式（3-40）各參數的 GLS 估計結果。表 4-11 中第（1）-（4）列為全時間窗口、不同變量設置下的迴歸結果，其中，第（1）列只包含常數項與控制變量（zb_t），第（2）-（4）列在第（1）列的基礎上將關注變量（rk_t、rl_t、jy_t、kj_t 和 zd_t）逐步加入模型進行迴歸。第（5）-（6）列是以中國正式確定「建立社會市場經濟體制目標」的年份為標準的不同時間區間下全變量的迴歸結果，作為第（4）列結果穩健性參照的同時捕捉變量對潛在產出作用的階段變化。儘管表中第（1）列的估計係數均顯著，但置信水準較低，且 DW 統計量與可決係數較小，表明模型可能遺漏了關鍵的解釋變量。迴歸過程中逐步增加自變量，第（2）-（4）列的 DW 統計量、F 統計量和可決係數出

現明顯優化。整體觀察各個解釋變量的迴歸系數，除適齡勞動力比重的估計系數在第（6）列中經濟意義顯著而統計上不顯著之外，其他解釋變量的迴歸系數基本上保持了經濟意義與統計檢驗雙重顯著的穩健性。

基於表4-11展示的計量分析結果與經濟發展趨勢，筆者認為控制資本非農業化的結構調整影響後，具備有效促進潛在經濟增長且未來依然持續發揮作用的結構性變量有三個：制度變革、人力資本高級化和科技創新投入。

表4-11 識別潛在產出影響因素的估計結果

變量	（1） 1978—2016年	（2） 1978—2016年	（3） 1978—2016年	（4） 1978—2016年	（5） 1978—1992年	（6） 1993—2016年
常數項	108.244,1* (61.462,0)	180.260,1*** (30.864,2)	59.072,4** (27.915)	48.344,0** (20.354,3)	48.988,2** (10.751,0)	168.653,3*** (32.596,4)
zb_t	25.706,1* (13.290,6)	34.805,8*** (6.677,4)	10.381,4* (6.035,7)	8.348,9* (4.347,0)	8.078,8*** (1.956,3)	37.687,2*** (7.385,3)
rk_t		7.096,8*** (1.770,3)	4.408,7*** (1.083,8)	2.394,0*** (0.658,9)	2.875,4*** (0.614,7)	0.138,7 (0.517,9)
rl_t	1.501,9*** (0.412,1)	0.916,9*** (0.281,5)	0.769,1*** (0.128,4)	1.150,5** (0.496,9)	0.591,3** (0.229,1)	
jy_t			2.144,3*** (0.343,1)	0.954,1*** (0.347,6)	1.330,6* (0.584,1)	0.648,3** (0.290,6)
kj_t	0.148,5*** (0.037,7)	0.129,0*** (0.027,6)	0.087,2* (0.046,4)	0.228,6*** (0.044,3)		
zd_t				3.539,7*** (0.654,8)	3.467,3*** (0.682,5)	1.224,2* (0.603,6)
DW統計量	0.350,4	1.440,0	1.925,1	1.875,4	2.158,2	1.657,6
F統計量	3.740,0	95.69	496.640,0	361.210,0	3,155.070,0	433.930,0
可決系數R^2	0.468,6	0.977,2	0.992,9	0.996,3	0.999,9	0.999,1
樣本量	39	39	39	39	15	24

註：*、**、***表示迴歸系數分別在10%、5%、1%水準上顯著；圓括號內為標準誤差。

制度變革可有效提升潛在經濟增長能力。第（4）-（6）列的結果顯示，五個關注變量中制度變革指數（zd_t）對潛在產出的邊際影響均顯著為正且影響力度最大。這與Zhang（2008）關於中國經濟增長軌跡背後的原因是制度演化的論斷有不謀而合之處。Zhang與本研究相同的是均考慮了所有制制度變

革，不同之處在於他更關注行政體制與財稅體制改革，本研究則基於人口和資本要素流動視角側重強調城鄉一體化制度和金融體系制度的革新。第（6）列中制度變革變量（zd_t）的估計系數及其信水準顯著小於前兩列，主要是因為該階段下中國的系統性改革已經趨於完結，制度變革優化要素配置效率與提升全要素生產率的作用有所收窄。綜合制度變革變量（zd_t）彈性系數在所有關注變量中最大的實證結果證明了全面深化改革階段下制度領域結構化革新的積極效應，因此在估計潛在經濟增長趨勢時納入制度變革變量（zd_t）。

人力資本結構的高級化演進對潛在產出有積極影響。第（2）-（6）列的結果顯示，受高等教育就業人員規模占就業總量比重（rl_t）的估計系數在1%或5%顯著水準上異於0。分時間區間看，人力資本變量（rl_t）在第（5）列中的估計系數大於第（6）列。其可能的原因是，全國恢復高校招生制度後，1978—1992年享受高等教育人才的規模明顯增加，緩解了各行各業面臨的高級人力資本短缺矛盾，極大地提高了此階段的勞動生產率。20世紀90年代初高校自費生招收被允許、90年代末高校擴招等政策變革以及近些年大量海外求學人員歸國就業等因素致使勞動力市場上出現高級人力資本供給絕對過剩與高級人力資本難以匹配產業或企業需要的結構性過剩，「量大質低」的高級人力資本供給由此成為1993—2016年潛在產出下降的主因。充分考慮高校擴招已停止、高校學生質量與社會對接的教育政策導向，且「中國的人力資本與發展階段對應的最優值仍存在顯著差距」（Stefano、Marconi，2018），未來中國的人力資本尤其是與社會需求匹配度較高的高級人力資本將明顯增加，因而將此變量納入公式（3-45）。

科技創新投入作用於潛在經濟增長力度明顯增強。由表4-11可知，科技創新經費支出（kj_t）的估計系數在第（4）-（6）列中均顯著大於0。比較兩個時間區間潛在產出對kj_t的彈性系數，後者比前者顯著增加約0.14。這主要因為，1978—1992年國家的科技創新經費支出更多地偏向挖潛改造等硬體設施與科技創新條件改善，科技三項費用投入相對較少，而1993年至今，國家與企業層面均加大了科技創新三項費用的投入力度，形成「技術引進→模仿創新→再創新→自主創新」的梯次創新模式，致使此時間段下的科技創新投入提升全要素生產率的作用較之前更大、更顯著。兼顧中國高質量發展階段下加快提升R&D投入強度以縮小與以色列、韓國、日本等創新型國家差距的內在要求，以及以「中興事件」「華為事件」為代表的國外對中國在高新技術領域的限制所激發的國家與企業強化創新精神等因素，在科技創新經費支出總量增加的同時基礎性創新支出也出現明顯躍升，在科技創新經費規模提升及內部

支出結構優化的作用下，科技創新投入的邊際效應有較大概率持續放大，因此需要將該變量納入公式（3-45）。

部門就業結構促進潛在產出顯著上升的效應有所弱化，這可由第(3)-(6)列中第三產業就業規模與第二產業就業規模的比重（jy_t）的迴歸系數看出。第(6)列的就業潛在產出的就業結構變量（jy_t）的彈性系數明顯低於其他結果，除去物質資本等其他因素的影響外，最為可能的原因是產業間勞動力再配置效率沒有得到顯著提高。1978—1992年，第三產業的迅速發展吸納了大量剩餘勞動力，15年之間就業結構變量（jy_t）增加了0.21，同時第三產業增加值與第二產業增加值的比值變化為0.31，就業結構變量（jy_t）的單位變化引起的部門相對生產率變化為1.49（0.31/0.21=1.49）。此後，部門就業結構在波動中上升。1993年就業結構變量（jy_t）為0.95，2004年達到高點1.36，此後又緩慢下降至2012年的1.19。受就業舉措特別是「大眾創業，大眾創新」影響，2016年達到1.51，比期初高0.56，同期第三產業增加值與第二產業增加值的相對量增加了0.55，就業結構變量（jy_t）的單位變化帶來的部門相對生產率提高了0.97，小於上一時段。因而，儘管就業結構變量（jy_t）的估計系數在各模型中均較大，但考慮到近些年第二產業萎靡與第三產業容納就業人口及其單位就業創造價值能力下降，本研究認為就業結構變量（jy_t）對潛在經濟增長的作用會逐漸縮小，公式（3-45）並未將就業結構變量（jy_t）從就業總量中分解為獨立變量。除了上面談到的從模型的角度來看並沒有將就業結構納入拓展生產函數模型之外，筆者還認為，以往的研究將就業結構納入生產函數模型這一做法本身尚有可商榷之處。前文介紹生產函數的時候已經說明，生產函數描繪的是投入要素與產出之間的數量關係，而就業結構嚴格來看並非「投入要素」。從前文的機制分析可以看出，就業結構的變遷更多的是制度變革、科技創新以及人力資本高級化所帶來的「結果」，而不是經濟增長的「原因」。因此，綜合上述分析，不宜將就業結構變量納入後文的拓展生產函數模型之中。

從適齡勞動力比重為代表的人口結構（rk_t）對潛在產出的影響看，第(2)-(4)列中人口結構（rk_t）的估計系數在1%的水準上顯著降低，主要因為其他變量對潛在產出貢獻的分擔。1978—1992年，適齡勞動力供給充足使得第(5)列中人口結構（rk_t）的迴歸系數顯著且大於全時段的結果。然而，此狀態並未延續，受急遽增加的固定資產投資強力拉動增長、適齡勞動力總量由過剩轉向不足及適齡勞動力比重於2010年出現拐點且持續下降等因素的影響，1993—2016年的人口結構（rk_t）對潛在產出僅在經濟理論上保持微

小的正向作用，在統計上卻不顯著，表明人口結構的老齡化正通過勞動力供給傳導機制演化為中國潛在經濟增長的阻力。再結合中國推進二胎政策的時滯效應及其增加勞動力預期不明朗的狀況，公式（3-45）不考慮此變量。

5 中國潛在經濟增長率的再估計：結構拓展

5.1 拓展生產函數模型迴歸結果

本節介紹拓展的生產函數模型估計結果。首先介紹模型的估計過程，包括所包含的因素變量、納入拓展因素的滯後效應以及對時間序列模型自相關的處理等。然後對迴歸的結果進行討論，包括變量迴歸系數的顯著性、滯後變量的變化走勢以及迴歸結果的經濟學含義等，解釋了中國經濟增長的動力來源和作用方式。

5.1.1 拓展生產函數模型的估計過程

將影響潛在經濟增長的三個拓展因素（zd_t、kj_t、rl_t）納入模型公式（3-45），使用最小二乘法（OLS）對其進行迴歸系數估計，迴歸的結果如表5-1所示。表5-1給出了各解釋變量對被解釋變量（y_t）的影響系數，第(1)列只包含常數項、資本存量（k_t）和勞動力投入（l_t）變量；第(2)-(4)列則依次添加了關注變量——制度變革指數（zd_t）、人力資本高級化（rl_t）和科技創新經費支出（kj_t）。

表5-1 拓展生產函數模型估計結果

變量	(1)	(2)	(3)	(4)
常數項	−21.042,7***	−18.777,3***	−12.530,3***	−10.608,4***
	(0.500,7)	(1.413,4)	(1.786,7)	(1.336,2)
k_t	0.603,8***	0.529,5***	0.087,0	0.146,3**
	(0.006,3)	(0.021,4)	(0.060,5)	(0.058,5)

表5-1(續)

變量	(1)	(2)	(3)	(4)
l_t	2.241,7*** (0.050,3)	1.788,3*** (0.222,7)	1.401,4*** (0.223,6)	0.797,5*** (0.205,6)
zd_t		−0.274,0 (0.749,7)	−0.232,4 (0.617,7)	−0.247,9 (0.541,7)
$L.\ zd_t$		−0.518,1 (0.998,2)	0.193,2 (0.974,4)	1.543,1** (0.691,5)
$L2.\ zd_t$		2.339,0*** (0.776,0)	1.806,9** (0.758,6)	2.606,9*** (0.747,5)
rl_t			−0.606,6** (0.224,2)	−0.491,7** (0.136,8)
$L.\ rl_t$			−0.544,4 (0.344,3)	−0.545,2* (0.302,4)
$L2.\ rl_t$			1.343,2*** (0.292,7)	1.101,4*** (0.269,3)
kj_t				−0.018,1 (0.028,5)
$L.\ kj_t$				0.130,6*** (0.037,2)
$L2.\ kj_t$				0.100,5** (0.035,3)
AR(1)	1.257,3*** (0.169,6)	1.145,8*** (0.175,3)	0.828,9*** (0.189,2)	0.872,0*** (−0.147,2)
AR(2)	−0.597,5*** (0.151,6)	−0.490,9*** (0.173,7)	−0.496,1** (0.188,9)	−0.654,9*** (0.198,4)
DW 統計量	1.670,4	1.847,6	2.232,9	2.092,1
F 統計量	25,970.210,0	12,007.800,0	10,182.890,0	18,606.930,0
可決系數	0.999,5	0.999,4	0.999,5	0.999,8
樣本數	37	35	35	35

註：*、**、*** 表示迴歸系數分別在 10%、5%、1% 水準上顯著；圓括號內為標準誤差；L.、L2. 分別表示變量的一階滯後、二階滯後。

由於所使用的數據都是宏觀的時間序列數據，這類數據常常有比較明顯的滯後效應，並且考慮了各要素影響方式的動態過程，因此在模型計算的過程中，需要加入某些變量的時間滯後項，這樣才能防止模型的遺漏變量，使時間序列模型達到協整，以及修正模型的內生性問題（高鐵梅，2009）。筆者在模

型中納入了三個拓展因素——制度變革（zd_t）、科技創新（kj_t）以及人力資本（rl_t）的滯後一階、滯後兩階變量。從迴歸結果來看，三個拓展因素的滯後變量均十分顯著，納入模型之中合理。

宏觀的時間序列數據還需要注意模型的自相關問題。在消除模型的自相關問題方面，本研究曾嘗試使用最常用的 GLS 模型（廣義最小二乘法）進行調整，但 GLS（廣義最小二乘法）估計模型公式（3-45）時消除自相關問題的效果難以令人滿意（不同情況下 DW 值均小於 1.5），故此處依舊使用 OLS 迴歸模型公式（3-45），並增加 AR（1）和 AR（2）以避免潛在的自相關問題在模型估計時產生偏誤。這種調整自相關問題的方法在學術界被廣泛使用，如高鐵梅（2009）、邱曉華等（2006）、李標等（2018）。此做法的良好效果在表 5-1 中 DW 統計量、F 統計量及可決系數的具體數值上得到了充分體現，兩個 AR 項的迴歸結果也十分顯著，證明加入這兩個 AR 項是合理的。經過 ADF 單位根檢驗，模型中至少包含一個協整關係，時間序列模型整體上從長期來看是平穩的，不存在偽迴歸。

5.1.2 拓展生產函數模型迴歸結果討論

模型公式（3-45）的迴歸結果由表 5-1 給出，在此進行如下討論：

5.1.2.1 制度變革對經濟增長率有顯著的滯後促進作用

制度變革顯著促進經濟增長，但作用效果有時滯，促進效果隨時滯逐步放大。表 5-1 的第(2)-(4) 列給出了拓展因素中只包含制度、包含了制度和人力資本高級化以及包含全部拓展因素模型的迴歸結果。從迴歸結果可以清楚地看出，制度變革對當期經濟的影響均為負，但迴歸結果並不顯著；滯後一階變量的迴歸結果基本不顯著，只有包含全部拓展因素的模型迴歸結果在5%的水準上顯著；滯後二階變量的迴歸結果均顯著，迴歸系數的顯著水準均超過5%。

從制度變革變量的迴歸結果中，我們可以得出兩條明顯的結論：

第一，制度變革（zd_t）對當期經濟增長有微弱的負向影響。其深層次原因是制度變革會突然改變要素配置方式，衝擊既有增長模式下形成的生產關係，割裂短期經濟增長趨勢的延續性，相當於對經濟體造成一個外生衝擊。而中國的政策制定過程，更多的是採用「頂層設計」的方式來推行，比如改革開放、價格雙軌制改革等，對經濟體的衝擊作用尤為明顯。在制度變革發生之後，經濟系統中的各經濟主體，包括政府、廠商以及勞動參與者，都需要一定的時間來瞭解、適應新的制度。科斯曾經指出，制度除了有顯性的、正式的規則之外，為了確保制度的正常執行，經濟體內部還會自發地出現許多非正式的

規則，包括行為規範、慣例和自我設定的行為準則等（Coase，1960），而這種非正式的規則當然需要一定時間來構建和磨合。因此，制度變革作為一種外生衝擊對當期經濟會有微弱的負面影響。

第二，制度變革對經濟增長率有顯著的滯後促進作用，且隨著時間推移，其促進力度逐步增大。制度變革可以通過完善約束激勵機制來提高經濟的長期增長率，隨著中國改革開放的不斷加深，對於政府官員的約束激勵機制也發生了許多改變。當一項政策發布之後，市場主體會根據政策的內容調整自己的行為，在一到兩年的時間裡逐步完成這種調整，從而進一步促進經濟的發展。另外，制度變革還將帶來產權保護水準的提升。當經濟主體的產權得到了應有的保護之後，經濟主體的投資、生產的積極性將獲得巨大提升，經過一段時間的準備之後，對經濟增長的促進作用就逐漸顯現出來。制度變革還將大幅度降低經濟主體的交易成本。與前面的理由類似，當交易成本下降之後，經濟主體的積極性獲得提升，經過一段時滯之後，制度變革對提高經濟潛在增長率的促進作用逐漸顯現。因此，表 5-1 中第（4）列，制度變革（zd_t）滯後一階（$L.zd_t$）和滯後二階（$L2.zd_t$）的估計系數表明制度變革對經濟增長的積極影響明顯地隨時間推移而有所增大。

5.1.2.2 人力資本高級化對提高經濟增長率有積極的影響且滯後效應明顯

人力資本高級化對提高經濟增長率有積極的影響，且存在明顯的滯後效應。由表 5-1 第（3）-（4）列可知，人力資本變量（rl_t）的迴歸系數顯著為負；到滯後一階變量（$L.rl_t$）的估計系數為負，但迴歸系數顯著性水準下降；而滯後二階（$L2.rl_t$）的估計系數則在 1% 置信水準上顯著為正。這表明人力資本結構高級化促進經濟增長的作用是逐步顯現的，與制度變革變量相比，人力資本高級化的作用效果更為緩慢。

從人力資本變量的迴歸結果中，我們可以得出兩條明顯的結論：

第一，消耗資源去累積人力資本在短期內對經濟增長的作用效果為負。本研究測量人力資本所用的變量是受過高等教育的人員占就業人員總量的比重，而這些人力資本較高的勞動者在受教育過程中收穫更多的是間接經驗即知識，缺乏實踐經驗，進入特定職位後難以將其迅速地轉化為現實生產力且擠占了較多資源，從而對經濟增長的短期作用為負。在第 3 章介紹內生增長理論時，曾談到了累積人力資本對於提高經濟潛在增長率的短期負面影響，從短期來看累積人力資本對經濟潛在產出是負向影響。一方面，勞動者接受教育、參加各種培訓活動需要付出一定的經濟成本；另一方面，受教育本身需要消耗大量的時

間成本。因為勞動者脫離勞動崗位去接受教育，直接導致工作領域勞動力數量下降。本研究的實證結果支持了前面的理論假設。

第二，從長期來看，累積人力資本可以提高經濟的增長率。勞動者走出校園，經歷1~2年的工作實踐，間接經驗逐步轉變為直接經驗，人力資本較高勞動者的工作潛力被挖掘出來。具有較高受教育水準的工人具有較高的知識和技術水準，對生產過程、要素使用有更好的認識，可以提升物質資本的使用效率，從而提高人均勞動生產率。另外，具有較高受教育水準的工人與要素的結合能力、與他人的協作能力以及與生產流程的匹配能力都遠遠高於受教育水準較低的工人。同時，高人力資本勞動者的創新能力所帶來的促進經濟長期增長的作用也逐步顯現出來。從微觀角度來看，個人、企業創造財富的能力顯著提升；從宏觀角度來看，經濟增長率也得以隨之顯著提升。一方面，要認識到，人力資本發揮作用有一定的時滯性，需要增加新入職的具有高級人力資本勞動者的實踐經驗，要對人力資本投入的回報有一定的耐心；另一方面，在學校教育的過程中，應該著力提升高等教育與實體經濟發展需要的匹配度。

5.1.2.3 科技創新投入提高經濟增長率的效果更多地體現在長期中

科技創新投入顯著提高了經濟增長率，並且提高的效果更多地體現在長期中。表5-1的第（4）列給出了科技創新以及其滯後一階、兩階變量的迴歸結果。科技創新的當期變量（kj_t）的迴歸系數為-0.02，迴歸結果不顯著；一階滯後變量（$L.kj_t$）的迴歸彈性系數為0.13，且在1%的置信水準上顯著；二階滯後變量（$L2.kj_t$）的彈性系數為0.10，在5%的置信水準上顯著。滯後一階和滯後二階變量的迴歸系數標準差較小，小於0.05，說明迴歸結果相對穩健。

從科技創新變量的迴歸結果中，我們可以得出三條明顯的結論：

第一，對於科技創新的投入在短期內對提高經濟潛在增長率的影響為負。科技創新活動本身投入巨大，無論是國家層面對於科技創新的投入，如航空航天、微觀粒子探測、基礎理論研究等，還是微觀的企業層面對於科技創新的投入，如中興、華為對通信設備的投資，BAT（中國互聯網公司三巨頭的代稱。B＝百度公司，A＝阿里巴巴公司，T＝騰訊公司）對於互聯網金融方面的投入都數目驚人。由於科研活動的特殊性，這種投資具有高投入、高風險、回報週期長的特徵，因此短期內對經濟增長會帶來一定程度的負面影響。科技創新經費支出對當期經濟增長的輕微抑制效應還源於科技創新的機會成本，在既有增長模式下，增加的科技創新經費若用於投資房地產以及金融領域則可取得立竿見影的增長效果。因此，科技創新的當期變量迴歸結果為負。

第二，科技創新在長期對提高經濟潛在增長率有促進作用。科技創新經費支出的滯後一階與滯後二階都有顯著的促進增長作用。科技創新對於潛在經濟增長率的各項影響機制都或多或少地存在一定的時滯效應。基礎科學領域的研究工作本身就是一個漫長的過程，從研究者個人來看，皓首窮經也未必能在基礎科學領域做出顯著的貢獻；從時代的角度來看，可能每隔幾十年才能出現很少的基礎科學領域的突破。科技創新包含人才培養以及人才選拔機制的構建，這都需要一定的時間來完成。在科技創新的投入中，社會投入、企業投入所占的比重不斷提升。企業的員工可以在「干中學」，對於新的技術和設備，需要一定的時間去熟悉和磨合。此外，企業出於逐利的需要，不斷加大自主研發的力度，而企業更傾向於在見效快、收益高的技術創新、實用新型等方面進行科技創新投入，一定程度上縮短了科技創新的時滯。在以上各種因素的綜合作用之下，科技創新對提高經濟潛在增長率有明顯的促進作用，但這種促進作用是一種長期效果。

第三，科技創新對提高潛在經濟增長率的影響力弱於制度變革和人力資本。與制度變革和人力資本高級化相比較，科技創新經費支出對潛在經濟增長率的影響力相對較小。由於科技創新這一因素的正外部性十分明顯，對於經濟增長的影響路徑多樣，驅動增長的作用很多是通過緩慢變革如要素投入、管理營銷、生產方式等方面來體現的。再比如基礎科學領域，基礎科學的成果很多都是可以直接被大眾學習的，科研成果一經發表，大眾只需要很少的成本就可以獲取到這些知識，這也就將科技創新的作用衝淡了。另外，科技創新投資包含了對於許多科研人員人力資本的投資。因此，從數據統計上來看，各種因素分散了科技創新的影響力。它也說明中國科技創新投入產出效率較低，投入了大量科研經費，產出效率卻不如其他一些要素。這也與科研活動本身的性質相關，科學探索也有很大的概率會出現失敗。

此外，與人力資本因素相比，科技創新對提高經濟潛在增長率的促進快於人力資本，人力資本需要滯後兩期，而科技創新只需要滯後一期，但人力資本對經濟潛在增長的促進作用高於科技創新投入。這說明，人力資本投資雖然見效更緩慢，卻是確定可以見效的。這與絕大多數關於人力資本的研究成果類似，對人的投資從長期來看是有效的。科技投入見效更快一些，但由於其他因素對科技投入影響力的分流，以及中國科技創新投入的效率不高，其影響力不及人力資本對經濟潛在增長率的影響力高。

5.1.2.4 資本存量和勞動力投入對提高潛在經濟增長率有顯著的促進作用

從表5-1的第(1)-(4)列可以看出，除了在第(3)列中資本存量的迴

歸系數不顯著之外，其餘各列的資本存量（k_t）以及勞動力投入（l_t）都顯著為正。尤其是勞動力投入變量，在四個模型中都在置信水準1%的水準下高度顯著。

從資本存量和勞動力投入變量的迴歸結果中，我們可以得出兩條明顯的結論：

第一，資本存量和勞動力投入對提高經濟潛在增長率有顯著的促進作用。資本存量和勞動力投入量是經典的生產函數模型中包含的變量，從古典政治經濟學家威廉·配第開始就已經有「勞動是財富之父，土地是財富之母」這種資本和勞動投入能夠促進經濟增長的思想。顯著為正的迴歸結果驗證了以往的理論，說明對於中國的經濟長期增長來說，資本存量和勞動力投入量依然是不可或缺的重要投入要素。

第二，勞動力投入對提高經濟潛在增長率的影響力大於資本存量。在以往的關於潛在經濟增長率的研究或者是經濟增長的研究中，學者們大多傾向於認為資本存量的影響力大於勞動力投入量。也有學者認為兩種要素從長期來看彈性系數相等，都等於 0.5（陸暘、蔡昉，2016；易信、郭春麗，2018）。筆者經過研究發現，傳統的柯布-道格拉斯生產函數模型，需要假設規模報酬不變，即彈性系數相加等於 1，在迴歸計算的過程中需要加上彈性系數相加為 1 的約束條件，進行有約束的迴歸分析。在這種情況下得到的結論確實與以往的研究成果類似，筆者自行測算的結果，資本存量與勞動力投入彈性系數的比值大約為 0.55∶0.45。但筆者在第 3 章中曾經分析過，規模報酬不變的假設在中國的現實國情下也許並不合理，而且本研究的模型包含的要素很多，再假設規模報酬不變更加不合理，因此本研究就放鬆了這一假定。放鬆這一假定之後，得到的迴歸結果如表 5-1 所示，勞動力投入的影響力大於資本存量。根據計量經濟學的基本原理可知，條件迴歸會對模型形成人為扭曲，估計的準確性不如非條件迴歸，因此本研究的迴歸結果應該更加準確。筆者認為之所以出現勞動力的迴歸系數大於資本存量，一方面是因為資本存量的影響力被其他因素分散了，如制度變革中的存款占 GDP 比重、科技創新投入，等等；另一方面是經過改革開放 40 多年來的充分發展，勞動力對經濟潛在增長率的影響力逐漸提升，勞動力要素的稀缺程度也逐漸上升，而資本的稀缺程度在不斷下降。

5.2 中國潛在經濟增長率再估計

5.2.1 用拓展生產函數模型估計潛在經濟增長率

由於潛在產出定義的是真實產出的趨勢值，為了增強這種趨勢性，筆者在這裡依然借鑑 OECD（2012）的經典做法，將表 5-1 第(4) 列各變量的估計參數及變量原始數據的 HP 濾波值代回公式（3-45）中，計算出的擬合值作為考慮拓展因素影響的潛在產出（y_t^{struc}），結合公式（3-41）計算得到 1981—2016 年的潛在經濟增長率（$y_t^{struc\_pot}$）。1981—2016 年的潛在經濟增長率（$y_t^{struc\_pot}$）與實際經濟增長率走勢如圖 5-1 所示。

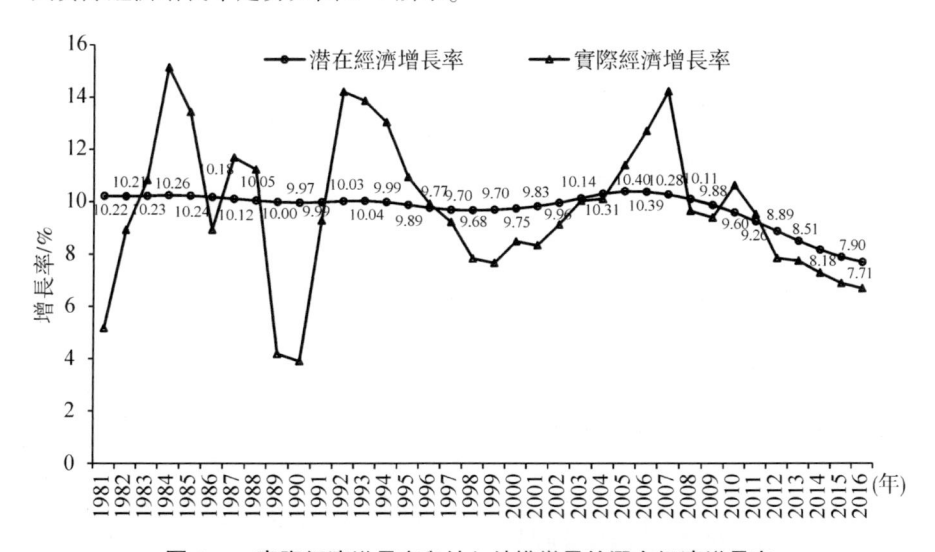

圖 5-1 實際經濟增長率與納入結構變量的潛在經濟增長率

表 5-2 給出了經濟真實產出（以 1978 年為基期，使用《中國統計年鑑》給出的 GDP 指數調整了物價水準的國內生產總值）、真實增長率（來源於《中國統計年鑑》）、本研究使用拓展生產函數模型測算出來的潛在經濟增長率以及產出缺口。產出缺口使用的計算方法是真實產出減去潛在產出。

表 5-2　GDP 的真實值與潛在值、增長率的真實值與潛在值

年份	真實產出/億元	潛在產出/億元	產出缺口/億元	真實增長率/%	潛在經濟增長率/%
1981	4,488.01	4,638.29	-150.28	5.17	10.22
1982	4,888.99	5,111.98	-222.99	8.93	10.21
1983	5,418.73	5,634.78	-216.06	10.84	10.23
1984	6,239.08	6,212.65	26.42	15.14	10.26
1985	7,077.82	6,848.60	229.22	13.44	10.24
1986	7,710.56	7,545.90	164.65	8.94	10.18
1987	8,611.84	8,309.29	302.54	11.69	10.12
1988	9,579.33	9,144.58	434.75	11.23	10.05
1989	9,980.31	10,058.79	-78.48	4.19	10.00
1990	10,370.26	11,061.70	-691.45	3.91	9.97
1991	11,334.07	12,166.83	-832.76	9.29	9.99
1992	12,945.35	13,387.21	-441.86	14.22	10.03
1993	14,740.55	14,731.16	9.39	13.87	10.04
1994	16,664.51	16,203.38	461.13	13.05	9.99
1995	18,489.15	17,805.63	683.52	10.95	9.89
1996	20,324.82	19,545.41	779.40	9.93	9.77
1997	22,200.95	21,440.50	760.45	9.23	9.70
1998	23,940.98	23,515.62	425.36	7.84	9.68
1999	25,776.65	25,796.14	-19.49	7.67	9.70
2000	27,965.48	28,310.56	-345.08	8.49	9.75
2001	30,297.77	31,093.68	-795.91	8.34	9.83
2002	33,064.16	34,191.08	-1,126.92	9.13	9.96
2003	36,382.34	37,657.60	-1,275.25	10.04	10.14
2004	40,061.04	41,539.91	-1,478.87	10.11	10.31
2005	44,626.31	45,861.44	-1,235.13	11.40	10.40
2006	50,302.54	50,625.47	-322.92	12.72	10.39

表5-2(續)

年份	真實產出/億元	潛在產出/億元	產出缺口/億元	真實增長率/%	潛在經濟增長率/%
2007	57,461.29	55,831.86	1,629.43	14.23	10.28
2008	63,008.77	61,475.87	1,532.90	9.65	10.11
2009	68,931.48	67,548.42	1,383.06	9.40	9.88
2010	76,263.13	74,030.32	2,232.81	10.64	9.60
2011	83,535.92	80,884.70	2,651.22	9.54	9.26
2012	90,098.72	88,073.77	2,024.95	7.86	8.89
2013	97,088.25	95,571.51	1,516.74	7.76	8.51
2014	104,173.43	103,385.50	787.93	7.30	8.18
2015	111,361.61	111,552.43	-190.83	6.90	7.90
2016	118,822.83	120,148.05	-1,325.21	6.70	7.71

資料來源：筆者根據相關資料自行計算而得。

5.2.2 潛在經濟增長率估計結果討論

觀察圖 5-1 以及表 5-2，我們可以得出以下幾條結論：

5.2.2.1 潛在經濟增長率準確描繪了經濟走勢的特點

隨著改革開放政策的實施，原來束縛生產力的桎梏逐步被打破，改革帶來的紅利在經濟領域顯現出來。真實增長率從 1981 年開始迅速從 5.17%增長到 1984 年 15.14%的高位，潛在經濟增長率也同步從 1981 年的 10.22%上升到 10.26%。改革開放初期所產生的一系列經濟領域的混亂也逐漸出現，因此，真實增長率從 1984 年的高位震盪下跌到 1990 年的 3.91%，雖然中途出現了幾次小幅度的增速回調，但大趨勢依然向下，潛在經濟增長率也同步震盪下跌到 1990 年的 9.97%。隨著中國領導人對改革開放以來問題的反思，以及中國特色社會主義市場經濟建設目標的確立，真實增長率又從 1990 年的 3.91%迅速攀升到 1992 年的 14.22%，潛在經濟增長率也同步從 1990 年的 9.97%上升到 1992 年的 10.03%。高達 14.22%的年均增速以及高通貨膨脹的壓力，致使政府開始擔憂經濟過熱，因此出抬了一系列措施來給經濟降溫，1997 年又發生了嚴重的金融危機。中國政府為了對抗危機並且幫助中國香港地區以及東南亞一些國家共渡難關，始終保持人民幣幣值堅挺，進一步拉低了經濟的增長速

度。這一系列原因致使經濟的真實增長速度從1992年的14.22%緩慢下跌到1999年的7.67%，而潛在經濟增長率也在同一時期內從10.03%緩慢下跌到了1999年的9.70%。

2000—2007年，中國經濟迎來了一輪黃金增長週期，形成了歐美發達國家消費而在中國生產的全球分工模式，中國正式成為「世界工廠」。朱鎔基進行大膽改革所留下的制度變革紅利也集中釋放，「高投資、高儲蓄、高增長」的結構性加速增長模式的作用淋灕盡致地表現出來，經濟的真實增長率從1999年的7.67%上升到2007年的14.23%，潛在經濟增長率也從1999年的9.70%同步上升到2007年的10.28%。2008年，以美國為首的西方發達國家發生了次級抵押貸款違約危機，造成了金融領域的危機，進一步演化為經濟危機。經濟危機通過進出口以及金融等方面的傳導機制傳導到中國，致使中國經濟也遭遇困境。而以往靠投資刺激經濟增長模式的弊端也逐漸顯現出來，資本的邊際收益隨著連年投資的不斷增加而迅速遞減。儘管中國政府採取了以「四萬億」投資為代表的積極的財政政策和貨幣政策對抗危機，使得2010年的經濟增速重新突破10%，但單純的投資拉動沒有解決深藏的結構性問題，經濟增速還是震盪下跌到2016年的6.70%，潛在經濟增長率也同步下跌到2016年的7.71%。

根據前文的論述可以看出，經濟的真實增長速度作為經濟現實的「指示器」和「計分牌」表明了即時的經濟表現，而本研究測算的潛在增長速度與真實增長速度的變化走勢高度一致。

5.2.2.2 潛在經濟增長率凸顯了經濟的長期增長趨勢

經濟的真實運行過程受到各種因素的擾動會產生一定程度的波動，而經濟潛在增長率測算的是經濟真實增長率的長期趨勢，因此波動的幅度相對較小，趨勢性更加凸顯。

在1981—1992年這一時間區間，由於改革開放剛剛開始，許多政策對於經濟運行的擾動十分明顯，真實週期波動比較劇烈。在1981—1984年這三年內，經濟的真實增速從5.17%驟升至15.14%；在1984—1990這六年，經濟增速又從15.14%震盪下降至改革開放以來的最低點3.91%；而1990—1992年這兩年，經濟增速又從3.91%驟升至14.22%，經濟增速可謂是大起大落。而從經濟的長期走勢來看，許多年份的驟升驟降正負相抵，測算出的潛在經濟增長率表明了經濟的長期趨勢仍是高速增長，基本保持在10%上下，波動幅度很小。

在1992—2007年這一時間區間，真實經濟增速呈現為一條明顯的「U形」

曲線，即從 1992 年的 14.22%降至 1999 年的 7.67%，再反彈上升至 2007 年的 14.23%。前文曾經分析過，前半段下降區間主要是防止經濟過熱、「價格闖關」以及 1997 年經濟危機的影響；而後半段則是中國加入世界貿易組織以及改革紅利集中釋放的黃金增長階段。潛在增速同樣呈現為明顯的「U 形」曲線，但趨勢性更為明顯，波動性較弱，波動的幅度較小。潛在增速從 1992 年的 10.03%降至 1999 年的 9.70%，然後反彈上升至 2005 年的 10.40%，後面進入下一個下跌週期，到 2007 年為 10.28%，可以明顯地看出也是一條「U 形」曲線，但波動幅度小得多。

在 2008—2016 年這一時間區間，由於世界經濟危機的影響，中國經濟整體上進入一條下降通道，從 2007 年 14.23%的歷史增速高位下跌至 2016 年的 6.70%。潛在經濟增長率同樣表現了這種下降的趨勢，從 2007 年的 10.28%一路下降至 2016 年的 7.71%。由於中國推出了一系列反危機措施，經濟真實增速曾經在 2010 年有一個 10.64%的小幅度反彈。2008 年開始推出反危機措施，而 2010 年經濟增速才出現反彈，說明中國經濟政策發生效果確實有兩年左右的時滯，這與前面拓展生產函數模型的制度變革變量滯後兩期的迴歸係數最大這一估計結果吻合。而潛在增速由於把握的是經濟長期趨勢，反危機措施並沒有改變經濟持續下行的趨勢，所以在潛在增速中並沒有體現出反危機措施的效果。同時，潛在增速的下跌速度要慢於真實增速，真實增速從 2007 年的 14.23%下跌至 2016 年的 6.70%，而潛在增速從 2007 年的 10.28%下跌至 2016 年的 7.71%。

5.2.2.3 產出缺口準確把握了經濟的過冷與過熱

為了測定經濟運行的狀態是過冷還是過熱，經濟學家們發明了產出缺口這個概念，計算潛在產出的重要實踐意義就是計算產出缺口。當產出缺口為正時，說明經濟過熱，需要採用緊縮的財政政策和貨幣政策為經濟降溫；當產出缺口為負時，說明經濟過冷，需要採用擴張的財政政策和貨幣政策來刺激經濟的增長。需要注意的是，產出缺口是真實產出和潛在產出的差，不是真實經濟增長率和潛在經濟增長率的差。

改革開放 40 多年來，幾次重要的經濟過熱和過冷都被拓展模型所估計出的產出缺口捕捉到。1980—1983 年，改革開放剛剛開始，百廢待興，經濟產出整體較低，真實產出略低於潛在產出。1984—1988 年正是改革開放初期的紅利集中釋放的時期，改革從農業領域逐漸擴大到工業領域，從鄉村擴展到城市，這一階段真實產出增長較快，經濟有過熱的傾向。1989—1992 年是一段非常敏感的時期，由於蘇聯解體和東歐劇變的影響，政治上出現了風波，國家

领導人對改革開放以來的一系列問題也做出了反思，最終以 1992 年鄧小平同志發表「南方講話」而徹底掙脫了思想領域的束縛，全心全意發展中國特色社會主義市場經濟。而受到這些不利因素的影響，此階段產出缺口為負，經濟過冷。1993—1998 年經濟出現高速增長，思想領域的解放、政治局勢的穩定以及對前一階段經濟不良表現的補償，出現正向的產出缺口。1997 年爆發的經濟危機逐漸拉低了經濟增速，致使兩年之後的 1999 年開始，經濟再一次進入負向產出缺口，經濟危機所帶來的對真實產出的影響遠遠大於對潛在產出的影響，這種負向的產出缺口直到 2007 年之前才完成補償。2008 年的經濟危機又致使經濟增速逐年下降，但由於前面一段黃金增長期累積了大量的正向產出缺口，國家又出抬了大量的反危機措施，致使 2010—2011 年兩年的正向產出缺口不僅沒有縮小反而到達了歷史最高水準。在經濟整體進入下行區間後，在經濟累積的結構性矛盾持續發酵的狀態下，政府依然強行刺激經濟增長，必然導致經濟過熱，而這種過熱畢竟不可長久，到 2015 年以後就逐漸轉為負向的產出缺口了。

　　從數據的角度來看，由於真實增速和潛在增速是一個流量概念，而真實產出和潛在產出是一個存量概念，因此經濟走勢的轉向一定首先表現在增速上。增速轉向過後，經濟的存量還需要一段時間來補償前一段累積的正向或負向的產出缺口才能完成轉向。從中國經濟產出缺口的變化過程可以看出，在 1999 年之前，產出缺口轉向頻繁，平均 3.8 年就要進行一次轉向，說明在此之前中國經濟的波動比較頻繁；而 1999 年之後，產出缺口轉向變慢，平均 8.5 年才進行一次產出缺口轉向，經濟的週期變長，經濟運行相對穩定。此外，1999 年之後，產出缺口的絕對值相對增大，這主要是經濟總量上升所致。

5.3　與其他算法對比分析

5.3.1　與傳統生產函數模型對比

　　為了體現出拓展生產函數模型與只包含資本和勞動力的傳統生產函數模型的差異，表 5-3 給出了前文用傳統生產函數法粗略估算的潛在產出（$\hat{y}_t$）與潛在經濟增長率（y_t^{pot}），與拓展模型估計出的潛在產出（$\hat{y}_t^{struc}$）與潛在經濟增長率（$y_t^{struc\text{-}pot}$）的匯總對比結果。

　　此外，比較這兩種模型的估計結果不僅僅只有計算方法方面的意義，還有

很強的經濟意義。由於在拓展的生產函數模型中包含了許多新的影響因素，尤其是一些結構性因素，因此拓展生產函數模型與傳統的只包含資本存量和勞動力的生產函數模型的差異可以被認為是這些拓展因素的影響，也可以認為是中國經濟經過改革開放 40 多年來的經濟結構改革與經濟結構升級所帶來的影響。

表 5-3　粗略估算的與納入結構性變量的潛在產出、潛在經濟增長率

年份	$\widehat{y}_t$ /億元	$\widehat{y}_t^{struc}$ /億元	$\widehat{y}_t^{struc} - \widehat{y}_t$ /億元	y_t^{pot} /%	$y_t^{struc\_pot}$ /%	$y_t^{struc\_pot} - y_t^{pot}$ /%
1981	4,729.199,1	4,638.294,4	−90.904,7	9.633,9	10.224,9	0.591,1
1982	5,186.445,7	5,111.979,6	−74.466,2	9.787,0	10.212,5	0.425,5
1983	5,683.519,3	5,634.783,5	−48.735,8	9.954,4	10.227,0	0.272,7
1984	6,193.155,5	6,212.651,1	19.495,7	10.083,0	10.255,4	0.172,3
1985	6,815.658,5	6,848.603,2	32.944,7	10.128,6	10.236,4	0.107,8
1986	7,588.837,7	7,545.902,7	−42.935,0	10.096,3	10.181,6	0.085,3
1987	8,386.169,3	8,309.294,6	−76.874,7	10.024,1	10.116,6	0.092,6
1988	9,167.480,4	9,144.583,4	−22.897,0	9.938,1	10.052,5	0.114,3
1989	10,044.209,5	10,058.788,4	14.578,9	9.881,3	9.997,2	0.115,9
1990	10,939.822,4	11,061.700,3	121.877,9	9.909,1	9.970,5	0.061,4
1991	11,951.579,7	12,166.833,9	215.254,3	10.018,7	9.990,6	−0.028,0
1992	12,954.961,7	13,387.209,3	432.247,6	10.145,6	10.030,3	−0.115,2
1993	14,280.789,7	14,731.156,2	450.366,5	10.217,7	10.039,0	−0.178,7
1994	15,895.673,2	16,203.377,7	307.704,5	10.203,0	9.993,9	−0.209,1
1995	17,784.749,1	17,805.630,4	20.881,3	10.105,2	9.888,4	−0.216,8
1996	19,645.604,7	19,545.414,8	−100.189,9	9.956,5	9.771,0	−0.185,5
1997	21,542.364,9	21,440.501,4	−101.863,5	9.797,3	9.695,8	−0.101,5
1998	23,632.745,8	23,515.616,2	−117.129,6	9.667,6	9.678,5	0.010,9
1999	25,750.541,5	25,796.136,2	45.594,7	9.601,3	9.697,9	0.096,5
2000	27,745.532,7	28,310.555,5	565.022,8	9.614,4	9.747,3	0.132,9
2001	30,470.925,8	31,093.684,3	622.758,5	9.702,8	9.830,7	0.127,9
2002	33,668.318,0	34,191.077,6	522.759,6	9.851,9	9.961,5	0.109,6
2003	37,749.615,1	37,657.597,3	−92.017,8	10.033,0	10.138,7	0.105,7

表5-3(續)

年份	$\hat{y}_t$ /億元	$\hat{y}_t^{struc}$ /億元	$\hat{y}_t^{struc} - \hat{y}_t$ /億元	y_t^{pot} /%	$y_t^{struc\_pot}$ /%	$y_t^{struc\_pot} - y_t^{pot}$ /%
2004	42,411.934,7	41,539.912,9	-872.021,9	10.210,1	10.309,5	0.099,4
2005	47,269.966,6	45,861.442,0	-1,408.524,6	10.347,0	10.403,3	0.056,3
2006	51,270.205,5	50,625.465,5	-644.740,0	10.406,3	10.387,9	-0.018,5
2007	54,547.162,5	55,831.862,6	1,284.700,1	10.361,3	10.284,1	-0.077,2
2008	60,944.675,5	61,475.868,8	531.193,3	10.208,2	10.108,9	-0.099,3
2009	68,619.284,9	67,548.423,2	-1,070.861,8	9.981,6	9.877,9	-0.103,6
2010	75,997.330,0	74,030.318,7	-1,967.011,3	9.710,3	9.595,9	-0.114,5
2011	82,836.193,4	80,884.703,0	-1,951.490,3	9.417,2	9.258,9	-0.158,3
2012	90,086.046,7	88,073.766,7	-2,012.280,0	9.134,3	8.888,0	-0.246,3
2013	97,267.519,3	95,571.506,0	-1,696.013,3	8.894,3	8.513,0	-0.381,3
2014	104,521.345,9	103,385.500,1	-1,135.845,8	8.716,9	8.176,1	-0.540,8
2015	112,171.329,6	111,552.431,8	-618.897,7	8.610,2	7.899,5	-0.710,7
2016	119,271.943,5	120,148.048,6	876.105,1	8.568,4	7.705,4	-0.862,9

根據表5-3給出的結果，我們可以得出以下幾條結論：

第一，在1981—1990年這一時間區間，拓展生產函數模型估計出的潛在經濟增長率高於傳統生產函數模型估計的潛在經濟增長率，二者的差距逐漸縮小並趨於一致。比較傳統的生產函數模型估計的潛在經濟增長率（y_t^{pot}）和拓展生產函數模型估計的潛在經濟增長率（$y_t^{struc\_pot}$）可以發現，結構性改革對潛在經濟增長走勢的影響值得關注。改革開放初期是新中國成立以來結構化改革衝擊十分劇烈的一個時期。從制度變革的角度來看，在農業領域有家庭聯產承包責任制的產生和推廣；在工業領域拉開了國有企業改革的大幕，委託、承包逐步開展；在非公有經濟方面，民營企業如雨後春筍般出現；在對外開放方面，以深圳經濟特區在1980年8月正式成立為標誌，掀起了對外開放的大潮。從人力資本高級化這一因素來看，1977年開始恢復高考，使接受高等教育的人數不斷上升。由於在改革開放初期結構化改革的衝擊十分劇烈，而傳統的生產函數模型無法描繪結構改革所帶來的經濟結構變化的紅利對潛在經濟增長率的提升作用，因此，起初傳統生產函數模型估計的潛在經濟增長率（y_t^{pot}）小於拓展的生產函數模型估計的潛在經濟增長率（$y_t^{struc\_pot}$）。隨著結構性改革的

成效逐漸從資本存量和勞動力投入兩個方面的變化中顯現出來，二者的差距由 1981 年的 0.59% 縮小至 1990 年的 0.06%。

第二，在 1991—1997 年這一時間區間，拓展生產函數模型估計出的潛在經濟增長率低於傳統生產函數模型估計的潛在經濟增長率。1991—1997 年，中國進入改革開放中期，以確立社會主義市場經濟體制為目標的系統化變革全面開啓，此階段下生產關係領域的變化引發的短期結構的負面衝擊較為顯著但 1995 年後有所減弱。在這一時期，中國經濟發生了許多重大變化。1992 年鄧小平同志的「南方講話」確立了中國要走中國特色社會主義市場經濟道路，因此改革的進程逐步加快。而改革過程中累積的一些弊端也開始逐漸爆發。在政治領域，由於蘇聯解體和東歐劇變的影響，中國發生了一次政治風波。在經濟領域，由於 1978—1990 年這一階段的改革逐步激發了市場的活力，而計劃經濟體系本身還在運行之中，這就導致出現了兩套經濟調節系統，即市場調節和計劃調節共存。兩套調節系統直接導致了同樣的商品出現了兩個不同的價格，即市場價格和計劃內價格，這又為權力尋租創造了條件。為了解決「價格雙軌制」的弊端，國家進行了許多制度探索，但這些改革措施又造成了許多負面影響，比如在「價格闖關」的過程中出現了高通貨膨脹的現象。在國有企業改革的過程中，又出現了國有企業債務過高、「三角債」盛行、部分地區貨幣體系崩潰，致使個別地方甚至退回到了物物交換的原始方式（朱鎔基，2011）。

總而言之，在 1991—1997 年這一階段，一方面確立了中國特色社會主義市場經濟的建設目標，明確了未來的發展道路，極大地解放了思想；另一方面改革的過程中「摸著石頭過河」，導致了許多不良的經濟後果，而前一階段改革累積下來的問題又集中爆發了，因此經濟運行過程中有一定的混亂現象。拓展生產函數模型可以捕捉到這一時期的制度變革問題對於提高潛在經濟增長率造成的不良影響，而傳統生產函數模型對此則無能為力，因此在這一階段，拓展生產函數模型估計出的潛在經濟增長率低於傳統生產函數模型估計出的潛在經濟增長率。

第三，在 1998—2005 年這一時間區間，拓展生產函數模型估計出的潛在經濟增長率高於傳統生產函數模型估計出的潛在經濟增長率。1997—1998 年亞洲金融風暴對於中國經濟產生了一定的衝擊。但一方面中國政府應對得當，在關鍵時刻給予中國香港地區以及東南亞各國以有力支持，對國際遊資進行了有效打擊，降低了金融風暴的損失；另一方面以互聯網產業引領的新產業革命方興未艾，互聯網、個人電腦以及信息通信等領域飛速發展，使經濟很快走出

低谷，重新進入了新的黃金增長週期。隨著改革的不斷深化，國民經濟逐步走出了前一階段的混亂狀態，而前一階段累積的改革紅利又集中體現了出來。「小城鎮、大戰略」與加速工業化聯合撬動了大量固定資產投資，農民工入城致使勞動力投入量也大幅度提升，結構層面的優化效應也得到釋放。拓展生產函數模型捕捉到了制度變革和科技創新投入等領域的巨大進步，使得1998—2005年的拓展生產函數模型估計出的潛在經濟增長率（$y_t^{struc\_pot}$）大於傳統生產函數模型估計出的潛在經濟增長率（y_t^{pot}）。

第四，在2006—2016年這一時間區間，拓展生產函數模型估計出的潛在經濟增長率低於傳統生產函數模型估計出的潛在經濟增長率，且差距逐年擴大。早期西方學者對於2008年金融危機原因的探討大多從金融監管不嚴、控制金融風險的角度來展開，而根據馬克思主義政治經濟學，經濟週期基本上分為復甦、繁榮、衰退、危機四個階段。經濟危機在資本主義制度下是不可避免的。目前許多學者也意識到，經濟危機雖然發生在2008年前後，但根源依然在負責價值創造的實體經濟部門，而實體經濟本身的危機在2006年就開始有所顯現了，但美聯儲通過一系列的金融手段刺激了經濟增長，致使危機被掩蓋和推後了。

經濟危機通過進出口以及金融等傳導通道，傳導到包括中國在內的世界各國和地區。而中國經濟經過近10年的黃金增長期，隱藏在依靠基礎設施、房地產等部門投資拉動的高速增長背後的結構性痼疾逐漸顯現。尤其是政府出抬了以「四萬億」投資為代表的積極的財政政策和貨幣政策，進一步提升了對投資拉動的依賴性。經過筆者對數據本身的研究，認為中國經濟經過多年的高速發展，制度變革的紅利還需要進一步挖掘；而科技投入和人力資本高級化雖然在總量上持續提升，但基數已經明顯擴大，因此增速反而下降，科技創新投入占GDP的比重不升反降。由於拓展生產函數模型捕捉到了這些結構因素，致使拓展生產函數模型估計出的潛在經濟增長率（$y_t^{struc\_pot}$）的下降快於傳統生產函數模式估計出的潛在經濟增長率（y_t^{pot}）的下降。

仔細觀察2012—2016年這一時間區間拓展生產函數生產函數模型（$\widehat{y_t^{struc}}$）和傳統生產函數模型（$\widehat{y_t}$）估計的潛在產出，拓展生產函數模型估計的潛在產出與傳統生產函數模型估計的潛在產出之間的差距逐步減小，2016年甚至發生了反轉。二者之間的差異走勢似乎暗示近幾年來國家推行的注重改進供給端行為的供給側結構性改革（如制度變革、人力資本結構優化及增加科技創新投入）有助於扭轉潛在經濟增長趨勢，加快實體經濟觸底反彈，對提升潛

在產出起到了一定的效果。

5.3.2 與趨勢分析法對比

為了進一步展示拓展生產函數模型的特徵，本節將拓展生產函數模型所得出的潛在經濟增長率的估計結果與用各種趨勢分析法得出的結果相對比。圖5-2給出了GDP真實增長率以及使用HP濾波法、BK濾波法、CF濾波法、Kalman濾波法測算的潛在經濟增長率值。計算所使用的軟件是EViews 9。

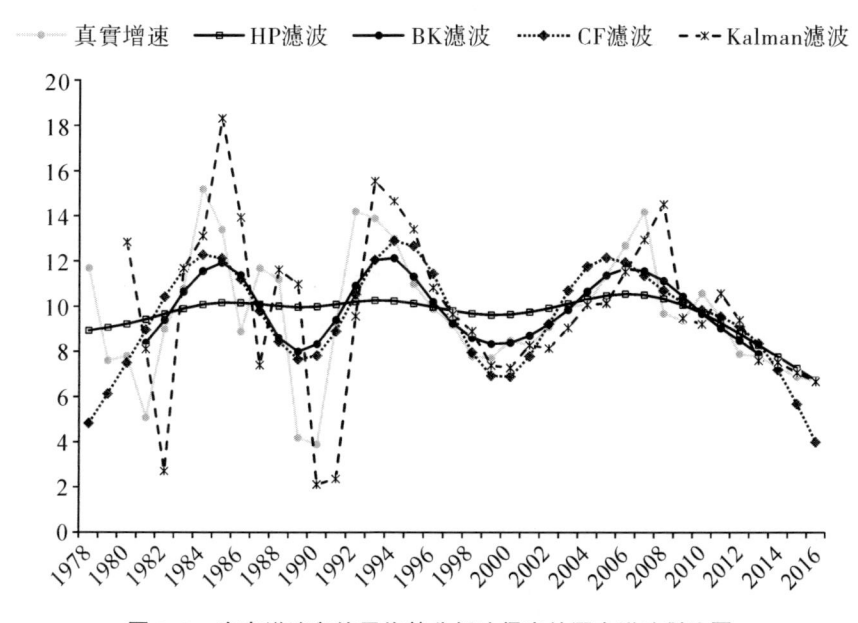

圖 5-2 真實增速與使用趨勢分析法得出的潛在增速對比圖

5.3.2.1 趨勢分析法估計結果的特點

首先觀察幾種趨勢分析法所得結果的特點。上述幾種趨勢分析法所得的結果都反應出了真實的經濟增長走勢，但不同的方法所得結果有一些不同。HP濾波法的測算結果走勢相對平緩、趨勢性最強。BK濾波法是一種固定長度的對稱濾波法，同時在估計的過程中滯後三階進行趨勢的循環分解，因此，首尾各損失了三個自由度，共損失了六個自由度。在前文綜述部分曾經介紹過，CF濾波本質上是BK濾波的升級版。從估計的結果可以看出CF濾波的優勢，不僅不需要損失自由度，而且與真實增長率的擬合程度更高，只是在估計的首部和尾部出現了明顯的偏離。最後是Kalman濾波法，本研究使用的是UC不可觀測模型。可以看出Kalman濾波法得出的結果與真實經濟走勢擬合得比較好，但在某些年份波動的幅度比真實經濟增速的波動幅度還要大，這就起不到

強化趨勢的作用了。

根據上文的分析可以看出，CF 濾波優於 BK 濾波，但這兩種濾波法都有缺陷，就是在時間序列的首尾容易出現比較明顯的偏差。Kalman 濾波與真實值的走勢比較接近，但某些年份的波動程度比真實值更大，在估計時間序列的趨勢上並不占優勢。總的來看，在這幾種趨勢分析法中，HP 濾波法是估計效果最好的。HP 濾波法估計效果好且操作簡便，這也是眾多趨勢分析法中 HP 濾波法應用得最為廣泛的原因。

5.3.2.2 趨勢分析法與拓展生產函數模型估計結果比較

趨勢分析法的原則是「從數據中來到數據中去」，因此與數據走勢的擬合效果較好，這是這類算法的優勢。但趨勢分析法只關注數據本身，並不關注數據背後的經濟意義，因此並不能給經濟活動帶來太多的指導，也無法解釋計算結果的經濟意義。

與拓展生產函數模型相比較可知，HP 濾波法所得的估計結果與其估計結果相近，都是在強調了趨勢性的基礎上模擬經濟的長期趨勢。但在估計結果的首部和尾部與拓展生產函數模型差異較大，HP 濾波法的估計結果偏低，這也與 HP 濾波算法在首部和尾部容易產生估計不準有很大的關係，這是算法本身的缺陷。其他算法與拓展生產函數模型相比則更凸顯了對真實數據的擬合，趨勢性較差。

通過前面的分析可知，拓展生產函數模型與目前常用的趨勢分析法相比有以下幾點優勢：第一，從經濟含義來看，拓展生產函數模型有明顯的經濟學意義，無論是計算過程還是估計結果都可以對經濟現實進行解釋。第二，從估計效果來看，趨勢分析法在數據首部和尾部的估計上均容易產生明顯的誤差，而首部和尾部又是估計結果中十分重要的部分。因此，從估計效果來看也是拓展生產函數模型更勝一籌。第三，從潛在經濟增長率的定義來看，更強調經濟走勢的趨勢性，而拓展生產函數模型的估計結果兼顧了趨勢性和與真實值的擬合性，而趨勢分析法估計結果對趨勢性的強調往往不足。

6 中國未來潛在經濟增長趨勢分析：預測評估

6.1 用生產函數法預測潛在經濟增長率

6.1.1 預測的結果

為了保證預測結果的可信度，本研究採用多種方式進行預測，在本小節中使用傳統的、目前學術界普遍採用的生產函數法進行預測。一方面給出一種預測的結果，另一方面為後文 Logistic 模型預測法做一個參照。使用生產函數法進行潛在經濟增長率的預測大致可以分為三個步驟：預測未來各要素的投入量、使用估計出來的生產函數計算未來的潛在產出值、計算潛在經濟增長率。下面進行詳細介紹。

第一步，預測未來各要素的投入量。拓展生產函數中包含了 5 種不同的投入要素，分別是資本存量（K）、勞動力（L）、制度變革（ZD）、科技創新（KJ）、人力資本（RL）。下面分別詳細說明每種要素的預測過程和結果。

經過多年投資拉動經濟的結果，投資對於經濟增長的促進作用已經逐漸減弱，投資的邊際收益大幅度下降。因此，有理由認為未來資本存量的累積速度應該呈現出一種增速逐漸下降的增長狀態。經過分析，2008 年經濟危機以來，資本存量的平均增速為 13.29%，但是增速的「增速」逐年下降，數值為 -5.38%，驗證了前面的猜想。就以 13.29% 作為一個基準的資本存量累積增速，而此增速以 -5.38% 的速度下降，到 2050 年的數值為 2.02%。這一資本存量的增速與美國等發達國家目前的固定資產投資速度基本一致，表明這樣的預測有一定的合理性。預測了資本存量的累積速度序列之後，就可以根據 2016 年基期的資本存量總量來推算出至 2050 年這一時域內所有的資本存量數據。

隨著中國人口基數的不斷擴大、人口老齡化社會的逐步到來，雖然有二孩和延遲退休等政策出抬，但勞動力的投入量與資本存量的情況類似也會呈現一種增速逐漸下降的緩慢增長狀態。這與世界各發達國家的人口現狀類似。2008年金融危機爆發以來到2016年，中國勞動力供給的年均增速只有0.33%，而增速的增速為-0.067%，數據得出的結果與推測一致。與資本存量數據的處理方式類似，以0.33%作為增速的基數，將-0.067%作為此增速的增速一直推算到2050年，得到2050年勞動力的增速為0.27%。得到勞動力的增速序列之後，再結合2016年的勞動力投入量的基數就可以預測出到2050年的勞動力投入量。

　　對於制度變革數據來說，中國經過改革開放40多年的制度變革，改革已經進入深水區。正所謂「好改的都改完了」，改革的進一步推進難度在逐漸上升。因此，制度變革數據也應該呈現一種增速逐漸下降的上升趨勢。2008—2016年，制度變革指數的年均增速為0.57%，但制度變革指數增速的增速為-8.77%，數據也驗證了推測。同前面的操作類似，以年均增速0.57%作為基準增速，以-8.77%作為制度變革指數增速的增速，增速拓展到2050年為0.03%。獲得增速的時間序列之後，再結合2016年的制度變革指數基數可得出到2050年的制度變革指數值。

　　在科技創新投入問題上，一方面國家對科技創新的投入十分重視，可以預期對科技創新的投入量會連年增加；但另一方面中國科技創新的投入總量已經是世界第一的規模，規模擴大了則增速必然會相應下降，這也由數據證明了。因此，綜合考慮，科技創新投入量呈現一種勻速增長的狀態。2008年全球金融危機之後，國家對科技創新問題非常重視，科技創新投入的增速過高，近幾年總量不斷上升，增速相對下降。從習近平總書記提出「新時代」的2013年開始計算科技創新投入的增速，到2016年的平均增速依然高達年均9.79%，這在世界各國中也屬於相當高的增速。

　　人力資本的累積則是一個極為漫長的過程。改革開放40多年來，中國受過高等教育的人口比重才占總人口的1%。因此，人力資本要素的增長情況也是勻速增長的。人力資本高級化從2008年到2016年的平均增速為4.43%。完成增速的預測之後，結合2016年數據的基期值就可以推算出到2050年的人力資本要素投入量。由於數據太多，為了行文簡練，表6-1給出了5種要素關鍵年份的投入量數據。

表 6-1　2017—2050 年要素投入量的預測值

年份	資本存量/億元	勞動力/萬人	制度變革（指數）	科技創新/億元	人力資本/%
2020	377,865.90	78,625.73	11.63	28,890.18	1.23
2025	582,620.79	79,884.39	11.81	62,032.31	1.53
2030	811,824.83	81,120.85	11.92	133,194.30	1.90
2035	1,046,133.95	82,334.88	11.99	285,991.66	2.36
2040	1,269,422.13	83,526.29	12.04	614,074.53	2.93
2045	1,471,010.41	84,694.94	12.07	1,318,526.32	3.64
2050	1,645,613.31	85,840.73	12.09	2,831,108.56	4.52

資料來源：筆者根據相關資料自行計算而得。

第三步，將第二步計算出來的潛在產出值代入公式（3-41）之中，計算潛在經濟增長率。具體的計算結果見圖 6-1。由於本研究的生產函數模型中有二階滯後項，因此損失了兩個自由度；又因為由潛在產出轉化為潛在經濟增長率的過程中又損失了一個自由度，因此一共損失了三個自由度，估計出來的潛在經濟增長率值是從 2020 年開始算起的。2017 年的潛在經濟增長率用 2017 年的真實增長率補齊，2018 年、2019 年的潛在經濟增長率則用 2017 年到 2020 年之間的平均增速補齊。至此，用生產函數法預測潛在經濟增長率的過程全部完畢。

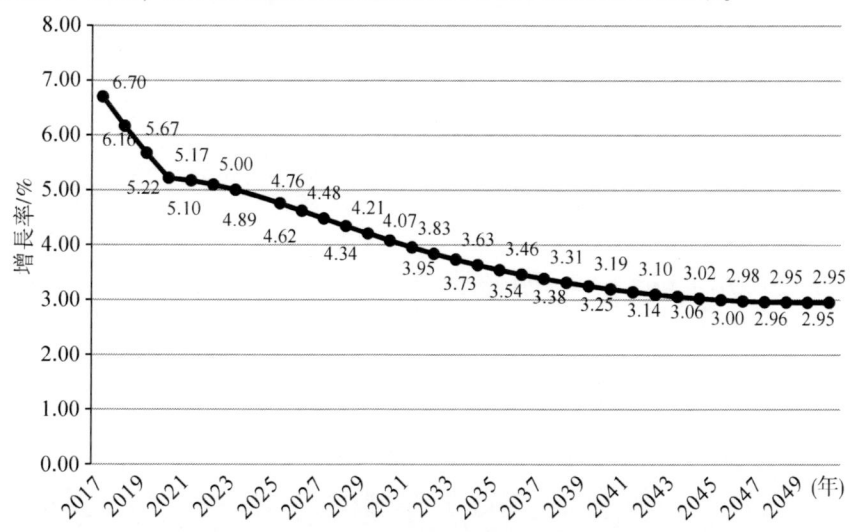

圖 6-1　用生產函數法預測的潛在經濟增長率

6.1.2 診斷性評價

從圖 6-1 的計算結果可以看出，用生產函數法預測的潛在經濟增長率的趨勢一直向下，從 2017 年的 6.7%下降到了 2050 年的年均增速 2.95%。潛在經濟增長率在前期下降很快，到 2045 年之後趨於平穩，最終穩定在 2.95%左右的年均增速。這說明到 2045 年之後，中國經濟逐漸成熟，經濟增速步入穩態。潛在經濟增長率的走勢與前文預期的一致。

從估計的過程中可以看出，對於要素投入量的估計有很強的主觀性，基本是作者說未來增長的趨勢如何就如何。雖然可以找出一些合理化的理由，但影響要素投入量的因素很多，到底如何選擇這些理由也是作者主觀判斷的。有許多學者在使用生產函數法進行預測時，估計得更加粗糙，比如袁富華（2010）在其文中預測資本存量的累積速度，直接指出資本存量的增速未來十年比過去十年低 2%~3%，並且沒有給出任何理由。有許多學者甚至預先估計出一個潛在產出的增速結果，然後反推出要素的投入量，再編造一些理由來使要素投入量的數據合理化，只為了結論好看，根本不考慮學術研究的科學性。

從上面的分析中可以看出，使用生產函數法預測潛在經濟增長率的科學性存在很大的疑問。即使相信研究人員的學術道德，認為他們在估計潛在經濟增長率時確實是有充分的理由來預估要素投入量的，也仍然有缺陷。因為研究的「初心」是估計潛在經濟增長率這一個指標，現在變成了要先預估多個指標，相當於「繞遠路」。如果是這樣，倒不如通過經驗分析以及和對標鄰國的經濟增長狀況對比並主觀上得出潛在經濟增長率來得直接。此外，使用生產函數法估計潛在經濟增長率難免要損失至少一個自由度，降低了預測的完整性。

綜上所述，目前在學術界被廣泛使用的用生產函數法預測潛在經濟增長率的做法不夠科學嚴謹，應該被逐步淘汰，讓位於更加科學嚴謹的新算法。

6.2　用 Logistic 模型預測潛在經濟增長率

6.2.1　適用性判別

前期文獻多採用前文介紹的生產函數法預測未來的潛在經濟增長狀況。此方法便捷易操作，思路也比較直觀，預測結果具有一定的參考價值。馬勇和陳雨露（2017）發現，進入 20 世紀後半期以來，美國、日本、韓國與臺灣地區均經歷了由高速增長向次高速增長的轉換，並基於它們的發展經驗指出次高速

增長區間的時間一般為 20 年左右。這說明經濟增速的調整、換擋確實有一定的趨勢性，如從「高速」向「次高速」的轉換就是一個增速逐漸下降的過程。據此，似乎通過投入生產函數中的要素量的時間趨勢外推方法預測中國潛在經濟增長趨勢有一定的合理性。

但是本研究在預測的過程中並不以此方法為主。從經濟理論和數據的角度來看，有以下兩點原因：第一，中國當前正處於全面深化改革與創新驅動增長階段，相關改革舉措極有可能改變持續下降的實際與潛在經濟增長趨勢。一方面近幾年實際 GDP 的降幅極為微小且有反彈跡象，另一方面潛在經濟增長率的變化速度經歷近 10 年的下降後已出現「翹尾」效應（如圖 5-1 所示）。第二，前文基礎理論部分曾經介紹過，當一個經濟體的制度變革、科技創新以及人力資本這些因素的潛力都已經釋放殆盡之後，各類投入要素的邊際收益趨近於零，經濟將逐漸步入均衡穩態。進一步考慮資源環境、空間、結構等約束，一個經濟體難以長期保持高速增長，終將遇到瓶頸，尤其是進入高收入國家後，經濟增長將穩定在特定水準上（如美國、日本、韓國和臺灣地區在次高速階段平均增速的穩定），這符合世界經濟發展規律與實踐。實踐證明，它並不符合傳統的生產函數法所模擬的經濟增速直線下降的狀態，更可能呈現的是一種增速逐漸放緩並最終達到一個穩定增速的情況。

除了上面談到的經濟理論和經濟數據方面的原因之外，使用生產函數法進行預測具有很強的主觀性，容易造成主觀上的偏誤。而 Logistic 模型從數據出發，使用最小二乘法估計模型的兩個參數，相對客觀。所以，我們使用 Logistic 模型預測中國未來的潛在經濟增長率（$y_t^{fore\text{-}pot}$），期望與以往的研究相比在預測方法上有所突破。

6.2.2 預測的結果

Logistic 模型常常被用來描繪數量增長的情況，在變量軌跡是增長軌跡的條件下，Logistic 模型的重要適用條件是要求變量軌跡曲線的斜率具備開口向下的拋物線或類拋物線特徵，以確保變量收斂至穩定水準。但觀察圖 5-1 可以看到，潛在經濟增長率的趨勢是下降速度逐漸放緩的下降趨勢。在變量軌跡描繪下降趨勢時，軌跡曲線的斜率為負，與上升趨勢相反，軌跡曲線的斜率具備開口向上的拋物線或類拋物線特徵。

圖 6-1 展示了不同時間區間下曲線斜率的拋物線擬合情況。圖 6-1（a）為全時間窗口，從圖中可以看出，斜率數據在 0 值上下波動得比較頻繁，說明原數據是增減交替的走勢，而 Logistic 模型是單調函數，因此全時間窗口並不

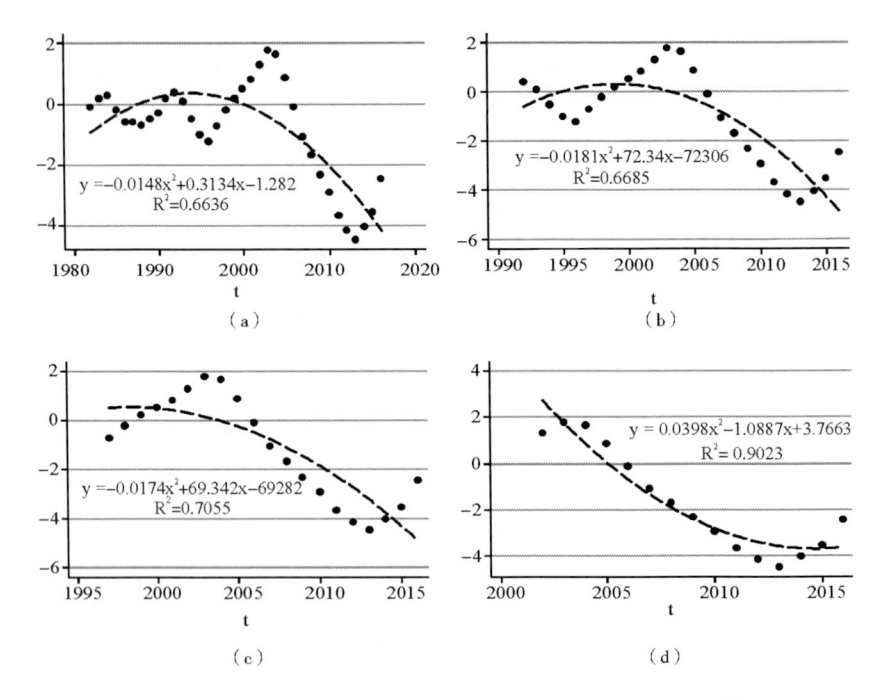

圖 6-1　不同時間窗口下的潛在經濟增長率走勢的斜率散點圖

數據來源：筆者根據相關資料自行計算而得。圖中 a、b、c、d 的時間起點分別為 1982 年、1992 年、1998 年、2002 年。

符合 Logistic 模型的要求。圖 6-1（b）的時間區間為 [1992, 2016]，圖 6-1（c）的時間窗口為 [1998, 2016]。從這兩幅圖可以看出，數據的波動情況在逐漸減弱，但擬合出來的一元二次方程的二次項係數為負，說明這兩幅圖中的曲線是開口向下的拋物線。而且兩條曲線的擬合優度不高，分別為 0.668,5 和 0.705,5，綜合考慮後也不予採用。圖 6-1（d）的時間起點為中國被批准進入世貿組織後的 2002 年，從圖中可以看出，斜率軌跡只穿越 0 值一次，說明原軌跡是單調函數。而且一元二次擬合方程的二次項係數為正，說明斜率軌跡是開口向上的拋物線形式。最關鍵的是其擬合優度有大幅度提升，達到了 90% 以上。

可見，圖 6-1（a、b、c）均給出了 Logistic 模型要求的開口向下、類拋物線趨勢的條件，並不滿足下降趨勢的斜率走勢要求。而圖 6-1（d）中所描繪的曲線的基本符合 Logistic 模型的要求，並且可決係數最大達到 0.902,3，因而我們選擇圖 6-1（d）對應的時間窗口內的數據估計 Logistic 模型公式（3-53）中的參數。

使用 stata12.0 的 OLS 模型估計模型公式（3-53）的兩個參數為 $\varphi_1 =$

−44.990,7、φ_2 = 0.023,5；兩個變量的 t 檢驗的值為−7.29 和 7.65，p 值趨向於零，說明兩個變量在統計意義上顯著。模型的聯合分佈檢驗值為 F（1，13）= 58.56，p 值趨向於 0，說明模型整體顯著。迴歸模型的可決系數為 0.818,3，調整的可決系數為 0.804,4，說明迴歸模型對數據的擬合效果較好，迴歸模型可以解釋80%以上的數據走勢。個別變量的統計意義顯著、模型整體的統計意義顯著，而且擬合優度較高，因此使用 Logistic 模型模擬中國經濟走勢較為準確可靠。

進一步，將 t = 2017，2018，⋯，2050 與 φ_1、φ_2 的估計值代入公式（3-54）中，可得 2017 年之後中國潛在經濟增長率的預測數值 $y_{2017}^{fore\_pot}$，$y_{2018}^{fore\_pot}$，⋯，$y_{2050}^{fore\_pot}$。結果詳見表 6-1。

表 6-1　1981—2050 年中國的潛在經濟增長率預測結果

年份	$y_t^{struc\_pot}$	年份	$y_t^{struc\_pot}$	年份	$y_t^{fore\_pot}$	年份	$y_t^{fore\_pot}$
1981	10.224,9	1999	9.697,9	2017	7.907,7	2035	5.323,3
1982	10.212,5	2000	9.747,3	2018	7.738,0	2036	5.206,0
1983	10.227,0	2001	9.830,7	2019	7.571,8	2037	5.091,1
1984	10.255,4	2002	9.961,5	2020	7.408,8	2038	4.978,7
1985	10.236,4	2003	10.138,7	2021	7.249,0	2039	4.868,6
1986	10.181,6	2004	10.309,5	2022	7.092,5	2040	4.760,8
1987	10.116,6	2005	10.403,3	2023	6.939,0	2041	4.655,2
1988	10.052,5	2006	10.387,9	2024	6.788,6	2042	4.551,9
1989	9.997,2	2007	10.284,1	2025	6.641,3	2043	4.450,8
1990	9.970,5	2008	10.108,9	2026	6.496,9	2044	4.351,8
1991	9.990,6	2009	9.877,9	2027	6.355,5	2045	4.255,0
1992	10.030,3	2010	9.595,9	2028	6.216,9	2046	4.160,2
1993	10.039,0	2011	9.258,9	2029	6.081,2	2047	4.067,4
1994	9.993,9	2012	8.888,0	2030	5.948,2	2048	3.976,6
1995	9.888,4	2013	8.513,5	2031	5.818,0	2049	3.887,7
1996	9.771,0	2014	8.176,1	2032	5.690,4	2050	3.800,8
1997	9.695,8	2015	7.899,5	2033	5.565,7	2021−2035	6.540,8
1998	9.678,5	2016	7.705,4	2034	5.443,7	2036−2050	4.470,8

6.2.3 診斷性評價

由表 6-1 可知，中國的潛在經濟增長趨勢出現了短暫的「躍升」，即 2017 年、2018 年兩年的預期潛在經濟增長率比 2016 年有一個小幅度的增長。這說明中國能夠在更高的經濟增長率上緩慢趨向於穩定值。這表明中國持續推進的深化變革，日益累積有益的結構因素，有利於突破潛在經濟增長瓶頸。2017 年之後潛在經濟增長率的增速依然保持下降的趨勢，到尾部 2047 年之後逐漸進入穩定狀態，增速保持在 3.8%~4.0%這個區間之內。2021—2035 年的平均增速為 6.54%，而 2036—2050 年的平均增速則下降到了 4.47%。

另外，此處預測的中國未來潛在經濟增長率比部分學者或機構給出的測算結果略高。例如，OECD（2012）預測 2011—2030 年、2031—2060 年中國 GDP 的平均增速分別為 6.6%和 2.3%；Pritchett 和 Summers（2014）測算 2013—2023 年、2024—2033 年中國經濟的平均增速是 5.01%和 3.28%；陸暘和蔡昉（2016）判斷 2016—2020 年、2021—2025 年、2026—2030 年中國 GDP 每年約提高 6.65 個百分點、5.77 個百分點和 5.17 個百分點；PwC（2017）認為 2016—2050 年中國經濟將年均增長 2.6%。表 6-2 總結了本研究的預測結果與其他研究成果的預測結果的比較。

表 6-2　潛在經濟增長率預測結果比較　　　　單位:%

預測結果來源	時間區間	預測增速
本研究	2017—2020 年	7.656,6
	2021—2025 年	6.942,1
	2026—2030 年	6.219,7
	2031—2035 年	5.568,1
	2036—2040 年	4.981,0
	2041—2045 年	4.453,0
	2046—2050 年	3.978,5
	2017—2050 年	5.627,6
中國社會科學院經濟研究所課題組	2016—2020 年	5.700~6.600
	2021—2030 年	5.400~6.300

表6-2(續)

預測結果來源	時間區間	預測增速
陸暘、蔡昉	2016—2020年	6.650,0
	2021—2025年	5.770,0
	2026—2030年	5.170,0
HSBC	2010—2020年	6.700,0
	2020—2030年	5.500,0
	2030—2040年	4.400,0
	2040—2050年	1.700,0
OECD	2011—2030年	6.600,0
	2031—2060年	2.300,0
Pritchett 和 Summers	2013—2023年	5.010,0
	2024—2033年	3.280,0
PwC	2016—2050年	2.600,0

　　產生此差異的原因有三點：第一，由於本研究使用 Logistic 模型進行預測，Logistic 模型在尾端是下降得比較平緩的；而傳統的預測方式主要是線性預測，其預測結果往往是直線下降的。第二，這些研究並未充分考慮除了資本和勞動力之外的其他因素對於潛在經濟增長率的促進作用，尤其是許多結構優化因素對潛在經濟增長率的提振作用。第三，許多國外的研究機構和學者一直詬病中國的宏觀數據披露的真實性，他們常常懷疑中國政府披露的 GDP 增長數據摻假。因此，外國的研究機構和學者得出的結果往往比中國學者得出的結果要低一些。

　　但總的來看，從算法的角度來說，本研究的計算方法與傳統的計算方法相比更為合理。從計算結果本身來說，與其他類似國家進行橫向類比，假設2050年中國能夠進入中等發達國家行列，中等發達國家韓國2017年的 GDP 增速為3.1%、西班牙為3.1%，世界上最大的發達國家美國2017年的 GDP 增速為2.2%，2018年美國的 GDP 增速達到2.9%。而中國作為全世界最大的發展中國家，發展潛力高於以上各國，因此到2050年達到3.8%的年均增速是完全可能的。綜上所述，Logistic 模型對中國未來潛在經濟增長率的預測有一定的合理性。

6.3 中國跨越「中等收入陷阱」的診斷

以拉美各國為代表的發展中國家，經過一段時間的高速增長之後，達到了中等收入國家的水準，但同時也落入了增速放緩、貧富差距擴大、社會動盪的「中等收入陷阱」之中。第二次世界大戰結束之後，真正經過戰後和平時期的發展並從中等收入國家進入高收入國家行列的其實並不多，屈指算來，只有日本、韓國和新加坡三國而已。中國從 1998 年起進入中等偏下收入國家行列，2010 年進入中等偏上收入國家行列。中國是像前面三國一樣進一步增長而進入高收入國家行列還是落入「中等收入陷阱」之中不能自拔，就成了學術界乃至政府各級部門都十分關注的問題。財政部前部長樓繼偉先生就明確表示，中國很有可能跌入「中等收入陷阱」之中，學術界對此也進行過廣泛的討論。

「中等收入陷阱」名為「收入陷阱」實則並非收入問題，而是經濟增長問題。因此，從潛在經濟增長率的角度來解決這一重大的理論和現實問題特別合適。由於潛在經濟增長率測算的是未來真實增速的趨勢值，因此正可以用潛在經濟增長率來代表真實增長率，通過前文的預測值來驗證中國能否跨越「中等收入陷阱」而進入高收入國家行列，並合理推算出跨越「中等收入陷阱」的時間窗口。由於推算跨越「中等收入陷阱」問題涉及許多數據的推測和轉換，推算過程比較繁瑣，為了清晰展示結果，本研究共分三個步驟進行推算。第一步，將預測的 2017—2050 年的潛在產出折合為 2016 年現價的名義產出；第二步，預測未來的人民幣對美元匯率，並計算以美元計價的人均 GDP；第三步，推算到 2050 年時高收入國家的門檻值。下面依次進行詳細介紹。

6.3.1 預測 2017—2050 年的名義產出

第一步，將預測的 2017—2050 年的潛在產出折合為 2016 年現價的名義產出。由於跨越「中等收入陷阱」所用的指標全部是按照名義值進行計算的，而本研究中的數據凡是與價格相關的變量已全部經過價格指數的平減變為真實值，因此必須將預測的 2017—2050 年的潛在產出轉化為名義產出，所選擇的物價水準則定基為 2016 年。2016 年的經過 GDP 指數平減之後的真實 GDP 是 118,822.834 億元，而國家統計局公布的 2016 年的名義 GDP 是 744,127 億元，將二者相除可知，名義值是真實值的 6.26 倍。因此，將預測的 2017—2050 年的潛在產出代替 2017—2050 年的真實 GDP，並將其乘以 6.26 轉化成 2016 年

物價水準的名義 GDP。具體結果見表 6-3，潛在 GDP 和名義 GDP 的單位都是億元。

表 6-3　2017—2050 年的潛在 GDP 和名義 GDP　　單位：億元

年份	潛在 GDP	名義 GDP	年份	潛在 GDP	名義 GDP
2017	129,648.954,2	811,602.453,2	2034	379,990.381,0	2,378,739.785,2
2018	139,681.254,1	874,404.650,8	2035	400,218.466,8	2,505,367.602,0
2019	150,257.602,2	940,612.590,0	2036	421,053.838,4	2,635,797.028,2
2020	161,389.863,0	1,010,300.542,2	2037	442,490.237,8	2,769,988.888,8
2021	173,089.058,1	1,083,537.503,9	2038	464,520.333,2	2,907,897.285,7
2022	185,365.316,2	1,160,386.879,2	2039	487,135.745,8	3,049,469.768,5
2023	198,227.825,3	1,240,906.186,2	2040	510,327.081,3	3,194,647.528,8
2024	211,684.790,9	1,325,146.790,9	2041	534,083.963,9	3,343,365.614,2
2025	225,743.397,6	1,413,153.669,1	2042	558,395.073,8	3,495,553.162,0
2026	240,409.776,0	1,504,965.197,6	2043	583,248.186,9	3,651,133.649,9
2027	255,688.973,8	1,600,612.975,7	2044	608,630.217,6	3,810,025.162,0
2028	271,584.932,6	1,700,121.677,8	2045	634,527.263,4	3,972,140.668,7
2029	288,100.469,1	1,803,508.936,8	2046	660,924.651,5	4,137,388.318,2
2030	305,237.261,9	1,910,785.259,6	2047	687,806.986,9	4,305,671.738,2
2031	322,995.842,4	2,021,953.973,3	2048	715,158.202,1	4,476,890.345,4
2032	341,375.591,6	2,137,011.203,5	2049	742,961.607,4	4,650,939.662,1
2033	360,374.741,5	2,255,945.881,9	2050	771,199.941,9	4,827,711.636,5

6.3.2　預測以美元計價的人均 GDP

第二步，預測未來的人民幣對美元匯率，並計算以美元計價的人均 GDP。由於跨越「中等收入陷阱」所使用的指標是人均 GDP，並且是以美元計價的人均 GDP，因此必須預測 2017—2050 年的中國人口數量，並預測未來的人民幣與美元之間的匯率，才能計算以美元計價的人均 GDP。在中國未來人口數量的預測方面，學者們爭論較大。為了避免發生爭論，本研究直接引用了聯合國給出的權威數據。聯合國在 2017 年給出了世界各國的人口展望，預測中國的人口數量呈現先增長後下降的拋物線趨勢（United Nations, 2017）。

人民幣和美元之間匯率的預測十分困難，圖 6-2 給出了改革開放以來人民幣和美元之間的走勢圖。從圖中可以清晰地看到，人民幣對美元的走勢呈現一定的波動性。在 20 世紀 80 年代初期的時候，人民幣對美元的匯率是 150：100 左右，後面一路攀升到 1993 年的 576.2：100，1994 年進行匯率改革致使匯率一次性躍升至 861.87：100，後人民幣又進入升值通道，至 2016 年為 664.23：100，數據來源於歷年《中國統計年鑒》。為了最大限度地預測人民幣與美元之間的匯率，本研究採用三種不同的匯率分別進行計算，第一種以 2016 年的匯率 664.23：100 作為人民幣與美元未來的匯率；第二種以匯率改革之後的 1994 年到 2016 年匯率的平均值 755.69：100 作為人民幣和美元未來的匯率；第三種以 1978 年改革開放以來至 2016 年的平均匯率 578.02：100 作為人民幣和美元未來的匯率。

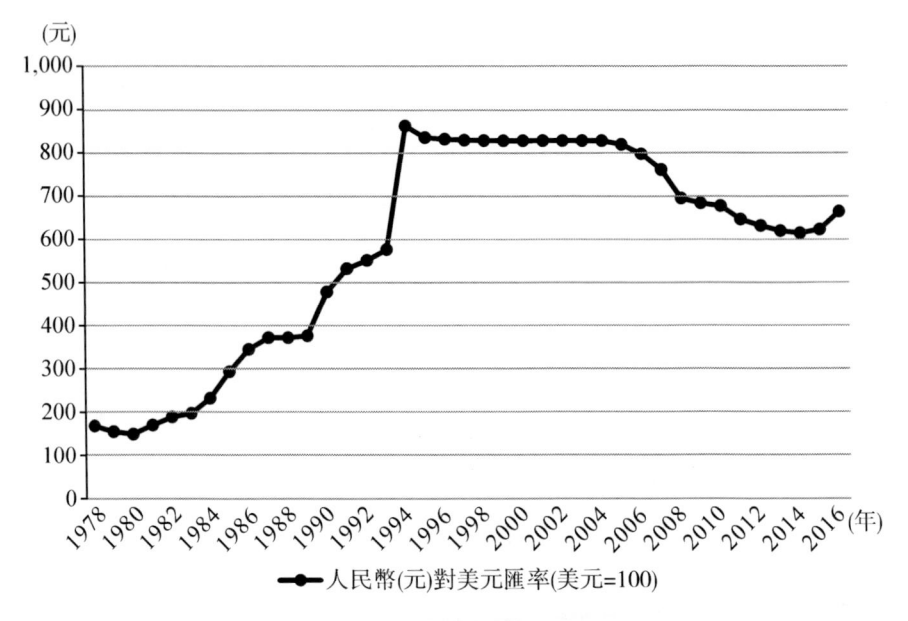

圖 6-2　人民幣對美元匯率走勢圖

將人口數據和匯率數據都進行了合理的預測之後，結合第一步的結果就可以計算以美元計價的人均 GDP 了，結果見表 6-4。人均 GDP1、人均 GDP2、人均 GDP3 的單位是「美元/人」，人均 GDP1 對應的匯率水準是 664.23：100，人均 GDP2 對應的匯率水準是 755.69：100，人均 GDP3 對應的匯率水準是 578.02：100。可以看出，不同的匯率水準對於結果的影響十分明顯。

表 6-4 2017—2050 年以美元計價的人均 GDP 值　單位：美元

年份	人均 GDP1	人均 GDP2	人均 GDP3	年份	人均 GDP1	人均 GDP2	人均 GDP3
2017	8,668.709,0	7,619.548,5	9,961.621,7	2034	24,942.871,8	21,924.074,4	28,663.028,6
2018	9,303.008,9	8,177.080,0	10,690.525,6	2035	26,311.922,4	23,127.430,9	30,236.269,1
2019	9,972.062,4	8,765.159,0	11,459.366,5	2036	27,731.755,7	24,375.423,9	31,867.866,3
2020	10,677.139,8	9,384.902,0	12,269.604,2	2037	29,203.011,3	25,668.615,7	33,558.555,4
2021	11,419.606,4	10,037.509,0	13,122.807,4	2038	30,726.229,6	27,007.481,2	35,308.957,3
2022	12,200.760,6	10,724.121,3	14,020.468,5	2039	32,301.885,3	28,392.437,7	37,119.617,4
2023	13,021.667,3	11,445.674,5	14,963.811,0	2040	33,930.458,1	29,823.906,9	38,991.087,2
2024	13,883.220,4	12,202.955,5	15,953.862,3	2041	35,612.399,7	31,302.285,1	40,923.885,5
2025	14,786.306,3	12,996.742,4	16,991.640,9	2042	37,348.274,4	32,828.070,1	42,918.660,8
2026	15,731.985,7	13,827.967,6	18,078.365,5	2043	39,138.829,8	34,401.917,3	44,976.272,3
2027	16,721.374,9	14,697.612,5	19,215.319,2	2044	40,984.959,4	36,024.612,7	47,097.746,9
2028	17,755.391,7	15,606.483,9	20,403.556,7	2045	42,887.516,5	37,696.906,3	49,284.064,8
2029	18,834.877,7	16,555.321,4	21,644.044,9	2046	44,847.056,0	39,419.286,4	51,535.864,3
2030	19,960.647,4	17,544.840,9	22,937.719,8	2047	46,864.065,9	41,192.180,0	53,853.704,8
2031	21,133.536,8	18,575.777,3	24,285.542,2	2048	48,939.296,0	43,016.248,2	56,238.449,5
2032	22,354.374,9	19,648.859,3	25,688.464,9	2049	51,073.569,2	44,892.213,5	58,691.043,3
2033	23,623.915,7	20,764.749,5	27,147.354,0	2050	53,267.592,6	46,820.697,7	61,212.298,9

6.3.3　預測未來高收入國家的門檻值

第三步，也是十分重要的一步，就是要預測未來的高收入國家的門檻值。許多研究人員預測完人均 GDP 之後就直接套用當前的高收入國家門檻值，推算中國進入高收入國家序列的時間。比如根據世界銀行的標準，2016 年進入高收入國家序列的門檻值人均 GDP 是 12,736 美元/人。按這個標準，根據上面的測算結果，中國最遲在 2025 年也會達到高收入國家水準。但這種算法是錯誤的，因為中國的經濟在增長，世界經濟整體也在增長，而進入高收入國家的門檻值也會水漲船高，不斷上升。因此必須用未來的高收入國家門檻值來檢測中國是否能夠進入高收入國家的隊列。需要注意的是，由於人均收入的數據獲取困難，因此在研究「中等收入陷阱」問題時，學者們常常使用人均 GDP 來代替人均收入（易信、郭春麗，2018）。

要預測未來高收入國家的門檻值，就必須首先預測世界經濟未來的整體增長速度。目前對世界經濟未來增長速度的預測較為權威的是 PwC、OECD 兩家

研究機構給出的報告和世界銀行給出的人均收入的數據。PwC（2017）對未來世界經濟增長速度的展望為年均增長 2.6%，OECD（2012）對世界經濟增長速度的展望是年均增長 2.9%，而世界銀行的官方網站則只給出了 1987—2016 年的世界人均收入水準。經過筆者自行計算，這期間內的平均增速為 2.49%。本研究採用這三種增速來模擬未來世界經濟整體的增速。此外，為了保證結果的可比性，還參照了韓國的情況。由於韓國是中國的鄰國，與中國有類似的文化背景；韓國又是中等發達國家，是二戰後為數不多的進入高收入行列的國家，因此作為中國的參照國特別合適。本研究據此估算中國何時能夠達到韓國的人均 GDP 水準。對於韓國人均 GDP 的預測，採用的是一步向前預測的趨勢外推法。表 6-5 給出了不同研究機構給出的高收入國家門檻值。

表 6-5　高收入國家門檻值預測　　　　　單位：美元/人

依據結果	2020 年	2025 年	2030 年	2035 年	2040 年	2045 年	2050 年
PwC（2.6%）	14,113.1	16,045.7	18,243.0	20,741.2	23,581.4	26,810.6	30,482.0
OECD（2.9%）	14,278.9	16,473.0	19,004.1	21,924.3	25,293.1	29,179.6	33,663.2
世界銀行（2.5%）	13,499.9	15,266.4	17,264.1	19,523.3	22,078.0	24,967.1	27,548.2
韓國人均 GDP 趨勢	24,699.5	27,238.4	29,777.2	32,316.1	34,854.9	37,393.8	39,932.6

6.3.4　跨越「中等收入陷阱」的時間區間

接著，將前文表 6-4 測算出來的中國的人均 GDP 與高收入國家的門檻值相比較，就可以知道中國能否跨過「中等收入陷阱」進入高收入國家的序列，以及跨越「中等收入陷阱」的時間區間。表 6-6 給出了中國進入高收入國家的時間區間。

表 6-6　中國進入高收入國家的時間區間

情景組合	PwC（2.6%）	OECD（2.9%）	世界銀行（2.5%）	韓國人均 GDP
人均 GDP1	2025—2030 年	2030	2025—2030 年	2040—2045 年
人均 GDP2	2030—2035 年	2030—2035 年	2030 年	2045 年
人均 GDP3	2025 年	2025 年	2020—2025 年	2035—2040 年

從表 6-6 中可以看出，無論是哪種情景組合，中國都能夠保證在 2050 年新中國成立 100 週年之前完成進入高收入國家行列的歷史任務。從前面的計算過程中可以清楚地看出，中國能否跨越「中等收入陷阱」這一問題的關鍵在於中國的人均 GDP 增速和世界整體增速的相對速度，即世界經濟在增長，而

中國的增長必須更快。世界經濟如果不出現像2008年全球金融危機這樣的重大衝擊，增速是可以相對穩定的。這點從各大研究機構的報告中也可以看出，他們預測的增速相差不大，都在2.5%～3.0%。問題的關鍵就在於中國的人均GDP增速。而中國人口規模的變化也是相對穩定的，即使國家推出了二孩政策，出生率也並沒有發生特別劇烈的變化。

在經濟增速方面，無論是模型的推導還是與韓國、西班牙、美國等國的GDP增速的比較分析都表明，中國在2050年保持3.8%左右的增長速度是完全合理的、可能的。只要不出現重大的經濟、社會、政治等方面的危機，中國對於保持合理的GDP增長速度就應該有充分的信心。

經過這一系列的排除之後發現，真正能夠決定中國能否跨越「中等收入陷阱」這一問題的主要風險是GDP增速和人民幣與美元之間的匯率風險。從歷史數據來看，人民幣對美元既發生過大幅度的貶值，如在1978—1993年這一時間區間，由於匯率改革，1994年人民幣對美元的匯率就從576.2∶100驟貶至861.87∶100，跌幅高達近50%；也發生過大幅度的增值，比如2003—2014年長達10年的人民幣升值週期，從827.7∶100升值到614.28∶100，升值幅度也到達了35%。日本與美國簽署「廣場協議」之後，不到三個月內，美元對日元就貶值了20%，三年內累計貶值了50%。蘇聯的解體直接導致盧布貶值了100倍。從這些歷史事實可以看出，由於匯率會受到經濟、政治等各方面的影響，很容易產生波動。每逢發生重大的歷史事件，匯率都會發生大幅度的波動。因此，為了確保中國能夠在2050年之前穩定地跨越「中等收入陷阱」，進入高收入國家行列，一定要注意防範匯率風險，保持幣值的相對穩定，尤其要防止人民幣的大幅度貶值所造成的收入降低、購買力下降。

7 中國潛在經濟增長能力的提高：路徑與建議

7.1 路徑選擇

7.1.1 優化制度設計，破除制度約束

制度設計包含方方面面的內容，本研究結合黨的十九大報告、最新召開的中央經濟工作會議的精神，結合學術界對於優化制度設計方面重點討論的領域，以及本研究構建制度變革指數時所用到的指標，從公有經濟、非公有經濟、對外開放、國內市場、金融體制改革以及產權保護這五個方面提出五條提升潛在經濟增長率的有效路徑。

7.1.1.1 從單純依靠國有企業到公有經濟與非公有經濟共同發力

1978年以來，歷次制度變革的推進都伴隨著國有企業的改革和增強非公有制企業活力的舉措。在優化制度設計、破除制度約束的過程中，調整對國有企業和非公有制經濟的政策十分必要。加快推進國有企業改革、激發非公有制經濟活力，是制度變革的重要組成部分。

對於國有企業的改革，首先要完善企業的治理結構和經營方式。要完善公司法人治理結構，防止企業高層之間通過私人關係進行政治關聯。逐步改變通過行政命令的方式任命公司領導的狀況，探索出行政命令、股東投票相結合的新型國有企業領導人任命方式，培養一批合格的職業經理人。要深化混合所有制改革。黨的十六屆三中全會之後，一大批國有企業通過改組、聯合、兼併、股份制等形式走入資本市場，目前的國有企業大部分是上市公司，要利用好上市公司的治理模式，發揮好董事會、監事會、獨立董事的作用，盡量杜絕一人兼任董事長和總經理兩個要職的現象。逐步建立並完善一套對於董事會相關人

員的監督考核制度，作為董事會人員續聘的依據。由於國有企業的特殊性，為了維護投資人以及全體人民的共同利益，要特別強調加大國有企業的信息披露力度，及時向社會大眾說明企業的所有權變更、經營狀況、財物情況、營運風險等公司治理情況，有助於社會監督國有企業，防止企業內部人控制。構建靈活高效的市場化經營機制，利用市場經濟的價值規律，以價格為紐帶調整企業內部人員之間的關係，將行政關係變革為經濟往來關係，個人收入與自身的貢獻掛勾，最大限度地挖掘企業內部人、財、物的潛力，增強企業效益。

其次，要對國有企業提質增效，剝離非經營性職能。改革開放之前的國有企業背負了很重的社會責任，員工的生、老、病、死都由企業負責，增加了企業的負擔。隨著國有企業的改革，剝離了一些國有企業的非經營性功能，比如剝離廠辦幼兒園、廠辦醫院等，起到了提質增效、為企業減負的作用。目前中國的國有企業依然背負著許多非經營性職能，以非經營性的投資項目為主。這些非經營性的投資項目以政府和國有企業為主，為了滿足社會公共發展的需要，且不以營利為目的，大量投資於基礎設施建設和公共事業項目。這些項目往往權責不清、責任追究困難，容易造成尋租和浪費。為了防止這些非經營性職能對國有企業的拖累，應該減少國有企業參與此類投資。對於確實需要投資的公益項目，應該成立項目建設公司，按照正規的公司治理模式進行項目建設。

最後，要管理好國有資產，確保國有資產的保值增值。要健全國有資本營運預算制度。健全國有資本經營預算制度，有利於出資人對國有資本經營者的約束和控制。隨著「政企分開」「政資分開」原則的確立，政府作為國有企業資產的所有者，必須建立起一套合理、有效的，獨立於公共預算之外的國有資本營運預算，全面掌握國有資本的情況，確保國有資本的保值增值以及發展擴大。要建立健全國有資產保值增值的考核指標體系。目前的考核指標體系以所有者權益為主要指標，沒有考慮資本成本等相關內容。應該將經濟增加值等考慮投資風險、資本成本的指標納入考核指標體系之中，進一步完善國有資產保值增值考核體系。還要完善對於國有企業經營者的約束激勵機制。對於國有資產出資人代表，如國資委，應該在國資委主任辦公室的基礎上，增加薪酬、審計等若干委員會，廣泛吸收相關領域的專家學者進入委員會，使決策更加科學有效。對於企業經營者，應該堅持短期的薪酬激勵和長期的股權、期權激勵相結合，促使經理人重視國有企業的長期發展動力。同時，國有企業的經營者有一定的特殊性，除了物質激勵之外，還應該增強精神激勵，完善各類評優評獎制度，對於為國有企業的發展做出了突出貢獻的經營者，應給予相應榮譽。

对於激發非公有制企業的活力，首先，要落實好新型政商關係。政府建立適應私營企業成長所需要的綜合型服務體系，為私營企業提供技術支持、市場開拓、信息共享等多方面的支持。以政府牽頭，引導各行業成立各自的行業協會，使其自主發揮一定的行業指導和約束作用，政府轉而進行監督監管。目前，中國的行業協會等民間組織在運行過程中受到的行政制約十分嚴重，資源不足，獨立性差，並沒有真正發揮出行業協會應有的作用。在建立健全法律體系的基礎之上，在政府監督、司法監督、社會監督和行業自律等一整套監管體系之下，保證各行業協會能夠真正發揮促進行業發展的作用。

其次，要堅持國有企業與非公有制企業權利平等、機會平等、規則平等。進一步放寬市場准入機制，凡法律未明確禁止的行業和領域，都要允許非公有制企業等各類市場主體平等進入。要打破部分行業的封閉狀態，開放競爭性業務。營造法治化制度環境，保護民營企業家人身安全和財產安全。要進一步落實2010年起公布的「新非公經濟36條」，避免《〈成品油批發企業管理技術規範〉徵求意見稿》等變相限制非公有經濟、惡意抬高非公有經濟准入門檻的規定出現。

最後，要加大對非公有企業行政、金融以及管理等方面的扶持力度，營造良好的創業環境。改革大型國有商業銀行，建立市場化運作機制，對於貸款的發放，應該客觀地按照申請貸款企業的效益排序發放，對財務狀況良好、有發展潛力的私營企業應該予以充分重視。對於小微企業，應該豐富信貸方式、豐富信貸體制，構建公平、有效的信貸環境。要大力推動民間金融機構的發展。2018年中央經濟工作會議提出，要發展民營銀行和社區銀行。要豐富小微企業的融資模式，大力推動產品眾籌、股權眾籌等新型的融資模式。要鼓勵這些依託於互聯網金融、特別適合於小額融資的融資新模式，切實解決小微企業的融資難、融資貴問題，營造良好的創業環境。

7.1.1.2　從對外開放到高質量開放

要適應新形勢、把握新特點，推動由商品和要素流動型開放向規則制定等制度型開放轉變。經過40多年來的改革開放，中國的對外開放水準已經達到了一個較高的水準，尤其是加入了世界貿易組織之後，貿易投資的自由化、便利化水準大幅度提升，商品、資本等要素已經基本實現了自由流動。面對當前國際貿易規則的大調整、世界主要經濟體貿易摩擦的加劇，要求中國進一步提升開放的質量，從商品要素流動型開放轉向制度型開放。制度型開放著眼於促進中國規則與國際通行規則的接軌和一致，這一方面體現了中國進一步擴大開放的決心，另一方面體現了中國對於自身國際競爭力的自信。

要放寬市場准入，全面實施准入前國民待遇加負面清單管理制度。「准入前國民待遇加負面清單管理」已經是國際通用做法，是指在外資的進入階段給予外資國民待遇，引資國給予外資不低於本國企業的待遇。但這一待遇允許有某些例外情況，對於例外情況則採用負面清單的方式將本國關心的行業和領域標註出來，保留特定形式的進入限制，對於未列入負面清單的行業和領域，則不能對外資進行限制。保護外商在華合法權益特別是知識產權，堅決打擊各種形式的盜版活動。允許更多領域實行獨資經營，尊重外商的管理經營模式。

要擴大進出口貿易，推動出口市場多元化。目前與中國貿易額較大的國家和地區是美國、歐盟和日、韓，要在擴大進出口貿易的同時進一步推動出口市場的多元化，要提高與新興市場國家，如印度、俄羅斯、巴西等國的貿易水準；借助「一帶一路」建設，提升與「一帶一路」沿線國家的貿易水準；撒哈拉以南的非洲國家是未來世界發展的潛力地區，要通過基礎設施建設、日常消費品銷售等方式擴大與這些國家的貿易聯繫。防止各種形式的貿易保護主義，削減進口環節制度性成本。深化進出口領域的行政審批制度改革，行政許可權集中辦理，最大限度減少制度性成本。

要切實推動對外開放的重點戰略、重點項目。推動「一帶一路」建設，辦好「一帶一路」國際合作高峰論壇。要推動構建人類命運共同體，積極參與世貿組織改革，促進貿易和投資自由化便利化。大力建設亞洲基礎設施投資銀行，促進亞洲各國的基礎設施建設以及互聯互通、經濟一體化，加強中國與其他亞洲國家和地區的合作。積極參與亞太經合組織（APEC）會議，借助亞太經合組織平臺，進一步促進與會各國的經濟增長和發展，提升成員之間經濟的相互依存度，加強開放的多邊貿易體制，減少區域貿易和投資壁壘。

7.1.1.3 從城鄉一體化到形成強大的中國市場

中國社會符合典型的劉易斯「城鄉二元結構」社會模型，並由於各種歷史原因以及延續至今的戶籍制度，致使城鄉的二元分割尤為明顯。為了提升潛在經濟增長率，必須要破除這項制度障礙，逐步改革戶籍制度，加快城鄉一體化。城鄉一體化有助於城鄉之間要素的充分流動，提升資本、勞動力等要素的使用效率，並明顯提升農村人口的收入水準。

對於破除「城鄉二元結構」問題，以往的研究已經比較充分了，戶籍制度改革、解決農民工進城後的生產生活問題、居民積分落戶等新模式已經使城鄉分割問題不斷得到解決。在新時期，除了強調進一步破除城鄉分割之外，更要強調構建統一、強大的中國市場，這是新時期的新任務。2018年12月13日中央政治局召開會議，緊接著12月19日~21日召開的中央經濟工作會議都明

確要求促進形成強大的中國市場 。中國的市場規模目前已經位居世界前列，並仍有很大的挖掘潛力。在關係到人民群眾切身利益的領域，要努力滿足最終需求，提升產品的質量，加快教育、育幼、養老、醫療、文化、旅遊等服務業發展，改善消費環境。對於傳統產業改造升級、重大技術裝備補短板方面，要加大製造業技術改造和設備更新，加快「5G」商用步伐，加強人工智能、工業互聯網、物聯網等新型基礎設施建設，加大城際交通、物流、市政基礎設施等投資力度。構建統一、強大的中國市場，全面提升潛在經濟增長率。

7.1.1.4 從盲目逐利的金融到服務實體經濟的金融

從政府的角度來看，前一階段提升金融服務實體經濟的短期政策是以降低利率為代表的寬鬆型貨幣政策。但已經有學者指出，由於虛擬經濟和實體經濟的成本收益差距較大，並且虛擬經濟有明顯的自我強化機制，單純依靠寬鬆的貨幣政策無法引導資金進入實體經濟領域。為了平衡中美貿易戰以及房地產調控等不利於實體經濟的衝擊，在短期內最好依靠稅收優惠和財政補貼政策。2018年12月19~21日召開的中央經濟工作會議已經明確要實施積極的財政政策和穩健的貨幣政策。

因此，從長期來看，要想比較徹底地解決金融服務實體經濟的問題，必須依靠金融體制改革。政府要多措並舉，建立多層次、多渠道的企業融資體系。「多層次」是指，對於不同規模的企業、不同資金需求量的項目應給予不同層次的融資渠道，以間接融資領域為例，大型企業、大型項目，可以走國有商業銀行的間接融資渠道；中型規模的企業、地方級別的項目，可以走民營銀行、社區銀行、城市商業銀行、農村商業銀行、農村信用社等融資渠道；而小微企業、資金需求量很小的項目，除了以上的渠道外，還可以採用眾籌、眾包等更為豐富的融資手段。「多渠道」是指融資的手段多樣化，除了傳統的間接融資外，還要積極推動直接融資市場的建設，包括「新三板」「創業板」等股權市場的建設；大力發展證券、信託、保險以及互聯網金融，盡可能豐富企業的融資渠道。

除此之外，以中央銀行、銀保監會、證監會為代表的各級金融監管部門要切實加強金融監管，完善宏觀審慎的監管體系。一方面要杜絕資金過度流入虛擬經濟，尤其是一些高風險、泡沫大、投機性強的領域，引導資金進入實體經濟；另一方面要大力防範系統性金融風險。2008年全球金融危機用實際的例子證明了，對金融領域的自由放任將會導致金融創新泛濫、金融風險快速累積，金融危機將在某一時刻不可避免地爆發。

7.1.1.5 從產權模糊到產權清晰，降低交易成本

前文曾經介紹過產權保護對於提升潛在經濟增長率的作用，這裡需要強調

的是如何保護經濟主體的產權。筆者認為，首先，要進一步完善產權保護的法律體系，明確某些財產的產權主體，比如農村土地、公共設施、國有企業等，避免產權主體缺失導致公共物品浪費和濫用，造成「公地的悲劇」。其次，對於某些侵犯公民財產權益的行為要嚴厲打擊，比如近幾年出現的手機流量不能跨月轉存、農村強制徵地、城市強制拆遷等。最後，要格外強調對於知識產權的保護。2018年12月19~21日召開的中央經濟工作會議明確要求保障外商的知識產權不受侵犯，這說明改革開放以來，中國對於知識產權的保護相對薄弱。對於盜版軟件、盜版書籍、仿製外國產品等行為要嚴厲打擊。同時，要做好「正版軟件入校園」，降低正版圖書價格等推廣正版產品的行動，全面保護與技術創新、數據資源、註冊商標、專利產品等相關的知識產權。

諾斯在《歷史上的交易費用》一文中明確指出，回顧歷史事實，有三個關鍵因素可以降低交易成本——成熟的市場制度、政府保護和推動產權信念的確立以及科技革命（North, 1997）。諾斯在這裡強調的是政府要推動產權信念的確立，並不單純是產權本身。這就要求政府要加大對產權保護的宣傳力度，積極宣傳保護產權的典型事例、典型人物。在很多時候，侵犯公民產權的行為來自大型企業、機構，有時甚至就是政府本身，這尤其需要政府保障維護自身產權者的合理要求和合法權益，堅決杜絕對其進行人身攻擊和打擊報復，要帶頭糾正自身的錯誤。

7.1.2 轉變投資拉動，實現創新驅動

經過多年的投資拉動型經濟增長，資本投入的邊際收益在不斷下降。2008年全球金融危機爆發以來，中國政府出抬了以「四萬億」投資為首的擴大總需求的反危機措施，但只在2009年、2010年這兩年起到了短期的刺激經濟增長的作用，之後卻依然未能改變增速連年下降的總趨勢。從模型公式（3-45）的迴歸結果也可以看出，資本存量的彈性系數遠遠小於以往的研究結果。無論是從經濟現實還是從實證結果，都可以看出依靠投資拉動經濟增長的傳統模式已經無以為繼了，必須切實轉變發展的動力機制，由投資拉動轉為創新驅動。為了走上創新驅動之路，本研究設計了以下幾條路徑：

7.1.2.1 從被動模仿到自主創新

從被動模仿到自主創新的轉變路徑，不僅是思想上的轉變過程，更是符合經濟發展過程規律的理性選擇。在改革開放初期資本缺乏、技術落後、勞動人員素質不高的客觀條件下，微觀主體進行自主創新的成本小於收益。原因在於，創新活動尤其是自主創新，無論是成功還是失敗，都有一定的正向外部

性，即使失敗了也會為其他潛在的創新者提供大量的可供參照的案例。因此，這些失敗創新的正外部性也會被其他潛在的創新者重視。這些創新失敗的產品或者設計是不受專利法等相關法律法規保護的，而從事創新所需要投入的成本卻是實實在在地要由微觀主體自身來負擔的。根據博弈論中的「智豬博弈」，大型企業類似於博弈中的「大豬」，而條件較弱的小型企業則相當於博弈中的「小豬」，小型企業的納什均衡是等待大型企業做出選擇後進行模仿。在創新過程中，這一博弈過程表現得尤為明顯。在改革開放之初，中國的企業與國際大型跨國公司相比屬於小型企業，在創新的過程中，中國企業的最優選擇是等待國際大型跨國公司先進行創新然後進行模仿。因此，這一階段中國企業的創新主要依靠的是被動模仿。

　　國際產業鏈分工的利潤分配呈現明顯的「馬鞍形」或稱「U形」分佈，即產業鏈源頭的科研和設計部分以及產業鏈末端品牌銷售部分占據了利潤的絕大部分，而中間的生產製造環節則利潤微薄。中國作為「世界工廠」，由於科技創新、產品設計以及品牌建設等方面不足，一直處於產業鏈中段利潤最微薄的部分，也就是「馬鞍」的谷底部分。隨著中國微觀主體的不斷發展，企業出於逐利的本性、資本出於等量資本追求等量利潤的本性，必然會向產業鏈的上下游探索，這就迫使微觀主體走上自主創新、品牌創新之路。

　　中國的製造業轉型是符合經濟發展規律的必然選擇，轉型的關鍵之處就在於科技創新領域從被動模仿走向自主創新。自主創新應該從三個角度來理解。首先，自主創新強調主動創新。主動創新的意思是強調微觀主體根據自身的意願，發揮主觀的能動性進行創新，而不是迫於政府的行政命令，或是被動地承接外國企業的落後技術。政府應該鼓勵微觀主體從事創新的主觀積極性，最核心的就是要放鬆行政管制以及嚴格保護知識產權。其次，自主創新強調創新要「自主」。在創新的過程中，除了強調「主動」之外，還要強調「自主」，即經濟主體不受外在的干擾，根據自身的實際情況進行創新。反面的例子，比如蘇聯援助新中國的建設項目中，有一些是迫於蘇聯專家的權威而修建的不符合中國實際情況的項目。再比如在特殊時期，科研工作要受到政治因素的干擾，必須得出「政治正確」的科研結論，等等。最後，自主創新強調「創新」。中國的專利申請數量目前已居世界前列，但中國的專利申請有很大的「水分」，真正關鍵領域的重要專利比例較低，絕大部分專利是產品設計專利以及實用新型專利。自主創新的過程中還需要對關係國計民生、世界各國未來重點競爭的互聯網、人工智能、通信技術等領域進一步創新，使中國不僅成為創新大國，更成為創新強國。

7.1.2.2 從創新技術到創新標準

以往的認識中,技術創新強調的是創新技術,從而帶來更高的生產能力。但從當前的經濟現實中可以明顯看出,比創新技術本身更為重要的是創新標準。當前技術領域最激烈的爭奪在於「5G」之爭,而「5G」之爭與其說是技術之爭倒不如說是標準之爭。「標準」高於「技術」之處就體現於,標準頒布之後,所有的技術都必須依附於標準,超出標準之外的技術將面臨無法融入市場的尷尬境地。從經濟利益的角度來看,使用此標準的所有技術都必須向標準所有者支付高額的專利費用。比如,目前3G通信標準的制定者高通公司規定,只要是使用3G網絡的手機,除了一次性繳納一筆高額的授權費之外,還必須按照手機售價的5%~10%繳納額外的費用。目前世界正從原來人與人互聯的通信時代,走向「萬物互聯」的物聯網時代,而物聯網建設的核心就是「5G」通信,因此各國在這一領域才會爆發出白熱化的爭奪熱情。

標準本身就是一系列技術的集合,創新標準本身就是創新技術。但標準創新與技術創新相比有一個顯著的不同點,就在於標準創新除了有科技屬性之外,還有政治、法律屬性,即創設的標準必須由行業標準或者法律予以認定。因此,在標準創新方面,中國政府必須發揮更加明顯的作用,在經濟上、法律上、外交上、政治上,都必須予以相關支持。在經濟上,必須予以標準創新的企業以財政補助、金融支持、稅收減免等方面的支持,保障創新標準的資金充足。在法律方面,要以企業牽頭、政府支持的方式,聘請懂得國際法、美國各州法律的高級法律人才組成法律顧問團體,應對各種國際國內的法律問題,保障自身的合法權益,反擊無理的法律制裁。當前的標準之爭已經進入白熱化階段,各國政府已經從幕後走向前臺,直接參與爭奪,標準之爭已經演化為政治鬥爭和外交鬥爭。在這種情況下,中國政府必須堅定地支持中國的標準創新企業,在外交上聯絡有關國家一同支持中國標準,並給予使用中國標準的國家以一定的外交紅利。在政治上要保護好中國企業的合法權益,保障企業員工的人身安全,發動輿論力量為中國標準搖旗吶喊。

7.1.2.3 從國家投入到協同創新

中國的創新在很長一段時間主要來源於各大高校以及科研院所,企業領域的創新相對缺乏。這就導致一個奇怪的現象:中國在某些高精尖領域已經達到了世界先進水準,如航空航天、核能利用、量子衛星、軍事裝備等,但從整體來看,中國仍然不能被稱為創新強國。

下一階段中國的創新驅動發展之路,不僅要繼續發展前面提到的那些國家領先的重點工程,還應該重點發展能帶來經濟效益的科學技術,這樣才能提升

中國的潛在經濟增長率。同時，由於中國以往只注重科研本身，而忽視了科研成果的轉化，導致了許多「中國栽花，他國結果」的例子，造成了重大的經濟損失。例如，中國首位諾貝爾生理學或醫學獎獲得者屠呦呦，她的科研成果主要是青蒿素對於瘧疾治療方面的貢獻，但全世界範圍內使用青蒿素進行瘧疾治療的市場基本被國外企業壟斷，中國企業反而沒有從我們自己的科研成果中獲得經濟利益。

要做到科研成果的高效轉化，同時將獲得的經濟利益反哺科學研究，形成良性發展模式，就必須強調協同創新的重要性。在這一點上必須學習美國硅谷的先進經驗，由世界頂級的科研院所和高校進行科技研發，由專業的職業經理人進行公司運作，由成熟的風險投資人進行資金投入，全面激發人、財、技術、管理等各種要素的活力。美國硅谷被稱為世界創新之源，蘋果、Google、Intel 等世界著名公司幾乎都來自硅谷。

與美國的硅谷相比，中國在協同創新方面既有優勢又有劣勢。優勢在於中國擁有完備的產業鏈條、大規模的生產能力以及龐大的市場。就是說，只要能夠設計出來，就一定能夠大規模生產出來，還能夠大規模銷售出去，這是世界其他任何國家都不具備的強大優勢。中國的風險資本比較充足，相比於美國硅谷，中國最缺乏的就是頂級的科研能力以及成熟的創新企業職業經理人團隊。培育頂級的科研能力是個漫長的過程，在這裡不展開論述。當下中國的協同創新中，最迫切的是創新企業的職業經理人隊伍建設，協同創新的關鍵點就在於這個「協調人」。中國目前的創新企業往往是由科技工作者自己進行公司管理，而科研人員的優勢在於科研，並不在於公司管理，讓教授、研究員們管理公司是嚴重的資源錯配。而創新企業的職業經理人需要很強的綜合能力，包括對於科技本身有一定的瞭解、懂得公司管理、懂得融資技巧，還要懂得市場運作，必須由專業人士充當。為了培養創新企業的職業經理人，政府可以牽頭成立職業經理人行業協會，促進這一隊伍的發展壯大。

7.1.3 保障勞動投入，提升人力資本

針對目前中國的實際情況，勞動力要素的投入依然能夠較為明顯地提升潛在經濟增長率，因此必須強調勞動力的投入。但在新時代，勞動力的投入方式要從過去的粗獷型模式向集約型投入轉變，即要最大限度地提升單位勞動力的產出能力。此外，要從過去的單純投入勞動力轉變為人力資本投入，從重視勞動力投入的量轉變為重視勞動力投入的質。隨著人力資本理論的不斷發展，還需要注重人力資本的投入結構，即更加注重創新型人力資本的投入。

7.1.3.1 從粗獷型勞動力投入到集約型勞動力投入

改革開放初期，中國很重要的比較優勢就是廉價勞動力。中國的勞動力數量十分充沛，並且以年富力強的青壯年勞動力為主。同時，新中國成立以來，進行了多輪掃盲運動，普及了義務教育，所以與世界其他人口大國——印度、非洲諸國相比，中國的勞動力素質相對較高。受吃苦耐勞、服從命令、崇尚節儉等傳統文化的影響，中國在改革開放之初擁有世界上最優良的勞動力要素儲備。在競爭過程中要強調選擇自身擁有比較優勢的產業進行發展，因此，改革開放初期主要發展了一批勞動密集型產業，如紡織、鋼鐵、建築業等，致使大量勞動力走上流水線，從事低技能、高體力消耗、低勞動保障的工作，勞動力投入只看數量，不看質量，走過了一條粗獷型勞動力投入道路。根據馬克思的勞動價值理論，中國企業所生產的產品價值含量很高，但交換價值不高，8億件襯衣才能換1架波音飛機。中國勞動者在整個世界大分工中處於不利地位，不僅受到本國資本的剝削，還受到生產力先進國家資本的剝削。

隨著「用工荒」、人口老齡化等新的人口形勢的來臨，中國原來的粗獷型勞動力要素投入方式已經無法維持，必須逐漸走上集約型勞動力要素投入之路。根據本研究的研究結果，勞動力要素對潛在經濟增長率的推動作用十分明顯，在當前勞動力數量無法迅速大幅度增加的背景之下，提高單位勞動力的投入效率就顯得格外重要。當前政府官員的考核主要以GDP總量和增速作為標準，而從發揮勞動力使用效率的角度來講，應該將勞均GDP納入考核體系之中。對於傳統產業，應該用經濟手段推動其向「無人企業」「無人工廠」轉化，例如降低工業機器人生產企業的稅收，促使工業機器人的價格下降，等等。農業勞動占勞動力使用量很大比例，一方面是制度因素——城鄉二元結構對於農民進城的限制，另一方面是中國很多地方的農業仍然是傳統農業模式。有鑒於此，為了走上集約型勞動力投入之路，就必須堅決打破城鄉二元結構的束縛，並且大力改造傳統農業。

7.1.3.2 從勞動力投入到人力資本投入

除了前面提到的將粗獷型勞動力投入轉變為集約型勞動力投入之外，還要從單純的勞動力投入走向人力資本投入，從注重勞動力投入的量到注重勞動力投入的質，從發揮人口數量優勢到發揮人力資本優勢。

首先要從「人口紅利」的比較優勢轉變到人力資本紅利的比較優勢。從長期來看，經濟增長的動力將逐步從自然資源的投入和物質資本的投入轉向人力資本、智力資本的投入，因此中國必須走從「人口紅利」到人力資本紅利的轉型之路。必須加大人力資本累積方面的投入，包括加強高等教育投入提升

勞動者中受過高等教育者的比重；加強人民衛生健康事業的投入，提升人均預期壽命，降低初生嬰兒死亡率，提升人民健康水準；大力培養創新人才，為經濟發展提供堅實的人才儲備。構建人力資本投資和回報相匹配的激勵機制，培育積極好學、重視教育的社會風氣。

其次要從擴大就業人數向推進高質量就業轉變。近年來就業問題逐漸受到社會各界的重視，但從目前的就業促進戰略來看，主要強調解決適齡勞動人口的就業數量，很少強調提高勞動力的就業質量。在未來的就業促進工作中，既要強調就業數量，更要強調高人力資本勞動者的高質量就業。要改善勞動力市場環境，提高人力資本累積的回報率，優先確保高人力資本所有者的就業水準。另外在人才培養的過程中，要緊貼市場需求，擴大應用型、技能型、複合型人才的培養。最後還要鼓勵高人力資本者進行自主創業，形成「大眾創業、萬眾創新」的充滿活力的經濟形勢，推動創業型經濟增長。

最後，產業的轉型升級、落後地區的脫貧致富尤其需要從勞動力投入轉變為人力資本投入。傳統農業的轉型升級、傳統工業的升級改造，除了資本和技術的投入之外，更重要的是人力資本的投入。筆者走訪過一些鄉村基層幹部，他們普遍指出制約鄉村發展的重要短板就是人才缺乏，生產、營運、營銷以及政策法律解讀等各個方面的人才都十分缺乏。國家有了支持發展的政策，基層行政村卻沒有人知道如何獲得國家支持，導致國家的支持發展政策根本無法落地。許多村莊有很多有特色的農產品，很想通過電商等模式進行推廣，苦於無人懂得營運和營銷，導致推動不下去。因此，必須加強落後產業、落後地區的人力資本投入，鼓勵大學生當「村官」，推動援藏等對口支持落後地區的福利政策，這樣才能從根本上實現落後產業的轉型升級、落後地區的脫貧致富，才能提升中國的潛在經濟增長率。

7.1.3.3 從傳統人力資本投入到創新型人力資本投入

自從20世紀50年代人力資本概念得到確立以來，人力資本的內涵也在不斷發展和完善。早期的人力資本研究者，如貝克爾（1987）、明賽爾（2001）等強調人力資本是個人身上的多種能力的集合，包括知識、技能、身體狀況等，並研究了人力資本的多種形式。後來的研究人員逐漸意識到人力資本的結構問題，比如陳浩（2007）將人力資本劃分為四個不同的層次，從低到高依次是健康投資、教育投資、培訓投資以及遷移投資。胡永遠和劉智勇（2004）認為，人力資本可以分為一般型、技能型和創新型三個層次。從以往的研究歷程中可以清晰地看到，人力資本本身也存在轉型升級的問題。

改革開放40多年來，中國的勞動力和人力資本方面的投入經歷了從單純

的勞動力數量的堆砌轉變為人力資本投入的道路。為了在將來進一步提升中國的經濟潛在增長率，有必要將低水準的人力資本投入，如勞動者的健康保障、勞動者的基本技能培訓等，轉變為更高級的創新型人力資本投入。胡永遠和劉智勇（2004）的研究也證明了，只有創新型人力資本投入才對未來中國的長期增長有顯著的促進作用，而傳統的人力資本投入對經濟增長的促進作用已經逐漸減弱。

根據《中國統計年鑒》的數據，自 2015 年以來，中國的研究與發展人員總人數已經超過美國，躍居世界第一位，但中國的科研人員占人口的比重依然較低，科研成果的質量仍有很大的提升空間，因此，必須進一步培養有創新能力的高素質人才。由於創新行為本身具備多層次的特徵，因此創新型人才的培養也必須遵循多層次、多梯隊的思路。從政府的角度來看，應該通過設立國家級和省級的研究計劃、研究項目，逐步形成兩院院士、傑出青年學者以及青年研究人員的研究梯隊。為基礎科學、國家關注的重點科研項目培養創新型人才，促進人力資本從接受基礎教育到創新型人力資本的轉型升級。

企業角度的創新人才培養與政府的角度有很大的不同。首先，企業級創新人才不一定具有「高學歷」，但往往具備「高技能」。由於企業的創新常常直接來源於生產實踐的過程中，所以企業中具備創新能力的高素質人才往往是工作在生產第一線的高技能人員。這就要求企業給予有潛力的員工以充分地信任，讓他們能充分發揮自己的才干，不唯上、不因循守舊，從干中學。近年來最典型的例子來源於中國的液晶屏製造業，比如中國液晶屏生產的領頭企業京東方。生產液晶屏需要一定的技術，降低生產成本、提高生產的效率、無塵車間的管理等方方面面都需要在生產工序中一點點靠實踐來摸索（路風，2016）。其次，企業要注重創新團隊的組建。企業中的創新與企業生產和營運是密不可分的整體，而企業的生產和營運必然是依靠團隊來進行的，所以說培養創新人才不如強調培養創新團隊。創新團隊的構建要強調對團隊領導者充分信任，不要對其進行過度審核。某些創新項目需要的是員工的創意，例如美國的谷歌公司認為只要研發團隊能夠完成產品設計就可以，員工的出勤率、衣著等問題都可以淡化。最後，培養創新型員工和創新型團隊要強調員工招聘的重要性。所招聘的員工必須是有上進心和創造力的「高能員工」，並且提高這些員工的工資待遇。要堅決將混日子的「夕陽員工」從團隊中剔除。

7.2　政策建議

7.2.1　加速體制結構改革，釋放制度變革紅利

「結構性改革」是近年來學術界常常提及的概念，國內外的學者們對此進行了豐富的論述，下面介紹幾種典型的觀點。

許多大型的國際組織十分關注經濟增長問題，它們的觀點很有代表性。經濟合作與發展組織（OECD）強調結構性改革應該以市場化為導向，目的是促進人均收入水準提升。OECD 特別給出了中國的結構性改革的建議。本著市場化導向的出發點，它們認為中國應該減少對市場的行政干預、提升勞動力素質以及平衡金融領域的自由化和監管（王一鳴、陳昌盛，2016）。亞太經合組織（APEC）認為結構性改革應該著重於制度改革、轉變監管方式、改進政策設計、促進市場化的激勵手段和競爭、整合區域一體化，目的是提高市場的運行效率和開放程度，最終實現經濟的可持續增長（王一鳴、陳昌盛，2016）。

中國的學者結合中國新時代的實際情況，往往強調結構性改革是制度架構的改革。從語義的角度來講，「改革」只能對應「制度」，而「經濟結構」對應的只能是「調整」。吳敬璉強調，經常提到的結構，其實有兩種不同的內涵，一種是「經濟結構」，另一種是「體制結構」。「經濟結構」指的是資源配置的扭曲等，而國家強調的「結構性改革」改革的是體制結構。經濟結構的提升強調的是「結構調整」，而經濟結構性改革是促進經濟結構調整的制度改革（吳敬璉，2016）。簡新華和餘江（2016）明確指出，經濟結構性改革是「與經濟結構調整優化有關的制度改革，不是經濟結構本身的改革」「改革的對象只是制度」。圖 7-1 表明了結構性改革、制度體制改革以及經濟結構調整之間的關係。

結構性改革 ──改革→ 制度體制 ──調整→ 經濟結構

圖 7-1　結構性改革與制度體制改革以及經濟結構調整的關係

為了優化制度設計，從而破除制度方面的約束，就必須堅定地進行結構性改革。為此，本研究提出以下幾條政策建議：

7.2.1.1　轉變政府職能，充實政府財政

為了給結構性改革提供制度保障，首先必須要轉變政府職能，使市場在資

源配置中起決定性作用的前提下，更好地發揮政府的職能。2017年政府工作報告將政府職能轉變的方案總結為12個字：「簡政放權、放管結合、優化服務。」要想達到「簡政放權」和「放管結合」，必須首先明確政府的權力邊界。根據上海自貿區的管理經驗，實行「清單管理」制度，是一個行之有效的良好制度。根據結構性改革的目標和經濟形勢的實際需要，制定國家級管理部門（比如國務院）以及各省、自治區、直轄市及其以下各級管理部門的權力責任清單，市場准入則採用負面清單試點的辦法，一方面減少政府的自由裁量權，另一方面增加市場的自主選擇權。對於「優化服務」方面，為了簡化行政審批流程，可以清理取消一批生產、服務許可證，或者實行多證合一。加快中央各部門和地方各部門政府的信息互聯互通，形成全國統一的政務服務網絡。

借鑑古往今來的經驗，任何一場改革都必須有強有力的中央政府牽頭。對比同為發展中大國的印度，為什麼印度政府年年談改革，卻始終未見成果？關鍵原因就在於印度中央政府相對弱小。印度中央政府的弱小就體現在中央政府的財政能力相對薄弱，印度社會的財富主要集中於地方勢力集團。通俗來講就是，印度中央政府財政薄弱，各地方就不服從號令，改革當然推進不了。中國的結構性改革必須以強有力的中央政府牽頭，而中央政府必須有強大的財政能力和金融能力為後盾，因此就必須充實中央政府的財政。要進一步推進財政體制改革，調整中央財政與地方財政之間的關係，使地方政府擺脫「土地財政」的單一財政來源，督促國有企業上繳利潤充實政府財政。

7.2.1.2 營造穩健良好的宏觀經濟環境

進行結構性改革牽一髮而動全身，為了保障改革的順利進行，必須營造穩健的宏觀經濟環境來為結構性改革創造條件。在宏觀經濟政策的選擇上，要強調積極的財政政策和穩健的貨幣政策。在全球經濟動盪、世界貿易低迷的國際環境下，保持積極的財政政策可以保證總需求旺盛，從而彌補國際需求不足所造成的經濟增長乏力。穩健的財政政策一方面強調不可以過度擴張貨幣，導致通貨膨脹的產生；另一方面也要維持一定的市場流動性，防止流動性不足造成金融危機。

在宏觀調控方面，則要強調定向調控和相機調控，實施各種穩定市場的有效措施。在宏觀調控的實施上，要進一步提升宏觀調控的反週期作用，在單純依靠市場調節無法滿足經濟社會發展需要的領域，如關係國計民生的領域、私人資本不願涉足的領域以及市場失靈的領域，要強調政府調節的作用。把宏觀調控的重點放在擴大就業、增加居民收入以及環境保護方面，切實提升群眾的生活水準，確保改革的各項措施獲得群眾的支持。

要特別強調保障群眾就業。就業是民生之本，要將就業問題提升到影響結構性改革成敗的高度，保障就業就是保障民生，就是保障結構性改革的順利進行。為了保障群眾就業，要將就業優先問題提高到戰略高度來認識，把促進就業、保障就業作為經濟社會發展的優先目標。在選擇經濟社會發展戰略時，優先選擇有利於擴大就業的戰略，盡全力創造更多就業機會。在就業政策方面，要實施積極的就業政策，具體來說就是通過財政保障政策來促進就業。在實施促進就業政策時，要努力推進重點群體就業和困難群體就業。所謂「重點群體」是指以高校畢業生為重點的青年群體，這一部分群體擁有較高的人力資本累積，是國家和社會的財富，要重點保障這一群體的就業，發揮他們在經濟建設中的作用。所謂「困難群體」是指勞動能力較差的勞動者群體，如年齡在 40~50 週歲這一階段的下崗工人、低學歷勞動者以及殘疾人等。對於這些就業困難的群眾，要加強配套措施改革，一方面要提高他們的就業能力，另一方面要提高對困難群體的就業服務能力。最後，還要強調加強建設勞動者保護措施政策，督促改善勞動條件、推行正規合法的勞動合同、防範勞動者工資拖欠等問題。

7.2.1.3 簡政放權，激發微觀主體活力

市場的微觀主體是社會的財富創造者，是價值創造的來源，是經濟發展的內生動力。要想順利推動結構性改革，必須激發微觀主體的活力。根據中國目前的實際情況，微觀主體的活力尚未被充分激發，其中的關鍵因素就是政府對微觀主體干預過多。因此，實現「激發微觀主體活力」這一政策目標的重要方式就是要進一步加快「簡政放權」的實施，根本之處在於轉變政府職能。按照黨中央、國務院對於轉變政府職能這一改革措施的要求，轉變政府職能要以「簡政放權、放管結合、優化服務」為基本思路，通俗的說法就是「將該放的放下去，將該管的事管好，將該服務的服務到位，真正做到『放水養魚』」，這樣才能通過簡政放權的方式激活微觀主體的活力。對於「簡政放權」要注意以下三點：

第一，增強經濟領域的簡政放權力度。要正確理解「簡政放權」的含義，這裡主要是指經濟領域的簡政放權，並非社會管理的各個部門都要「一刀切」地簡政放權。簡政放權應更加強調企業生產經營的全流程視角，從整體上、從整個流程上，全方位為企業鬆綁。避免各種抵消改革紅利的行為，如明鬆實緊、我抓他放、附加條件等，切實提高簡政放權政策的力度，將簡政放權落到實處。

第二，簡政放權向中小微企業傾斜。在以往的政府監管中，對於中小微企

業的監管過多,因此簡政放權要向這兩個領域傾斜。政府應該從兩方面扶持中小微企業的發展,一是降低企業成立的門檻,清理不必要的證照和資質證明、資格審批,降低中小微企業的成立成本。二是優化對中小微企業的服務。中小微企業在與大型企業的競爭中某些方面處於劣勢,主要是金融支持、人員素質以及市場信息等方面存在短板。因此政府應該在財政補助、金融支撐、人員培訓、信息共享等方面對中小微企業予以扶持,給中小微企業適當地補充活力,切實讓有潛力、有特色、有比較優勢的中小微企業發展壯大,並以此帶動「大眾創業、萬眾創新」的新浪潮。

第三,降低市場准入門檻。簡政放權的另一項重要體現就是降低市場准入門檻,這是近幾年結構性改革過程中一直強調的問題。首先,要放寬民營資本的准入限制,防止「玻璃門」「彈簧門」,杜絕額外附加准入條件,鼓勵民營資本進入社會服務領域,幫助政府分擔一些社會服務職能,如教育、養老、醫療等社會領域。其次,要對目前存在的各種認證、收費事項進行全面評估,能取消的要盡可能取消,該下放的要下放,最大限度地為企業降低經濟成本和行政成本。最後,由於簡政放權、降低市場准入門檻之後,許多費用無法繼續徵收,直接導致地方政府的收入下降,因此,中央政府要在這一特定的改革時間窗口對地方政府進行一定規模的轉移支付,使地方政府有能力也有積極性進行簡政放權改革,解決地方政府改革的動力機制,打通改革的「最後一公里」。

7.2.2 加強科技創新投入,建設創新型國家

目前世界上那些可以被稱為「創新型國家」的國家,它們的研發費用一般要占其國內生產總值的2%以上。這些國家中大多包含許多創新性企業,作為社會領域創新的中流砥柱,這些科技創新企業的研發費用一般要達到其營業收入的6%以上(洪銀興,2013)。中國最近幾年在科技投入這方面進步很大。根據《中國統計年鑑》的數據,自2014年起,中國的R&D投入占GDP的比重就已經超過2%,近幾年來比重逐年提高,到2016年已經達到了2.11%。放眼全球,中國的科技投入規模已經僅次於美國,達到了世界第二的水準(新智元,2018)。這主要是社會領域尤其是一些大型創新性企業對於科技創新方面的投入逐年增加。以汽車行業為例,上汽集團的研發投入占營業收入的比例高達11.08%,海馬汽車、江鈴汽車、力帆實業等汽車集團的研發投入占營業收入的比例也在6%以上。這些成績都是近年來強調科技創新的成果,但中國的科技創新投入占GDP的比重仍然有很大的提升空間。比如全世界投入比例最高的以色列,科技創新投入占GDP的比重在4.25%左右;日本的科技創新

投入占 GDP 的比重在 3.6%左右。中國自 2010 年以後，R&D 投入占 GDP 的比重年均增長 0.06 個百分點，按照這個速度，需要 30 多年才能趕上目前的世界最先進水準，因此仍然需要各種政策措施來保障科技創新的投入水準。

7.2.2.1 科技創新投入的資金保障

科技創新投入的資金保障就是要利用好社會資金與政府投資。利用好社會資金是指要充分打通社會資本、社會人才對於科技創新的支持通道。商業銀行和相關的金融機構要給予創新型企業資金支持，降低創新型企業貸款成本和貸款條件。許多創新型企業是大型企業，比如國有企業、阿里巴巴、騰訊、百度，等等。這些企業信譽良好，很容易從銀行等金融渠道進行間接融資；除了間接融資，這些企業往往還是上市公司，也可以通過直接融資渠道進行融資；最重要的是，這些企業常年盈利豐厚、資本充足。騰訊控股有限公司 2017 年利潤為 724 億元、阿里巴巴集團 2017 年利潤為 670 億元。因此，這些企業往往並不缺乏資金支持，而且這些企業本身是創新型企業，在科技創新方面的投入也十分充足。

真正需要資金支持的創新型企業大部分是中小型企業或初創企業，尤其是初創企業，它們主打的產品和項目常常沒有成品，有些只有產品設計，甚至只有一個產品設計概念。這樣的企業想從傳統的金融機構融資是十分困難的，這就需要引入「天使投資人」、大眾籌資等新型的融資模式來實現企業的融資。比如近年來新興的共享經濟企業——滴滴打車、共享單車，無一例外都是首先從「天使投資人」處獲得融資，然後才逐步發展壯大起來的。對於更小型的企業和項目來說，可以通過大眾籌資的方式進行融資。比如 2016 年上映的電影《大魚海棠》就是通過眾籌網站「點名時刻」（www.demohour.com）進行融資的。政府要進一步打通社會資本進入科技創新企業的通道，放寬對其的限制，比如放寬對於投資人數、投資金額的限制，發揮市場對於資源調節的基礎性作用。同時加強對於以大眾籌資和 P2P 融資為主的互聯網金融的監管力度，防止逆向選擇對於融資市場的破壞，保障互聯網金融市場健康發展。

科技創新投入同樣需要政府的資金支持和保障。由於科技創新成果有很強的「非競爭性」，且有很強的外部性，因此，許多科研勞動並沒有獲得等價的回報。最典型的就是基礎科學的研究方面。許多基礎科學的成果對於經濟增長的貢獻是無法直接衡量的，比如量子力學、數學等，對於這些領域就需要政府予以直接投資。有些科研項目，投資巨大，在短期內只有科學價值而沒有經濟價值，企業出於逐利的本性，是不會投資於此類科學項目的。比如北京即將開工的大型粒子對撞機，投資高達數百億美元，靠個人、個別企業的力量根本無

法進行，必須傾全國之力進行建設，而所得的結果卻在短期內看不到任何經濟價值。對於這些社會資本無法保障的科研項目，就必須依靠政府投資予以保障。

7.2.2.2 科技創新投入的制度保障

第一，要建設合理的創新成果考評制度。創新企業出於逐利的需要，會嚴格進行創新成果的評估，每個企業根據自身的特點對科研人員和科研成果進行評價和獎勵。而對於各大高校和科研院所來說，對於科技投入情況的評估其實是非常困難的。一方面，科研工作以其高精尖的特點，致使只有很少的專業人員才能真正明白科研成果的價值；另一方面，科研成果本身的價值難以評估。近年來各大高校和科研院所基本上只能基於論文發表的數量、發表期刊的檔次、申請課題的數量和檔次來考評科研人員。這種考評方式有一定的積極性，這種模式確實為科研成果的考評提供了一種可以量化的、相對客觀的指標，具有很強的實際操作性，因此才被廣泛採用。但經過多年的實踐，這套考核體系也暴露出了明顯的弊端，就是導致了科研人員行為異化。從科學研究的客觀規律來看，許多科研成果，需要長年累月的實驗、觀察、探索才能得出可靠的結論，而當前的考核機制根本不允許這樣的科研行為。

對於科研工作者本身來說，這樣的考核機制是對其生理和心理的雙重考驗。翟振武教授組織進行了一個調查，他利用第四次、第五次全國人口普查的權威數據研究得出結論，中國科學院、北京大學和清華大學高級知識分子的平均壽命是68.6週歲（翟振武 等，2005）。而中國人的全國平均壽命是75週歲左右，高級知識分子的人均壽命大大低於全國平均水準。科學教育界的知識分子的工作壓力也高於普通勞動者，從工作量上來看，知識分子每天的勞動時間比普通人群多2小時；在身體透支方面，知識分子感覺身體透支的比例高達61.3%，遠遠高於普通人群的35.7%。科研人員猝死的新聞近幾年也是屢見不鮮，而他們死亡的年齡大多處在35~45週歲這一科研壓力比較大的時間段內。科研壓力巨大已經成為阻礙優秀人才進入科研隊伍的重要因素。

因此，無論是從有利於科研工作本身來說，還是從提高科研工作者工作條件，吸引優秀人才進入科研隊伍來說，科研考核制度都需要進行改革。首先要提高科研工作者的待遇，一定要提高青年科研工作者的工資待遇，讓他們能夠一門心思搞科研，減少他們的後顧之憂。其次還要建立起終身教職制度。當一個科研工作者或者青年教師完成了幾年的科研考核之後，證明了自己的科研能力，就應該為其授予終身教職，讓他按照自己的規劃和興趣真正做一些需要長期研究才能得出成果的有價值的研究。最後要提高研究生、助教、助研的生活

補助。無論是中國還是其他發達國家的高校，科研工作的模式都是教授牽頭組織一批助教、助研以及自己帶的研究生組建科研團隊，一起完成科研工作。提高研究生、助研、助教的生活補助，就可以使這些人將更多的心思放在學業和科研之上，變相地分擔了高級科研工作者的工作壓力，也使這些研究生獲得了寶貴的鍛煉機會，累積了人力資本。

第二，簡化科研經費申報審批程序。科研項目的申報、科研經費的報帳等是受到學術研究界廣泛詬病的制度問題。目前科研項目的申報流程十分複雜，科研人員為了項目申報成功，常常耗費大量的時間和精力撰寫項目申報書。科研項目審批部門，如教育部，應該牽頭簡化項目審批的程序，尤其是簡化項目申報書的書寫規範。

科研經費的管理十分繁復。報帳所需要的票據十分複雜，而票據稍有疏漏就會造成無法報帳的情況。報帳所需票據還需要經過項目負責人、學院領導簽字等一系列複雜的行政手續才能合乎規定。對於科研經費的管理，首先應該加強科研管理信息系統的建設，比如與支付寶、微信支付、各大商業銀行的支付系統進行合作，將支付的憑證直接傳送至財務部門，帳目核銷、經費發放也由系統自動完成，減少人工環節。其次要進行科研人員的信用評分建設，對於高信用評分者不進行考核，對於低信用積分者則不批准項目經費。傳統的模式無法徹底解決科研經費管理問題，必須依靠支付系統、信用系統的全面構建。在全中國範圍內建立支付系統和信用系統是一個漫長的過程，國家可以優先在科研經費管理方面進行先行先試。

第三，改變以行政管理者為核心的科研管理制度。在現行的科研管理體制之下，行政人員是以「管理者」的姿態出現的，而實際上，行政人員應該以「服務者」的面貌出現（黃寧燕、王培德，2013）。科研工作者本身對科研管理制度沒有發言權，只能被動地接受安排。

要切實將科研管理的模式改變為科研服務的模式。對於一些與科研工作相關的行政事務，行政人員應該主動幫助科研工作者解決。針對科研人員的管理應該強調「底線管理」，即以不觸碰法律法規為底線，偏重於依靠高級知識分子的信用和名譽的柔性管理制度。對於科研項目的進程，必須依靠研究人員自身對於聘任競爭力、學術聲望方面的追求來實現追蹤和監督，堅決杜絕由行政人員考評科研項目。

7.2.2.3 科技創新投入的人才保障

科技創新投入的人才保障也是一個需要注意的問題。如果將科技創新視為一種「產出」，那生產科技創新的「投入」就是物質材料和人才，這兩個方面

缺一不可。許多情況下，由於投入物質材料見效快，許多時候政府和企業更傾向於投入物質材料。這種變味的投資不僅無法達到科技創新的目的，還造成了大量的資源浪費。科技創新歸根究柢要依靠科技人才，在科技創新投資結構方面，要多向人才培養、人才引進、人才在職培訓等方面傾斜。要大幅度提高創新人才的待遇，只有較高的待遇水準才能真正吸引高水準的人才，而在科技創新的過程中真正能夠發揮作用的也就是高水準的關鍵人才。

高級科技人才是國家的寶貴財富，但長期以來科技人才的待遇卻一直不高，尤其是從事基礎科學研究的科研人員。這些科研人員的待遇一方面需要政府予以保障，使得他們願意從事基礎科學的研究，也有經濟能力安心從事科研工作；另一方面，由於他們的工作成果確實不好用金錢衡量，政府應該對他們進行榮譽表彰。比如國家領導人及各級地方政府領導人對科研帶頭人進行接見或慰問，每逢國家慶典邀請科研工作者參加表彰大會，等等。科研工作者本身是高級知識分子，知識分子除了有物質需要以外，往往還有一定的精神追求，因此，一定要合理滿足科研工作者的精神追求。

7.2.2.4 科技創新投入的環境保障

為了建設創新型國家，為創新營造一個良好的環境非常重要。經濟發展的模式轉向創新驅動，就需要大力引進和集聚創新資源，包括創新人才、創新機構、創新投資、創新成果等（洪銀興，2013）。創新人才是創新活動之本，尤其是高端的創新創業人才，因此營造良好的創新環境首先就必須營造適合創新人才生活、工作的環境。要將為高端創新創業人才提供宜居、宜研、宜產業化的環境放在環境保障的突出位置。「宜居」強調為科研人員提供良好的生活環境，包括自然環境的優美、生活服務的便利，以及子女教育、養老醫療的配套保障。近年來，貴州省的「天眼」工程建設提供了很好的例子。「宜研」則強調與科研相關的基礎設施建設，比如信息網絡、大型實驗室、電力設施等等。某些科研單位或者創新型企業需要有獨特的基礎設施支持，比如大型信息網絡節點就需要大量的供電設施，可以專門為其修建水力發電站，一方面提供電力支持，一方面用水冷的方式降低大型計算機的溫度。「宜產業化」則需要產、學、研相結合的創新平臺建設，除了科研成果之外還需要活躍的風險投資、專業的職業經理人，以及可以將科研成果轉化為工業技術的技術人才。

還需要營造激勵創新的社會環境。首先是要鼓勵市場競爭，增大企業進行技術創新的壓力。根據馬克思的勞動價值論，企業創新的根本動力來自獲取超額剩餘價值，只有鼓勵市場競爭，才可以推動企業不斷進行創新，使企業建立起一種「停止創新，企業就會被淘汰」的危機意識。其次是要加大力度保障

科技創新行為的合法收益，最典型的就是保障創新者的知識產權不受侵犯。競爭機制為企業的創新提供了外在的壓力，而創新的收益則是企業創新的內在動力。允許創新者在一段時間內獨占創新收益，可以使創新者的科研成本得到補償、激發創新者的科研積極性，同時為以後的繼續創新累積物質資本。最後，還要營造「以創新為榮」的社會輿論環境，大力宣傳創新人物的事跡。

7.2.3 加快教育制度創新，提高全民衛生健康水準

本研究提出三條保障勞動力供給水準和提升人力資本的政策建議。學術界公認要提升人力資本累積水準，必須從勞動者的受教育水準和健康水準兩個方面著手。除了累積人力資本之外，還要將已有人力資本的作用最大限度地發揮出來，就是要改善勞動者的就業環境，使勞動者的人力資本發揮出最大的價值。

7.2.3.1 提高受教育水準，保障人力資本累積

提高勞動者的受教育水準是提升人力資本的重要組成部分。「十年樹木，百年樹人」，對於教育問題如何強調都不為過。總體來看，加快教育制度的創新要創新教育的投資主體，從原先的只單純依靠政府的投入，發展到引入民營資本和社會資本的投入；要創新受教育的對象，從原先對於學齡人群進行學校教育，發展到對全體人民的全民終生教育；要創新教育的模式，從只有學校教育，發展到學校教育、崗位培訓、技能培訓相結合的全面教育模式。

首先，應該建立多層級的教育體系。九年制義務教育作為群眾的基礎教育，強調的是每一名中國人都應該接受教育，受教育既是公民的權利又是公民的義務。因此在基礎教育、義務教育的建設過程中，應該尤其重視公平。而近年來，各地的「擇校熱」「學區房」層出不窮，也給某些人尋租創造了空間。而這又主要源於基礎教育的教育資源如校舍、教師的分配不均。國家應該針對城市和農村的基礎教育情況分別出抬政策，對於農村的基礎教育應該強調「托底」，免除學費、建設校舍，保障偏遠地區的孩子也能享受應有的義務教育；對於城市的基礎教育應該強調「平均」，實行全區中小學的教師輪崗，保障同一區域內的各個中小學教育資源平均分配。

完成基礎教育之後，如果不適合繼續進入高校學習，則應鼓勵其進入職業學校學習專業技能。參照許多發達國家的經驗，如德國，職業教育的比重與高等教育的比重相當。國家應該建設一大批高水準的職業教育學校，並且放開對於投資建設主體的限制，鼓勵民營資本進入職業教育領域。近年來出現的吉利大學、新東方學校、西湖大學等民營學校是這一領域的先驅。但同時教育問題

關係重大,對於這些教育機構的資質也應該嚴格審核,防止低質量辦校、非法招生的事件發生。

其次,提升高等教育的教育水準和教育效率。接受過高等教育的人才是國家寶貴的人力資本,接受高等教育這一過程也是巨大的人力資本投資過程。這就要求高等教育必須提高教育的水準和教育的效率。提高高等教育的教育水準,就要提升高校的宿舍、操場等硬件設施的質量,要提升實驗室、教學系統等教學設施的質量,還要不斷提升教師隊伍的水準和教師的責任感使命感。對於大部分學生來說,接受教育本身並不是目的,學生最終還是要走向社會、走向各自的工作崗位,這就要求必須提升教育的效率,讓學生能夠學以致用。這就需要增加學生實習、實訓的機會,讓學生走出校門走向社會。在課程的設置上,要根據社會的需要靈活設置,比如近幾年互聯網的迅猛發展就新產生了電子商務、人工智能、物聯網等新的專業。課程的內容也要與時俱進,比如傳統的信息管理專業所教授的內容主要是簡單的計算機編程和企業管理,而根據時代的要求應逐漸轉變為數據挖掘、商務智能方面的內容。

最後,幫助企業定期進行員工培訓。提升全社會勞動者的人力資本絕不能忽視對於企業員工的定期培訓。有實力的企業可以自行組建培訓學校和培訓機構,如阿裡巴巴集團的西湖大學、平安集團的平安大學;實力不足的企業可以依託當地的高校定期為員工進行培訓,除了提升專業技能之外,還應該為員工講解法律常識、公司管理、市場營銷、宏觀經濟走勢等方面,幫助員工理解企業營運和經濟現狀,有利於企業的發展。

7.2.3.2 提高衛生健康水準,保障人力資本累積

首先,建設醫療衛生服務體系。在黨的十九大報告中,習近平總書記明確指出,要全面建設有中國特色的、優質高效的衛生醫療服務體系。具體來說,就是要構建三個層級的衛生服務體系,第一級為社區基礎醫療體系,主要針對小病小傷、慢性疾病定期取藥,使群眾在社區範圍內就享受到醫療服務;第二級為社區全科診所,除了上面提供的基本服務之外,還應該具備較為全面的診斷和治療能力;第三級為城市綜合性醫院,大型的綜合性醫院必須具備先進的診療設備、高素質的醫療團隊和完善的治療體系,對於群眾的重大疾病予以治療。構建衛生服務體系,一方面要分層級建設醫院設施,另一方面要加強對於群眾的引導,切實使群眾「小病不去大醫院排隊」,解決大型綜合性醫院人滿為患的現狀。

其次,培養全民健身的觀念和習慣。中國自古以來就有養生的思想傳統,「養生」「衛生」這類詞彙均來自《黃帝內經》等傳統醫學經典。結合現狀,

國家從累積人力資本的角度來講,要格外注重青壯年的健身觀念和習慣的養成。許多研究證明,中國人的健身狀況在世界範圍內名列前茅,但主要是中老年人健身,例如社區中跳廣場舞、練太極拳的中老年人,而青年人由於工作壓力大、自身又年富力強,反而忽視了健身的重要性。國家可以呼籲在企業內部建設員工的健身設施,編排一些適合於辦公室內開展的健身操,營造全民健身、健身為美的社會風氣。

最後,強調醫療衛生的公益性質。在改革開放之前以計劃經濟為主的時期,中國的醫療以公益性質為主,為保障人民群眾的健康做出了重大的貢獻,典型的證據就是新中國成立以來新生兒死亡率大幅度下降、人均預期壽命大幅度提升。但由於計劃經濟時期醫院的效率低下、服務能力低下,不能滿足人民日益增長的對於醫療資源的需求,政府財政也不堪重負。改革開放以來逐漸開始了醫療體制,改革的主導思路就是市場化,醫院的運行模式近似於企業。可醫院畢竟不是企業,企業以逐利為目的,而醫療衛生機構以救死扶傷、保障人民健康為目的,應該有很強的公益性質。醫療機構的市場化改革導致了許多扭曲的行為,比如看病貴、看病難、只看重經濟價值,等等,導致醫患矛盾十分嚴重。

在新時期的醫療體制改革中,必須重新強調醫院的公益性質,切斷醫、藥之間的利益鏈條。效仿國外的先進模式,政府出面與大型製藥企業進行採購談判,增加談判的議價能力,切實降低藥價,避免「藥神」的悲劇再次發生。依據國家的財政狀況逐步推進全民醫療保險全民全覆蓋,防止「因病致貧」、有病不敢治的情況再次發生。提高醫生的收入待遇,保障醫生群體的切身利益,改變「以藥養醫」所造成的醫生行為扭曲,改善醫患關係。

7.2.3.3 改善就業環境,促進人力資本價值充分發揮

首先,完善勞動力市場,保障勞動力要素的自由流動。中國的勞動力市場受到各種因素的制約,分割嚴重。由於城鄉二元經濟結構,致使農民工在城市就業受到頗多限制,農民工在城市中生活、就醫、子女就學都無法和城市人口相比,農民工常常覺得自己是「二等公民」,很難真正融入城市生活中去。又由於中國特殊的農村土地政策,農村的土地和農業生產還成為農民工的牽掛,到了農忙時節,許多農民工還要趕回故鄉去參與農業勞動,這大大限制了農民工人力資本價值的發揮。為此,各地應該進一步完善戶籍制度的改革,取消限制性、歧視性的招聘制度。建立健全城鄉統籌的社會保障體制,解決異地落戶人員的醫療、養老、子女教育、住房公積金和其他保險的異地轉移,加強對失業人員和就業困難群眾的分類幫扶和再就業培訓。

其次，消除就業歧視，保障弱勢勞動群體的人力資本價值充分發揮。中國的就業歧視問題十分顯著，最典型的就是對於婦女的就業歧視。中國憲法、勞動法、婦女權益保護法等諸多法律都明確提出了男女就業同權（同工同酬）的要求，但由於婦女本身的生理特徵，以及生育、哺乳的限制，以及身體素質方面弱於男性，致使婦女在就業問題上飽受歧視。同等條件下，用人單位也會優先聘用男性。有些企業還會和婦女約定，進入工作崗位之後幾年之內不許生育耽誤工作，許多女性為了職務的上升根本不敢生育子女。女性經過多年的受教育經歷，同樣累積了大量的人力資本。數據顯示，高學歷人群中女性的比例高於男性。因此，如果在招聘過程中加入許多歧視婦女的政策，就導致女性的人力資本價值無法獲得充分的發揮，白白浪費掉了。對於女性的生育問題，社會發展到今天，少子化問題相當嚴重，參照世界發達國家的情況，如北歐、俄羅斯、日本等國的情況，可以看到，生育絕不僅僅是一家一戶的個人問題，而是整個社會的問題。生育不僅是個別家族的延續，同樣也是整個中華民族的延續和發展。因此，社會應該肩負起保障婦女生育權利的義務。企業出於逐利的需要，無法將社會責任與企業目標兼容，政府應該義不容辭地肩負起這一社會責任，可以由政府出面成立生育、哺乳基金，由社會各界集資，對於生育的婦女予以補貼。如果生育的成本不再由個別企業承擔，企業也就不會再有歧視婦女就業的動機。

在招聘過程中，除了歧視婦女的情況之外，還有因為容貌、身高、民族、地域、出身、學歷等各種原因的歧視行為。就業歧視本身就帶來了人力資本的巨大浪費，國家應該加強相關領域的立法，為平等就業提供法律保障。

最後，加強社會保障建設，改善就業市場的勞資關係。由於農業領域的失業問題無法準確衡量，因此中國談論失業問題主要是強調城市失業問題。而中國的城市失業問題又有其特殊性，除了自然失業之外，由於社會轉型、國有企業改制，導致了大量的工人下崗。這一批下崗工人年輕時將自己的勞動力奉獻給了社會，在四五十歲人力資本逐漸枯竭的年紀卻又面臨失業的問題，許多家庭因此陷入困境。國家應該予以失業人員充分的失業保障金，幫助他們渡過難關。在住房方面應該推出廉租房、限價房的模式，保障低收入人群的主要需求。在醫療保險、養老保險方面，應根據低收入人群的具體情況予以一定比例的減免。發達地區在這一方面做了一定的工作，而許多落後地區，由於地方政府財政不足，在這一方面仍處於空白狀態，需要進一步抓緊完善。

對於改善勞資關係問題，最應該強調的就是要簽署正規的、有法律效果的勞動合同。許多勞動者法律觀念比較淡薄，沒有用法律武器保障自己合法權益

的意識。很長一段時間以來，中國的司法體系效率低下，訴諸法律手段成本很高，而且還存在一定的腐敗行為。因此，許多勞動者與用人單位沒有簽署正規的勞動合同，致使自身的權益不能受到法律的保護。有鑒於此，各級工商管理部門應該為企業出具正規的勞動合同樣式，使企業在設計勞動合同上有所遵循。司法部門成立專門的勞動者權益保障部門，提升農民工薪水討要、勞動傷害賠償等勞資糾紛的辦案速度，顯著改善勞資之間的關係。

參考文獻

[1] ABRAMOVITZ M. Resource and Output Trends in the United States with Discounting [J]. American Economic Review, 1956, 46 (5).

[2] ACEMOGLU D, JOHNSON S, ROBINSON J A. Institutions as a Fundamental Cause of Long-Run Growth [J]. Nanjing Business Review, 2006, 1 (5).

[3] AGHION P, HOWITT P. A Model of Growth through Creative Destruction [J]. Econometrica, 1992, 60 (3).

[4] ANAND R, CHENG K C, REHMAN S, ZHANG L. Potential Growth in Emerging Asia [R]. IMF Working Paper, No. 02, 2014.

[5] ARORA S. Health, Human Productivity, and Long-Term Economic Growth [J]. Journal of Economic History, 2001, 61 (9).

[6] ARROW K J. The Economic Implications of Learning by Doing [J]. Review of Economic Studies, 1962, 29 (6).

[7] BANKER R D, CHARNES A, COOPER W W. Some Models for Estimating Technical and Scale Inefficiencies in Data Envelopment Analysis [J]. Management Science, 1984, 30 (9).

[8] BAUMOL W. Entrepreneurship: Productive, Unproductive, and Destructive [J]. Journal of Political Economy, 1990, 38 (5).

[9] BAXTER M, KING R G. Measuring Business Cycles: Approximate Band-Pass Filters for Economic Time Series [J]. The Review of Economics and Statistics, 1999, 81 (4).

[10] BECKER G S. Human Capital: A Theoretical and Empirical Analysis, with Special Reference to Education [J]. NBER Books, 1964, 18 (1).

[11] BELEGRI-ROBOLI A, MICHAELIDES P. Estimating Labour and Output Gap: Evidence from the Athens Olympic Region in Greece [J]. Applied Economics, 2007, 39 (19).

［12］BEVERIDGE S, NELSON C R. A New Approach to Decomposition of Economic Time Series into Permanent and Transitory Components with Particular Attention to Measurement of the Business Cycle［J］. Journal of Monetary Economics, 1981, 7（2）.

［13］BLANCHARD O J, QUAH D. The Dynamic Effects of Aggregate Demand and Supply Disturbances［J］. The American Economic Review, 1989, 79（4）.

［14］BLANCHARD O, GALí J. Real Wage Rigidities and the New Keynesian Model［J］. Journal of Money Credit & Banking, 2007, 39（s1）.

［15］BLOOM D E, WILLIAMSON J G. Demographic Transitions and Economic Miracles in Emerging Asia［R］. NBER Working Papers, 1998, 12（3）.

［16］BORIO C, DISYATAT P, JUSELIUS M. RethinkingPotential Output: Embedding Information about the Financial Cycle［R］. BIS Working Papers, No. 404, 2013.

［17］BRATSBERG B, RAGAN J F, WARREN J T. Negative Returns to Seniority: New Evidence in Academic Markets［J］. ILR Review, 2003, 56（2）.

［18］BULLARD J, KEATING J W. The Long-Run Relationship between Inflation and Output in Postwar Economies［J］. Journal of Monetary Economics, 1995, 36（3）.

［19］CAMBA-MENDEZ G, RODRIGUEZ-PALENZUELA D. Assessment Criteria for Output Gap Estimates［J］. Economic Modelling, 2003, 20（3）.

［20］CAO K H, BIRCHENALL J A. Agricultural Productivity, Structural Change, and Economic Growth in Post-Reform China［J］. Journal of Development Economics, 2013, 104（3）.

［21］CBO. CBO's Method for Estimating Potential Output［R］. CBO Memorandum, 1995.

［22］CHARNES A, COOPER W W, RHODES E. Measuring the Efficiency of Decision Making Units［J］. European Journal of Operational Research, 1978, 2（6）.

［23］CHOW G C. Capital Formation and Economic Growth in China［J］. Quarterly Journal of Economics, 1993, 108（3）.

［24］CHRISTIANO L J, FITZGERALD T J. The Band Pass Filter［R］. NBER Working Paper, No. 7257, 1999.

［25］CLARK P K. The Cyclical Component of U. S. Economic Activity［J］.

Quarterly Journal of Economics, 1987, 102 (4).

［26］CLAUS I. Estimating Potential Output for New Zealand［J］. Applied Economics, 2003, 35 (7).

［27］CLAUS I. Estimating Potential Output for New Zealand: A Structural VAR Approach［R］. Discussion Paper Series, No. 03, 1999.

［28］COASE R H. The Problem of Social Cost［J］. Journal of Law and Economics, 1960, 3 (10).

［29］COENEN G, SMETS F, VETLOV I. Estimation of the Euro AreaOutput Gap Using the NAWM［R］. Lietuvos Bankas Working Paper Series, No. 5, 2009.

［30］CONWAY P, FRAME D. A Spectral Analysis of New Zealand Output Gaps Using Fourier and Wavelet Techniques［R］. Reserve Bank of New Zealand Discussion Paper, 2000.

［31］COOLEY T F, OHANIAN L E. The Cyclical Behavior of Prices［J］. Journal of Monetary Economics, 1991, 28 (1).

［32］CORREIA I H, NEVES J L, REBELO S. Business Cycles from 1850 to 1950: New Facts about Old Data［J］. European Economic Review, 1992, 36 (2-3).

［33］EDGE R M, KILEY M T, LAFORTE J P. Natural Rate Measures in an Estimated DSGE Model of the U. S. Economy［J］. Journal of Economic Dynamics and Control, 2008, 32 (8).

［34］GALÍ J. New Perspectives on Monetary Policy, Inflation and the Business Cycle［J］. Social Science Electronic Publishing, 2002, 85 (4).

［35］GOLDSMITH R W. A Perpetual Inventory of National Wealth［J］. NBER Studies in Income and Wealth, 1951 (12).

［36］GROSSMAN G M, HELPMAN E. Innovation and Growth in the Global Economy［M］. Cambridge, MA: MIT Press, 1992.

［37］HALMAI P. Structural Reforms and Growth Potential in the European Union［J］. Public Finance Quarterly, 2015, 60 (4).

［38］HALTER A N, CARTER H O, HOCKING J G. A Note on the Transcendental Production Function［J］. Journal of Farm Economics, 1957, 39 (4).

［39］HALTMAIER J. Do Recessions Affect Potential Output?［J］. SSRN Electronic Journal, 10.2139/ssrn. 2251879, 2012.

［40］HARROD R F. An Essay in Dynamic Theory［J］. The Economic Journal, 1939, 49 (193).

[41] HARVEY A C. Forecasting, Structural Time Series Models and Kalman Filter [M]. Cambridge, U K: Cambridge University Press, 1989.

[42] HARVEY A C. Trends and Cycles in Macroeconomic Time Series [J]. Journal of Business & Economic Statistics, 1985, 3 (3).

[43] HAWKSWORTH J, AUDINO H, CLARRY R, et al. The Long View: How will the Global Economic Order Change by 2050? [EB/OL]. https://www.pwc.com/gx/en/world-2050/assets/pwc-world-in-2050-summary-report-feb-2017.pdf.

[44] HIROSE Y, NAGANUMA S. Structural Estimation of the Output Gap: A Bayesian DSGE Approach for the U. S. Economy [R]. Bank of Japan Working Paper Series, No. 07- E-24, 2007.

[45] HODRICK R J, PRESCOTT E C. Pastwar U. S. Business Cycles: An Empirical Investigation [J]. Journal of Money, Credit, and Banking, 1997, 29 (1).

[46] HOWITT P. Health, Human Capital and Economic Growth: a Schumpeterian Perspective [R/OL]. https://www.brown.edu/Departments/Economics/Faculty/Peter_ Howitt/publication/PAHO.pdf, 2005.

[47] HSBC. TheWorld in 2050: Quantifying the Shift in the Global Economy [EB/OL]. https://warwick.ac.uk/fac/soc/pais/research/researchcentres/csgr/green/foresight/economy/green_ future_ trends_ report_ -_ the_ world_ in_ 2050 _ -_ quantifying_ the_ shift_ in_ the_ global_ economy. pdf, 2011.

[48] HSIEH C T, KLENOW P J. Development Accounting [J]. American Economic Journal Macroeconomics, 2010, 2 (1).

[49] HSIEH C T, KLENOW P J. Misallocation and Manufacturing TFP in China and India [J]. Quarterly Journal of Economics, 2009, 124 (4).

[50] HSU S, SIMON A C M. China's Structural Transformation: Reaching Potential GDP in the Financial Services Sector [J]. China Finance & Economic Review, 2016, 4 (1).

[51] KILEY M T. Output Gaps [J]. Journal of Macroeconomics, 2013 (37).

[52] KRUEGER D. Macroeconomic Theory [Z]. Department of Economics University of Pennsylvania, 2012.

[53] KUMBHAKAR S C. Estimation and Decomposition of Productivity Change When Production is not Efficient: A Panel data Approach [J]. Econometric Reviews, 2000, 19 (4).

[54] LAU L J, QIAN Y, ROLAND G. Reform without Losers: An Interpretation of China's Dual-track Approach to Transiton [J]. Journal of Political Economy, 2000, 108 (1).

[55] LEMOINE M, MAZZI G L, MONPERRUS-VERONI P, REYNES F. Real Time Estimation of Potential Output and Output Gap for the Euro-Area: Comparing Production Function with Unobserved Components and SVAR Approaches [R]. Document de Travail, No. 34, 2008.

[56] LEVY M E. Fiscal Policy, Cycles and Growth [R]. National Industrial Conference Board, 1963.

[57] LEWIS A W. Economic Development with Unlimited Supplies of Labour [J]. Manchester School, 1954, 22 (2).

[58] LINDH T, MALMBERG B. Age Structure Effects and Growth in the OECD: 1950-1990 [J]. Journal of Population Economics, 1999, 12 (3).

[59] LUCAS R E. On the Mechanics of Economic Development [J]. Journal of Monetary Economics, 1988, 22 (1).

[60] MORROW K M, ROEGER W. Potential Output: Measurement Methods, 「New」 Economy Influences and Scenarios for 2001-2010 [R]. Economic Papers, No. 150, 2001.

[61] MURPHY K M, SHLEIFER A, VISHNY R W. The Allocation of Talent: Implications for Growth [J]. Quarterly Journal of Economics, 1991, 106 (2).

[62] NEISS K S, NELSON E. The Real-Interest-Rate Gap as an Inflation Indicator [J]. Macroeconomic Dynamics, 2003, 7 (2).

[63] NELSON C R, PLOSSER C R. Trends and Random Walks in Macroeconmic Time Series: Some Evidence and Implications [J]. Journal of Monetary Economics, 1982, 10 (2).

[64] NERLOVE M. Measurement in Econometrics: Studies in Mathematical Economics and Econometrics in Memory of Yehuda Grünfeld [M]. Son Francisco: Stanford University Press, 1965.

[65] NORTH D C. Transactions Costs through Time [M] //Transaction Cost Economics: Recent Development. Cheltenham, UK: Edward Elgar, 2017.

[66] NORTH D C. Institutions, Institutional Change and Economic Performance [M]. Cambridge: Cambridge University Press, 1990.

[67] OECD. Looking to 2060: Long-Term Global Growth Prospects [R].

OECD Economic Policy Papers, No. 3, 2012.

[68] OECD. OECD Economic Surveys: China [R]. OECD Publishing, 2005.

[69] OH K H, ZIVOT E, CREAL D. The Relationshipbetween the Beveridge-Nelson Decomposition and Other Permanent—Transitory Decompositions that are Popular in Economics [J]. Journal of Econometrics, 2008, 146 (2).

[70] OKUN A M. Potential GNP: Its Measurement and Significance [J]. American Statistical Association, 1962.

[71] ORPHANIDES A. The Quest for Prosperity without Inflation [R]. Sveriges Riksbank Working Paper Series, No. 93, 1999.

[72] ORTH D. Institutions, Institutional Change and Economic Performance [M]. Cambridge: Cambridge University Press, 1990.

[73] OSTER S M, HAMERMESH D S. Ageing andProductivity among Economists [J]. Review of Economics and Statistics, 1998, 80 (1).

[74] PHELPS E. The Golden Rule of Accumulation: A Fable for Growthmen [J]. The American Economic Review, 1961, 51 (4).

[75] PHILLIPS A W. The Relation between Unemployment and the Rate of Change of Money Wage Rates in the United Kingdom: 1861–1957 [J]. Economica, 1958, 25 (100).

[76] PRITCHETT L, SUMMERS H L. Asiaphoria Meets Regression to the Mean [R]. NBER Working Paper, No. 20573, 2014.

[77] PROIETTI T, MUSSO A, WESTERMANN T. Estimating Potential Output and the Output Gap for the Euro Area: a Model-Based Production Function Approach [R]. EUI Working Paper ECO, No. 2002/9, 2002.

[78] RANIS G, FEI J C H. A Theory of Economic Development [J]. American Economic Review, 1961, 51 (4).

[79] RAVN M O, UHLIG H. On Adjusting the Hodrick-Prescott Filter for the Frequency of Observations [J]. Review of Economics and Statistics, 2002, 84 (2).

[80] RICHARDS G R. Endogenous Technological Advance in an Econometric Model: Implications for Productivity and Potential Output in the United States [J]. Economic Modelling, 2000, 17 (1).

[81] RINGSTAD V. Econometric Analyses Based on a Production Function with Neutrally Variable Scale – Elasticity [J]. Swedish Journal of Economics, 1967, 69 (2).

[82] RODRIK D. Goodbye Washington Consensus, Hello Washington Confusion? A Review of the World Bank's「Economic Growth in the 1990s: Learning from a Decade of Reform」[J]. Journal of Economic Literature, 2006, 44 (4).

[83] ROMER P M. Endogenous Technological Change [J]. Journal of Political Economy, 1990, 98 (10).

[84] ROMER P M. Increasing Returns and Long Run Growth [J]. Journal of Political Economy, 1986, 94 (5).

[85] SACHS J, WOO W, YANG X. Economic Reforms and Constitutional Transition [J]. Annals of Economics and Finance, 2000 (1).

[86] SANTOMERO A M. MakingMonetary Policy: What do We Know and When do We Know It? [J]. Business Review, 2005, 22 (4).

[87] SCACCIAVILLANI F, SWAGEL P. Measures of Potential Output: An Application to Israel [R]. 1999 (96).

[88] SCHULTZ T W. Investment in Human Capital [J]. The American Economic Review, 1961, 51 (1).

[89] SKANS O N. How does theAge Structure Affect Regional Productivity? [J]. Applied Economics Letters, 2008, 15 (10).

[90] SMETS F, WOUTERS R. An Estimated Stochastic Dynamic General Equilibrium Model of the Euro Area [J]. Journal of the European Economic Association, 2003, 1 (171).

[91] SMETS F, WOUTERS R. Shocks and Frictions in US Business Cycles: A Bayesian DSGE Approach [J]. The American Economic Review, 2007, 97 (3).

[92] SOLOW R M. A Contribution to the Theory of Economic Growth [J]. Quarterly Journal of Economics, 1956, 70 (2).

[93] SOLOW R M. Technical Change and the Aggregate Production Function [J]. Review of Economics and Statistics, 1957 (39).

[94] STEFANO E D, MARCONI D. Growth Potential in Emerging Countries [M]. Financial and Monetary Policy Studies, Cham: Springer, 2018.

[95] STEPHAN P E, LEVIN S G. Measure of Scientific Output and the Age-Productivity Relationship [M]. Handbook of quantitative studies of science and technology, 1988.

[96] SWAN T W. Economic Growth and Capital Accumulation [J]. Economic Reward, 1956, 32 (11).

［97］TAYLOR J B. Discretion Versus Policy Rules in Practice［C］//Carnegie-Rochester Conference Series on Public Policy. Elsevier, 1993.

［98］THE WORLD BANK. How are the Income Group Thresholds Determined?［EB/OL］. https：//datahelpdesk. worldbank. org/knowledgebase/articles/378833-how-are-the-income-group-thresholds-determined, 2016.

［99］TIMOFEEV A G, BAYANDIN N I, KULIKOVA S V. Russia's Problems and Potential in Accelerating the Rate of Economic Growth in the Conditions of Information Economy［M］//Management of Changes in Socio - Economic Systems. Springer, 2018.

［100］TODARO M P. A Model of Labor Migration and Urban Unemployment in Less Developed Countries［J］. American Economic Review, 1969, 59（1）.

［101］UNITED NATIONS. Department of Economic and Social Affairs, Population Division. World Population Prospects：The 2017 Revision［DB/OL］. https：//esa. un. org/unpd/wpp/, 2017.

［102］VAN NORDEN S. Why is it so hard to measure the current output gap?［J］. Macroeconomics, 1995, 17（1）.

［103］WARD K. The World in 2050：Quantifying the Shift in the Global Economy［R］. HSBC Global Research, 2011（1）.

［104］WERDING M. Ageing and Productivity Growth：Are there Macro-level Cohort Effects of Human Capital?［R］. ECSifo Group Munich, 2008.

［105］YOUNG A. Gold into Base Metals：Productivity Growth in the People's Republic of Chinaduring the Reform Period［J］. Journal of Political Economy, 2003, 111（6）.

［106］ZELLNER A, REVANKAR N S. Generalized Production Functions［J］. Review of Economic Studies, 1969, 36（2）.

［107］ZHANG J. China's Economic Growth：Trajectories and Evolving Institutions［R］. Wider Working Paper, 2008, 51（1）.

［108］ROMER D. 高級宏觀經濟學［M］. 吴化斌, 龔關, 譯, 上海：上海財經大學出版社, 2014.

［109］安立仁, 董聯黨. 基於資本驅動的潛在經濟增長率、自然就業率及其關係分析［J］. 數量經濟技術經濟研究, 2011（2）.

［110］巴曙松, 楊現領. 城市化與潛在經濟增長率：基於長期視角的增長效應評估［J］. 財貿經濟, 2011（3）.

[111] 保羅·A. 薩繆爾森, 威廉·D. 諾德豪斯. 經濟學 [M]. 高鴻業, 等譯. 北京: 中國發展出版社, 1992.

[112] 畢菲. 中國人力資本投資對經濟增長的影響研究 [D]. 長春: 吉林大學, 2018.

[113] 蔡昉. 為什麼「奧肯定律」在中國失靈: 再論經濟增長與就業的關係 [J]. 宏觀經濟研究, 2007 (1).

[114] 蔡昉. 中國經濟增長如何轉向全要素生產率驅動型 [J]. 中國社會科學, 2013 (1).

[115] 曹建華, 李風琦. 新形勢下金融服務實體經濟的路徑與對策分析 [J]. 理論探討, 2018 (6).

[116] 曹新. 產業結構與經濟增長 [J]. 經濟學家, 1996 (6).

[117] 曾昭法, 殷鳳釗. 中國經濟週期波動的實證分析: 基於 HP、BP 和 CF 濾波的應用 [J]. 統計教育, 2009 (10).

[118] 陳浩. 人力資本對經濟增長影響的結構分析 [J]. 數量經濟技術經濟研究, 2007 (8).

[119] 陳亮, 陳霞, 吳慧. 中國經濟潛在增長率的變動分析: 基於日韓及金磚四國等典型國家 1961—2010 年的經驗比較 [J]. 經濟理論與經濟管理, 2012 (6).

[120] 陳秋華. 體制轉換·結構變遷與就業 [M]. 北京: 中國財政經濟出版社, 2000.

[121] 陳詩一, 陳登科. 霧霾污染、政府治理與經濟高質量發展 [J]. 經濟研究, 2018 (2).

[122] 陳長, 閆秋利. DEA 視角下的中國潛在經濟增長率測算研究 [J]. 中國集體經濟, 2017 (21).

[123] 鄧創, 徐曼, 席旭文. 中國潛在產出與產出缺口的分解及其應用: 基於反衡模型的研究 [J]. 吉林大學社會科學學報, 2016 (1).

[124] 丁守海. 中國產出缺口價格效應的轉變趨勢: 基於勞動力條件變化的視角 [J]. 經濟研究, 2012 (11).

[125] 多馬. 經濟增長理論 [M]. 郭家麟, 譯. 北京: 商務印書館, 1983.

[126] 樊綱, 王小魯, 朱恒鵬. 中國市場化指數: 各省區市場化相對進程 2011 年度報告 [M]. 北京: 經濟科學出版社, 2011.

[127] 菲爾德曼. 論國民收入增長速度: 基於蘇聯國民經濟的視角 [J].

李省龍，譯. 經濟思想史評論，2010（2）.

［128］菲利普·阿吉翁，彼得·霍伊特. 內生增長理論［M］. 陶然，倪彬華，汪柏林，等譯. 北京：北京大學出版社，2004.

［129］高鐵梅. 計量經濟分析方法與建模：EViews 應用及實例［M］. 2 版. 北京：清華大學出版社，2009.

［130］郭晗，任保平. 結構變動、要素產出彈性與中國潛在經濟增長率［J］. 數量經濟技術經濟研究，2014（12）.

［131］郭晗. 中國潛在經濟增長率的測算及其結構轉換路徑研究［D］. 西安：西北大學，2015.

［132］郭紅兵，陳平. 基於 SVAR 模型的中國產出缺口估計及評價［J］. 數量經濟技術經濟研究，2010（5）.

［133］郭凱明，餘靖雯，龔六堂. 計劃生育政策、城鎮化與經濟增長［J］. 金融研究，2015（11）.

［134］郭慶旺，賈俊雪. 中國潛在產出與產出缺口的估算［J］. 經濟研究，2004（5）.

［135］郭學能，盧盛榮. 供給側結構性改革背景下中國潛在經濟增長率分析［J］. 經濟學家，2018（1）.

［136］國務院發展研究中心「中等收入陷阱問題研究」課題組. 中國經濟潛在增長速度轉折的時間窗口測算［J］. 發展研究，2011（10）.

［137］韓青. 中國宏觀經濟時序的平穩性再考察：內生突變與平滑轉換［J］. 經濟學（季刊），2015，14（2）.

［138］賀翠珠. 中國潛在產出和產出缺口的估計方法研究及評價［D］. 長沙：湖南大學，2006.

［139］賀菊煌. 中國資產的估算［J］. 數量經濟技術經濟研究，1992（8）.

［140］洪銀興. 論創新驅動經濟發展戰略［J］. 經濟學家，2013（1）.

［141］胡永遠，劉智勇. 不同類型人力資本對經濟增長的影響分析［J］. 人口與經濟，2004（2）.

［142］黃海洲，MALHOTRA P. 匯率制度與經濟增長：來自亞洲發展中國家和歐洲發達國家的經驗研究［J］. 經濟學（季刊），2005，4（4）.

［143］黃梅波，呂朝鳳. 中國潛在產出的估計與「自然率假說」的檢驗［J］. 數量經濟技術經濟研究，2010（7）.

［144］黃寧燕，王培德. 實施創新驅動發展戰略的制度設計思考［J］. 中國軟科學，2013（4）.

[145] 加裡·貝克爾. 人力資本 [M]. 梁小民, 譯. 北京: 北京大學出版社, 1987.

[146] 簡新華, 黃錕. 中國城鎮化水準和速度的實證分析與前景預測 [J]. 經濟研究, 2010 (3).

[147] 簡新華, 餘江. 馬克思主義經濟學視角下的供求關係分析 [J]. 馬克思主義研究, 2016 (4).

[148] 金融界網站. 政治局會議: 促進形成強大中國市場、提升經濟整體水準 [EB/OL]. https://baijiahao.baidu.com/s?id=1619728167805418776&wfr=spider&for=pc, 2018-12-22.

[149] 黎德福. 二元經濟條件下中國的菲利普斯曲線和奧肯法則 [J]. 世界經濟, 2005 (8).

[150] 李標, 齊子豪, 丁任重. 改革進程中的中國潛在 GDP 增長率: 估計及預測 [J]. 當代經濟科學, 2018, 40 (6).

[151] 李建民. 人力資本通論 [M]. 上海: 上海三聯書店, 1999.

[152] 林毅夫. 新結構經濟學 [M]. 北京: 北京大學出版社, 2014.

[153] 劉斌, 張懷清. 中國產出缺口的估計 [J]. 金融研究, 2001 (10).

[154] 劉國光. 中國現實經濟增長率的提升與政策取向 [J]. 經濟學動態, 2002 (11).

[155] 劉華. 專利制度與經濟增長: 理論與現實: 對中國專利制度運行績效的評估 [J]. 中國軟科學, 2002 (10).

[156] 劉金全, 金春雨, 鄭挺國. 中國菲利普斯曲線的動態性與通貨膨脹率預期的軌跡: 基於狀態空間區制轉移模型的研究 [J]. 世界經濟, 2006 (6).

[157] 劉文革, 高偉, 張蘇. 制度變遷的度量與中國經濟增長: 基於中國 1952—2006 年數據的實證分析 [J]. 經濟學家, 2008 (6).

[158] 劉雪燕, 曾錚. 中國經濟潛在增長率研究 [M]. 北京: 中國計劃出版社, 2015.

[159] 劉迎秋. 論中國國民經濟的次高增長階段 [J]. 中國社會科學, 1999 (4).

[160] 樓繼偉. 中國可能滑入中等收入陷阱 [J]. 商 (周刊), 2015 (10).

[161] 陸軍, 鐘丹. 泰勒規則在中國的協整檢驗 [J]. 經濟研究, 2003 (8).

[162] 陸暘, 蔡昉. 從人口紅利到改革紅利: 基於中國潛在經濟增長率的模擬 [J]. 世界經濟, 2016 (1).

[163] 陸暘, 蔡昉. 人口結構變化對潛在經濟增長率的影響: 中國和日本

的比較 [J]. 世界經濟, 2014 (1).

[164] 路風. 光變：一個企業及其工業史 [M]. 北京：當代中國出版社, 2016.

[165] 羅斯托. 從起飛進入持續增長的經濟學 [M]. 賀力平, 等譯. 成都：四川人民出版社, 1988.

[166] 呂越, 盛斌. 開放條件下產出缺口型菲利普斯曲線的再驗證：基於中國省際季度動態面板數據 [J]. 金融研究, 2011 (10).

[167] 馬克思. 資本論：第 1 卷 [M]. 北京：人民出版社, 2004.

[168] 馬克思. 資本論：第 2 卷 [M]. 北京：人民出版社, 2004.

[169] 馬克思. 資本論：第 3 卷 [M]. 北京：人民出版社, 2004.

[170] 馬文濤, 魏福成. 基於新凱恩斯動態隨機一般均衡模型的季度產出缺口測度 [J]. 管理世界, 2011 (5).

[171] 馬秀紅, 曹繼平, 董晟飛. 小波分析及其應用 [J]. 計算機技術與發展, 2003, 13 (8).

[172] 馬勇, 陳雨露. 金融槓桿、槓桿波動與經濟增長 [J]. 經濟研究, 2017 (6).

[173] 倪曉寧, 包明華. DEA 方法在潛在 GDP 估算中的應用 [J]. 統計與決策, 2010 (2).

[174] 倪曉寧. 基於 DEA 的潛在國內生產總值估算方法及其在中國的應用 [J]. 統計研究, 2004, 21 (5).

[175] 諾斯. 制度、制度變遷與經濟績效 [M]. 杭行, 譯. 上海：格致出版社, 2014.

[176] 錢鵬程, 郭輝銘. 經濟結構調整背景下江蘇經濟增長區間估計 [J]. 統計科學與實踐, 2015 (2).

[177] 邱曉華, 等. 中國經濟增長動力及前景分析 [J]. 經濟研究, 2006 (5).

[178] 冉茂盛, 毛戰賓. 人力資本對經濟增長的作用機理分析 [J]. 重慶大學學報（社會科學版）, 2008, 14 (1).

[179] 人民網. 中央經濟工作會議在北京舉行, 習近平、李克強作重要講話 [EB/OL]. http：//cpc. people. com. cn/n1/2018/1222/c64094-30481845. html, 2018-12-22.

[180] 邵伏軍, 苟文均, 匡樺. 中國潛在經濟增長率：變化趨勢與政策回應 [J]. 金融研究, 2014 (12).

[181] 沈利生. 中國潛在經濟增長率變動趨勢估計 [J]. 數量經濟技術經濟研究, 1999 (12).

[182] 石柱鮮, 黃紅梅, 石慶華. 關於中國潛在 GDP 與景氣波動、通貨膨脹的經驗研究 [J]. 世界經濟, 2004, 27 (8).

[183] 四川省《資本論》研究會編寫組. 《資本論》難句解：第二集 [M]. 成都：四川大學出版社, 1987.

[184] 宋海岩, 等. 改革時期中國總投資決定因素的分析 [J]. 世界經濟文匯, 2003 (1).

[185] 湯丹. 基於 SVAR 模型的中國核心通貨膨脹估計及預測評價研究 [J]. 宏觀經濟研究, 2015 (1).

[186] 湯鐸鐸. 三種頻率選擇濾波及其在中國的應用 [J]. 數量經濟技術經濟研究, 2007, 24 (9).

[187] 唐詩磊, 譚琦. 中國產出缺口：基於小型 DSGE 模型的測算 [J]. 現代管理科學, 2013 (4).

[188] 王立勇, 徐曉莉. 中國奧肯係數的週期性波動特徵研究 [J]. 宏觀經濟研究, 2018 (1).

[189] 王少平, 胡進. 中國 GDP 的趨勢週期分解與隨機衝擊的持久效應 [J]. 經濟研究, 2009 (4).

[190] 王維, 陳杰, 毛盛勇. 基於十大分類的中國資本存量重估：1978—2016 年 [J]. 數量經濟技術經濟研究, 2017 (10).

[191] 王小魯, 樊綱. 中國經濟增長的可持續性：跨世紀的回顧與展望 [M]. 北京：經濟科學出版社, 2000.

[192] 王一鳴, 陳昌盛. 重構新平衡：宏觀經濟形勢展望與供給側結構性改革 [M]. 北京：中國發展出版社, 2016.

[193] 王遠飛, 張超. Logistic 模型參數估計與中國城市化水準預測 [J]. 經濟地理, 1997, 17 (4).

[194] 王志平. 生產效率的區域特徵與生產率增長的分解：基於主成分分析與隨機前沿超越對數生產函數的方法 [J]. 數量經濟技術經濟研究, 2010 (1).

[195] 韋森. 再評諾斯的制度變遷理論 [J]. 經濟學 (季刊), 2009, 8 (2).

[196] 吳敬璉. 不能把「供給側結構性改革」和「調結構」混為一談 [J]. 中國經貿導刊, 2016 (10).

[197] 吳易風. 馬克思的經濟增長理論模型 [J]. 經濟研究, 2007 (9).

［198］謝平，羅雄. 泰勒規則及其在中國貨幣政策中的檢驗［J］. 經濟研究，2002（3）.

［199］新智元. 中國成2017全球科技研發投入亞軍，僅比美國少1,000億美元［EB/OL］. http://k.sina.com.cn/article_5703921756_153faf05c01900ag6x.html，2018-8-31.

［200］徐翔. 人口老齡化背景下的長期經濟增長潛力研究［J］. 金融研究，2017（6）.

［201］許召元. 中國的潛在產出、產出缺口及產量：通貨膨脹交替關係——基於Kalman濾波方法的研究［J］. 數量經濟技術經濟研究，2005（12）.

［202］雅各布·明賽爾. 人力資本研究［M］. 張鳳林，譯. 北京：中國經濟出版社，2001.

［203］嚴成樑. 延遲退休、內生出生率與經濟增長［J］. 經濟研究，2016（11）.

［204］楊天宇，黃淑芬. 基於小波降噪方法和季度數據的中國產出缺口估計［J］. 經濟研究，2010（1）.

［205］楊旭，李雋，王哲昊. 對中國潛在經濟增長率的測算：基於二元結構奧肯定律的實證分析［J］. 數量經濟技術經濟研究，2007（10）.

［206］楊昭君，師義民. Logistic模型參數估計及預測實例［J］. 數理統計與管理，1997，16（3）.

［207］葉光. 中國GDP的趨勢循環分解及其政策含義［J］. 數量經濟技術經濟研究，2011（11）.

［208］易信，郭春麗. 未來30年中國潛在經濟增長率變化趨勢及2049年發展水準預測［J］. 經濟學家，2018（2）.

［209］易忠玖，謝洪軍. 基於DEA的行業潛在產出估計方法及應用［J］. 科技管理研究，2008，28（3）.

［210］於洪菲，田依民. 中國1978—2011年潛在產出和產出缺口的再估算：基於不同生產函數方法［J］. 財經科學，2013（5）.

［211］於洪菲. 中國潛在產出的估計與評價［D］. 長春：吉林大學，2013.

［212］袁富華. 低碳經濟約束下的中國潛在經濟增長［J］. 經濟研究，2010（8）.

［213］袁富華. 長期增長過程的「結構性加速」與「結構性減速」：一種解釋［J］. 經濟研究，2012（3）.

［214］袁靖. 基於新凱恩斯DSGE模型對中國產出缺口的估計［J］. 金融

教學與研究，2013（1）.

[215] 翟振武，明艷，侯佳偉，等. 中國知識分子：短命還是長壽？——中國知識分子健康研究報告之一［J］. 人口研究，2005，29（5）.

[216] 張成思. 基於多變量動態模型的產出缺口估算［J］. 統計研究，2009（7）.

[217] 張鴻武. 中國產出缺口和潛在經濟增長率的估計［J］. 經濟學動態，2005（8）.

[218] 張鴻武. 中國通貨膨脹與產出缺口變異性替代關係的研究：基於雙變量GARCH模型的分析［J］. 統計研究，2009，26（12）.

[219] 張軍，章元. 對中國資本存量K的再估計［J］. 經濟研究，2003（7）.

[220] 張連城，韓蓓. 中國潛在經濟增長率分析：HP濾波平滑參數的選擇及應用［J］. 經濟與管理研究，2009（3）.

[221] 張鵬飛. 基於時間序列小波分析的產出缺口估計［J］. 合作經濟與科技，2015（10）.

[222] 張強勁，陳忠華. 基於GRNN算法的潛在產出與產出缺口估算模型［J］. 重慶大學學報，2016，39（6）.

[223] 趙昕東. 財政政策方向與力度的指示器：結構性赤字的估計及應用［J］. 財政研究，2000（10）.

[224] 趙昕東. 基於SVAR模型的中國產出缺口估計與應用［J］. 經濟評論，2008（6）.

[225] 趙昕東. 基於菲利普斯曲線的中國產出缺口估計［J］. 世界經濟，2008，31（1）.

[226] 鄭挺國，王霞. 中國產出缺口的即時估計及其可靠性研究［J］. 經濟研究，2010（10）.

[227] 中國經濟增長前沿課題組. 中國經濟長期增長路徑、效率與潛在增長水準［J］. 經濟研究，2012（11）.

[228] 中國經濟增長前沿課題組. 中國經濟轉型的結構性特徵、風險與效率提升路徑［J］. 經濟研究，2013（10）.

[229] 中國經濟增長與宏觀穩定課題組. 中國可持續增長的機制：證據、理論和政策［J］. 經濟研究，2008（10）.

[230] 中國人民銀行營業管理部課題組. 基於生產函數法的潛在產出估計、產出缺口及與通貨膨脹的關係：1978—2009［J］. 金融研究，2011（3）.

[231] 中國社會科學院經濟研究所課題組. 中國經濟長期增長路徑、效率

與潛在增長水準［J］．經濟研究，2012（11）．

［232］周曉艷，張杰，李鵬飛．中國季度潛在產出與產出缺口的再估算：基於不可觀測成分模型的貝葉斯方法［J］．數量經濟技術經濟研究，2012（10）．

［233］朱鎔基．朱鎔基講話實錄［M］．北京：人民出版社，2011．

後　記

本專著涉及的內容較為廣泛，撰寫難度相對較大。囿於筆者淺薄的理論累積與有限的研究水準，書中必然存在一些分析淺薄之處。在本專著即將出版之際，筆者心中可謂是喜憂參半。可喜的是，功夫不負有心人，辛勞換來了豐碩的果實；擔憂的是，本書依然存在不如人意之處，甚至可能出現錯誤。誠望廣大讀者審查，並不吝斧正。

本專著的出版受到了西南財經大學 2020 年中央高校基本科研業務費專著出版項目「供給側結構性改革的理論創新與路徑選擇研究（JBK2004015）」與四川全面建成小康社會系列研究專項課題「補齊成渝地區中部區域發展落差研究（2020XL15）」的資助，在此表示衷心感謝。

在本專著的撰寫過程中，筆者參考和借鑑了經濟增長、經濟發展及潛在經濟增長等領域諸多前輩學者的研究成果，並盡可能地吸取了經濟工作中的實踐經驗。儘管文中均已對相關引用使用腳註進行了說明，但難免會出現疏忽和遺漏，敬請原文作者和相關人員原諒。在此，我們對這些原文作者和相關人員表示誠摯的謝意。

回顧攻讀經濟學博士學位以來的研究經歷，尤其是本專著的最終成稿，均離不開著名經濟學家丁任重教授的精心指導。「不要說你想做什麼，而要看你能做什麼，你做成了什麼。」正是丁教授這句簡單、樸實卻令人如醍醐灌頂的話語，激勵著我們在科學研究上堅持至今。在此，我們真誠地感謝丁任重教授。

感謝西南財經大學科研處與經濟學院提供的科研環境、學術氛圍、交流平臺以及對本專著出版的支持，感謝同行專家學者對本研究的無私指正，感謝西南財經大學出版社秦春翠老師等工作人員在本書出版過程中的無怨付出。

齊子豪　李標
2020 年 8 月 31 日
於西南財經大學光華園

結構性變遷背景下中國潛在經濟增長趨勢研究

作　　者：	齊子豪，李標 著
發 行 人：	黃振庭
出 版 者：	財經錢線文化事業有限公司
發 行 者：	財經錢線文化事業有限公司
E-mail：	sonbookservice@gmail.com
粉 絲 頁：	https://www.facebook.com/sonbookss/
網　　址：	https://sonbook.net/
地　　址：	台北市中正區重慶南路一段六十一號八樓 815 室 Rm. 815, 8F., No.61, Sec. 1, Chongqing S. Rd., Zhongzheng Dist., Taipei City 100, Taiwan (R.O.C)
電　　話：	(02)2370-3310
傳　　真：	(02) 2388-1990
印　　刷：	京峯彩色印刷有限公司（京峰數位）

國家圖書館出版品預行編目資料

結構性變遷背景下中國潛在經濟增長趨勢研究 / 齊子豪，李標著 . -- 第一版 . -- 臺北市：財經錢線文化事業有限公司 , 2020.12
　　面；　公分
POD 版
ISBN 978-957-680-487-8(平裝)
1. 經濟發展 2. 中國大陸研究
552.2　　109016916

官網

臉書

- 版權聲明 -

本書版權為西南財經大學出版社所有授權崧博出版事業有限公司獨家發行電子書及繁體書繁體字版。若有其他相關權利及授權需求請與本公司聯繫。

定　　價：390 元
發行日期：2020 年 12 月第一版
◎本書以 POD 印製

提升實力 ONE STEP GO-AHED

會計人員提升成本會計實戰能力

透過 Excel 進行成本結算定序的實用工具

您有看過成本會計理論，卻不知道如何實務應用嗎？
您知道如何依產品製程順序，由低階製程至高階製程採堆疊累加方式計算產品成本？

【成本結算工具軟體】是一套輕巧易學的成本會計實務工具，搭配既有的 Excel 資料表，透過軟體設定的定序工具，使成本結轉由低製程向高製程堆疊累加。《結構順序》由本工具軟體賦予，讓您容易依既定《結轉順序》計算產品成本，輕鬆完成當期檔案編製、產生報表、完成結帳分錄。

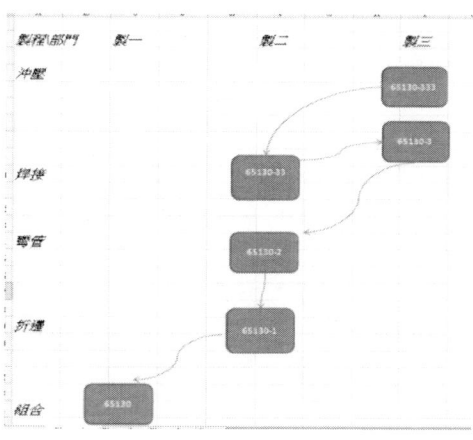

【成本結算工具軟體】試用版免費下載：http://cosd.com.tw/

訂購資訊：

成本資訊企業社 統編 01586521

EL 03-4774236 手機 0975166923　游先生

EMAIL y4081992@gmail.com